Krisenmanagement in Sportbetrieben

Blickpunkt Sportmanagement

Herausgegeben von Ronald Wadsack

Band 1

PETER LANG

Frankfurt am Main · Berlin · Bern · Bruxelles · New York · Oxford · Wien

Ronald Wadsack/Rainer Cherkeh
Carolin von Büdingen/Rüdiger Hamel

Krisenmanagement in Sportbetrieben

PETER LANG
Europäischer Verlag der Wissenschaften

Bibliografische Information Der Deutschen Bibliothek
Die Deutsche Bibliothek verzeichnet diese Publikation in der
Deutschen Nationalbibliografie; detaillierte bibliografische
Daten sind im Internet über <http://dnb.ddb.de> abrufbar.

Gedruckt auf alterungsbeständigem,
säurefreiem Papier.

ISBN 3-631-54885-0

© Peter Lang GmbH
Europäischer Verlag der Wissenschaften
Frankfurt am Main 2006
Alle Rechte vorbehalten.

Das Werk einschließlich aller seiner Teile ist urheberrechtlich geschützt. Jede Verwertung außerhalb der engen Grenzen des Urheberrechtsgesetzes ist ohne Zustimmung des Verlages unzulässig und strafbar. Das gilt insbesondere für Vervielfältigungen, Übersetzungen, Mikroverfilmungen und die Einspeicherung und Verarbeitung in elektronischen Systemen.

Printed in Germany 1 2 3 4 5 7

www.peterlang.de

„Ich kann freilich nicht sagen,
ob es besser werden wird,
wenn es anders wird,
aber so viel kann ich sagen:
Es muß anders werden,
wenn es gut werden soll."
(Georg Friedrich Lichtenberg)

Vorwort

Krisenmanagement ist auf Sportbetriebe bezogen ein ausgesprochen wenig bearbeitetes Thema, zumindest was die wirtschaftliche Krise angeht. Dies ist ungewöhnlich, spielt doch der finanzielle Bereich schon seit vielen Jahrzehnten eine dominante Rolle in verschiedenen Bereichen des Sports. Jedoch ist in Deutschland spätestens seit den Entwicklungen der Borussia Dortmund GmbH & Co. KG a. A. die Brisanz des Themas einer breiten Masse vor Augen geführt worden. Genauso sind gemeinnützige Vereine und damit auch Verbände nicht vor den Wirkungsweisen des Wirtschaftslebens gefeit.

Der Bezug des Krisenmanagements auf Sportbetriebe im Titel dieses Bandes ist eine Reaktion auf die Ausdifferenzierung der Organisationslandschaft im Sport. Neben die vor einigen Jahrzehnten noch dominierenden Formen der gemeinnützigen Vereine sind mittlerweile verschiedene Formen der Kapitalgesellschaften getreten. Dies gilt insbesondere für Anbieter im Zuschauersport, bei kommerziellen Teilnehmersportangeboten und bei Sportgroßveranstaltungen.

Die Entwicklungen der wirtschaftlichen Notlagen von Sportbetrieben bis hin zur Krise spiegeln sich jedoch bislang so gut wie nicht in der sportspezifischen betriebswirtschaftlichen Bearbeitung wider. Hinzu kommt, dass betriebswirtschaftliche Fragen der Sportorganisationen bislang insgesamt nur eine punktuelle Aufnahme gefunden haben. Dagegen lässt sich in der allgemeinen betriebswirtschaftlichen Literatur eine vielfältige Aufnahme des Themenbereiches ‚Unternehmenskrisen' und ‚Krisenmanagement' feststellen. Im Hinblick auf die Fortentwicklung der betriebswirtschaftlichen Betrachtung der Sportorganisationen bietet gerade der Bezug auf den speziellen Fall der krisenhaften Entwicklung eine besondere Möglichkeit, Folgerungen für die Führung von Sportbetrieben abzuleiten.

Verpasste Aufstiege, Verlust von Leistungsträgern oder Verletzungen von Athleten sind auf der sportlichen Ebene möglicherweise Krisenanlässe. Sie müssen ebenfalls bearbeitet werden, sind jedoch ursächlich mit der körperlichen

Aktivität Sport verbunden. Mit dem Hinzutreten der wirtschaftlichen Bezüge, der Vermarktung von Sport und Profisport, hat sich eine zweite Handlungsebene ergeben. Sie ist in den meisten Fällen nicht von der sportlichen Entwicklung abgekoppelt, bewirkt aber nochmals eigene Möglichkeiten zu problematischen Entwicklungen bis hin zur Krise bzw. des Untergangs des Sportbetriebes als Gipfelpunkt von Negativentwicklungen.

Um diese wirtschaftlichen Komponenten soll es hier gehen. In insgesamt vier Beiträgen erfolgt eine Annäherung an die Problematik, um betriebswirtschaftliche Aspekte zu beleuchten und die Verbindung zu den juristischen Anforderungen an die Sportbetriebe in einer Krisensituation und der vorherigen Entwicklung. In dem ersten Beitrag von Ronald Wadsack zum „Krisenmanagement in Sportbetrieben" erfolgt entlang der allgemeinen Krisenliteratur eine erste Bestandaufnahme zu der Situation im Sportbereich. Ein erster Ansatz zu möglichen Lösungen und zur Thematisierung des Führungshandelns in Sportbetrieben bietet der zweite Beitrag von Wadsack, welcher den Sportbetrieb als Lernende Organisation und die Krise als misslungenen bzw. ausgebliebenen Lernprozess deutet.

Rainer Cherkeh geht in seinem Beitrag „Krisenrecht im Vorfeld der Insolvenz von Sportvereinen und –unternehmen" auf die besonderen Anforderungen gerade auch vor dem Hintergrund der ehrenamtlichen Funktionsträger und Gremien in Sportorganisationen ein, die nicht in der Struktur einer Kapitalgesellschaft organisiert sind. Während bei einem normalen Verlauf des Vereins- und Verbandsgeschehens die juristischen Fragen mehr latent im Hintergrund stehen bzw. bei Satzungsänderungen punktuell ein deutliches Gewicht erlangen, muss die Zusammenarbeit in der Krisenentstehung als immer dichter verwobenes Miteinander gesehen werden. Ziel ist die aus Sicht der Sportorganisation möglichst optimale Lösung der Problematik, um eine Verschärfung des Ungemachs aus der krisenhaften Entwicklung zu vermeiden. Im Mittelpunkt der Betrachtung steht hierbei die nicht nur betriebswirtschaftlich, sondern – für die verantwortlichen Leitungsorgane - auch rechtlich gebotene Pflicht zur Einführung eines so genannten „Frühwarnsystems".

Da es aber nicht das Ziel sein kann, sich auf die Krise als Eskalationspunkt einer nachteiligen Entwicklung zu konzentrieren, sondern vorsorgliches Handeln gefragt ist, wendet sich der vierte Beitrag dem Risikomanagement im Sport zu. Carolin von Büdingen und Rüdiger Hamel hatten im Rahmen ihrer Tätigkeit im Organisationskomitee einer internationalen Sportgroßveranstaltung die Möglichkeit, ein Risikomanagementsystem für derartige Events zu entwickeln. Das Ergebnis ist ein verallgemeinertes und praxisorientiertes Konzept zur Bestandsaufnahme und aktuellen Verfolgung der mit einer solchen Veranstaltung verbundenen Risiken. Zwar betonen viele Veranstalter die Bedeutung von

Risikomanagement für ihre Großveranstaltungen, in einem solchen konzeptionellen Rahmen wird dies in Deutschland erstmals vorgestellt.

Mit diesen vier Beiträgen gehen die Herausgeber davon aus, dass eine gute Grundlage für die weitere Bearbeitung des Themas im Sportbereich vorgelegt wird. Insbesondere die Erarbeitung von weiter gehenden Lösungskonzepten und die Einbindung in die Führungsforschung für Sportbetriebe wird eine Herausforderung sein, welche in den nächsten Jahren anzugehen ist.

Salzgitter/Hannover im Mai 2006
Prof. Dr. Ronald Wadsack
Dr. Rainer Cherkeh

Inhalt

**Krisenmanagement für Sportbetriebe –
eine betriebswirtschaftliche Einführung
(Ronald Wadsack)** 13
1   Grundlagen der Krisen und des Krisenmanagement 13
     1.1   Wirtschaftliche Krisen im Sport 13
     1.2   Krise als Prozess 15
     1.3   Grundelemente des Krisenmanagement 20
         1.3.1   Managementprozess 20
         1.3.2   Öffentlichkeit und Krise 25
     1.4   Früherkennung als Gegenmaßnahme 29
2   Krisen im Sportbereich – Ansätze einer Situationsbeschreibung 34
     2.1   Übersicht 34
     2.2   Exemplarische Beispiele 41
         2.2.1   Post SV Braunschweig: Untergang eines Mehrspartenvereins ... 42
         2.2.2   Fußballvereine in der Krise 46
         2.2.3   Andere Bereiche 48
3   Ansatzpunkte des Krisenmanagement im Sport 49
     3.1   Ressourcen und Leistungsprozesse von Sportbetrieben 50
     3.2   Krisenursachen in Sportbetrieben 54
         3.2.1   Krisenanalyse bei Sportbetrieben 54
         3.2.2   Systematisierung der Krisenbereiche 58
     3.3   Handlungsoptionen 65
     3.4   Ein besonderes Thema: Sport und Medien 67
4   Zusammenfassung: Konsequenzen für Sportbetriebe 69

**Organisationales Lernen von Sportbetrieben als
Chance zur Krisenvermeidung
(Ronald Wadsack)** 71
1   Krisenentstehung als Folge des Führungshandelns 71
2   Charakteristik der Lernenden Organisation 73
     2.1   Grundlagen 73
     2.2   Konzept des organisationalen Lernens nach *Senge* 76
         2.2.1   Ansatzpunkte des Lernens 76
         2.2.2   Fünf Disziplinen organisationalen Lernens 77
3   Sportbetriebe als Lernende Organisation 81
     3.1   Erste Ansatzpunkte zu Sportbetrieben als
             Lernende Organisationen 81
         3.1.1   Organisation als Gegenstand des Lernens 81

3.1.2	Formeller Rahmen als ‚eingetragener Verein'	82
3.1.3	Ehrenamtliche Arbeit als Basis der Führungsarbeit	83
3.1.4	Fixierung auf den sportlichen Bereich	84
3.2	Beispielhafte Lerndefizite im Lichte der Lernenden Organisation	85
3.3	Ansatzpunkte für die Entwicklung von Sportbetrieben zur Lernenden Organisation	87
4	Ausblick	89

„Krisenrecht" im Vorfeld der Insolvenz von Sportvereinen und –unternehmen (Rainer Cherkeh) ... 91

1	Einleitung	91
2	Definition der Krise	91
3	Die Phasen der Krise	94
3.1	Die strategische Krise	95
3.2	Die Ergebniskrise	96
3.3	Die Liquiditätskrise	96
4	Intensität der Krise	97
5	Krisenursachen	99
5.1	Allgemeine Krisenursachen	99
5.2	Sportbetriebsspezifische Krisenursachen	100
6	Krisenprävention	101
6.1	Bedeutung der Krisenfrüherkennung	101
6.2	Die (rechtliche) Pflicht zur Einführung eines Frühwarnsystems	102
6.2.1	Pflichten des Vorstandes einer Aktiengesellschaft	103
6.2.2	Pflichten des Geschäftsführers einer GmbH	106
6.2.3	Pflichten des Vorstandes eines Vereins	111
7	Pflichten bei Vorliegen eines Insolvenzgrundes	115
7.1	Insolvenzgründe	116
7.1.1	Zahlungsunfähigkeit	116
7.1.2	Überschuldung	116
7.1.3	Drohende Zahlungsunfähigkeit	118
7.2	Pflicht zur fristgerechten Insolvenzantragstellung	119
7.2.1	Insolvenzantragspflicht bei der Kapitalgesellschaft (AG oder GmbH)	119
7.2.2	Insolvenzantragspflicht beim Verein	120
7.2.3	Verfrühter Insolvenzantrag	123
8	Zusammenfassung	125

Risikomanagement bei Sportevents
(Carolin von Büdingen / Rüdiger Hamel) 127
1 Sportevents als Managementaufgabe 127
2 Generelle Aspekte von Risikomanagement bei Sportevents 129
   2.1 Die Sportveranstaltung als Dienstleistung und Produkt 129
   2.2 Argumente für Risikomanagement bei Sportveranstaltungen 130
   2.3 Was beinhaltet Risikomanagement bei Sportevents? 132
   2.4 Risikomanagement im Arbeitsprozess 134
      2.4.1 Risikokultur 134
      2.4.2 Implementierung eines Risikomanagement-Systems in die Organisationsstruktur 134
3 Ein Risikomanagement-Modell für Sportevents 136
   3.1 Risikoidentifikation 136
      3.1.1 Identifikationsmethoden 137
      3.1.2 Risikodokumentation 141
   3.2 Risikobewertung 150
      3.2.1 Generelle Aspekte 150
      3.2.2 Durchführung der Bewertung 151
      3.2.3 Bewertung der Risiken mit vier Bewertungsfaktoren 155
      3.2.4 Bildung einer mathematischen Formel zur Risikobewertung ... 159
      3.2.5 Ergebnis 164
   3.3 Risikokontrolle 164
      3.3.1 Generelle Aspekte zur Risikokontrolle 164
      3.3.2 Risikodokument 165
      3.3.3 Ansätze für Kontrollstrategien 167
      3.3.4 Umsetzung und Anwendung der Maßnahmen und Strategien im Risikomanagement 172
      3.3.5 Krisenmanagement 173
      3.3.6 Abschließende Aspekte der Risikokontrolle 173
   3.4 Monitoring 174
      3.4.1 Die Bedeutung von Monitoring 174
      3.4.2 Die Funktionsweise von Monitoring 175

Literatur- und Quellenverzeichnis 187

Ronald Wadsack

Krisenmanagement für Sportbetriebe – eine betriebswirtschaftliche Einführung

1 Grundlagen der Krisen und des Krisenmanagement

1.1 Wirtschaftliche Krisen im Sport

In der Management- bzw. Führungsliteratur nimmt das Thema Krisen bzw. Krisenmanagement inzwischen einen festen Platz ein.[1] Dabei ist wichtig, die Krise nicht nur an dem Aufkommen von Insolvenzen deutlich zu machen, sondern als Prozess zu begreifen, an dessen Eskalationspunkt eine Insolvenz bzw. richtigerweise zunächst der Insolvenzantrag stehen kann. An dem Entwicklungszustand Krise anzusetzen ist dabei keine Sensationslust oder morbides Interesse am Untergang. Vielmehr ist die Erwartung, an einem solchen Eskalationspunkt mehr über die Arbeitsweise von Sportorganisationen zu erfahren, als dies in einer „normalen" Organisationsphase möglich wäre, der Ausgangspunkt. Ziel ist es, die Handlungsoptionen für die Führungsarbeit in Krisensituationen zu verdeutlichen sowie die Modernisierung und Marktfähigkeit der Sportorganisationen zu stärken.

Im Rahmen der hier gewählten betriebswirtschaftlichen Perspektive wird ein besonderer Fokus auf Entscheidungen als dem zentralen Moment des Handelns der Führungskräfte gelegt. Zudem bilden die Entscheidungen m. E. die Schnittstelle zwischen dem individuellen Handeln und der betriebswirtschaftlich analytischen Betrachtung zu den Lebensbedingungen einer Unternehmung.[2] Entscheidungen sind die Grundlage betrieblicher Fortentwicklung. „Die Existenz der Unternehmung hängt wesentlich von der Qualität der getroffenen Entscheidungen ab. Ihr Erfolg oder Mißerfolg beeinflusst somit den ‚Lebensweg' der Unternehmung."[3]

Für die hier vorliegende Betrachtung ist ebenfalls eigen, dass der Messfühler für die Situation des Sportbetriebes seine wirtschaftliche Situation ist. In der Ökonomisierung des Sports bis in die untersten Ebenen und den Breitensport

---

[1] Le Coutre verweist in den 20 Jahren des letzten Jahrhunderts auf Unternehmenszusammenbrüche als Auswirkung einer ‚unsachgemäßen Wirtschaftsführung'. Vgl. Le Coutre 1924, 63.

[2] Auf eine ähnliche Verbindung verweist Bernstein, wenn er schreibt, dass bei Entscheidungen heute „Instinkt und Risikoberechnung Hand in Hand gehen". Bernstein 2004, 25.

[3] Geißler 1986, 1.

ist die Überlebensfähigkeit vor allem unter wirtschaftlichen Aspekten zu betrachten. Die rein sportliche Wirkung z. B. eines Abstiegs ist ein konstitutiver Faktor des sportlichen Wettkampfes und keine Krise im eigentlichen Sinne. Erst die daraus resultierenden wirtschaftlichen Wirkungen, oder die im Erzwingen eines Aufstieges getätigten Investitionen und ihre (Re-)Finanzierungsmöglichkeit bedingen im Sinne dieses Beitrages die Möglichkeit einer Krise. Sie kann im fortgeschrittenen Stadium zur Insolvenz führen.

Auch wenn an verschiedenen Stellen der Bezug zu Unternehmen auf Grund der Quellenlage hergestellt wird, sind die grundlegenden Aspekte auch für die Sportorganisationen, egal ob in Form der Kapitalgesellschaft oder des Vereins, übertragbar. *Kreißig* verweist darauf, dass die massiv zunehmende wirtschaftliche Tätigkeit von Sportvereinen ein wichtiger Grund für die Aktualität des Themas Krisenmanagement im Sport ist, die über den engen Bereich des Profisports weit hinaus geht.[4] Die Kommerzialisierung des Sports hat insbesondere in England, beginnend im 18. Jahrhundert, Vorläufer und ist eng mit dem Wettwesen verbunden.[5] Für die USA wird in einem 1928 erschienen Buch mit dem Titel „$port$: Heroics and Hysterics" ein Baseball-Spieler zitiert: „Baseball today is ‚big business' and most of the fellows going into are businessmen first and baseballplayers secondly."[6] In Deutschland wurde das Thema in den bislang zum Sportmanagement in Deutschland vorliegenden Publikationen nicht erkennbar aufgenommen.[7] Wirtschaftliche Krisen im Sport sind bei Leibe kein Thema, das nur auf Deutschland beschränkt ist. So finden sich z. B. Hinweise auf die erste italienische Fußball-Liga als „Pleiteliga"[8] oder die Versteigerung des amerikanischen Eishockey-Teams „Anchorage Aces" bei Ebay, um den Bankrott zu vermeiden.[9]

Auch wenn diese wirtschaftlichen Phänomene primär mit dem Profisport in Verbindung gebracht werden, finden wir auch in „normalen" Vereinen unter-

---

[4] Vgl. Kreißig 2004, 3.
[5] Vgl. Schöffler 1935, 14.
[6] Zitiert nach Rader 1983, 196 (mit Bezug auf die Publikation von John R. Tunis).
[7] Aus der soziologischen Betrachtung kann die Arbeit von *Horch* (1995) zu Selbstzerstörungsprozessen freiwilliger Vereinigungen zumindest einige Hinweise für die Entwicklungsbedingungen der Vereine und Verbände geben.
[8] Vgl. „Serie A als Pleiteliga" (*Frankfurter Rundschau* 29.04.2005, 23); insgesamt zur Situation der italienischen Liga: Boroncelli/Lago 2006. Über eine Schuldenverringerung von über 70 % wird im November 2005 berichtet (vgl. „Der strenge Sparkurs fruchtet", *Hannoversche Allgemeine Zeitung*, 19.11.2005, 25). Zur wirtschaftlichen Situation in verschiedenen europäischen Profiligen finden sich verschiedene Beiträge in Heft 1/2006 des *Journal of Sports Economics*.
[9] Vgl. „Abseits" (*Hannoversche Allgemeine Zeitung* 04.07.2002).

nehmerisches Handeln. Manche Sportvereine nehmen im Zuge der Entwicklung von Zukunftsfähigkeit auch investive Risiken auf sich, indem sie z. B. durch den Bau eines Fitnessstudios ihre Marktpräsenz verbessern wollen. Ein Beispiel für eine entsprechende Investition ist das Paladion des SV Böblingen mit einer Gesamt-Investitionssumme von 5,4 Mill. €, von denen letztlich 3 Mill. € durch den Verein aufzubringen waren.[10]

Als Sportbetriebe werden in diesem Beitrag in erster Linie
- Vereine und Verbände im Freizeit-, Breiten- und Leistungssport,
- Teamsportbetriebe als Betreiber von Wettkampfmannschaften und Sportligen sowie
- temporäre Sportbetriebe zur Durchführung einzelner Großereignisse (v. a. Welt-, Europameisterschaften)

angesehen. Sportbetriebe zum Bau und zur Bewirtschaftung von Sportstätten werden nur in einzelnen Fällen beispielhaft angeführt.

1.2 Krise als Prozess

Die in diesem Abschnitt folgende Aufarbeitung des Themas „Unternehmenskrisen" gibt eine zweckorientierte Übersicht im Hinblick auf die Argumentation im Sportbereich. Eine komplette Auswertung der breiten betriebswirtschaftlichen Literatur ist nicht vorgesehen.[11]

Der Charakter der Krise wird häufig mit dem Begriff des Wendepunktes beschrieben, der eine Veränderungen zum Besseren oder Schlechteren symbolisiert[12]. Der Begriff „Krise" leidet allerdings unter einer inflationären Nutzung für vielfältige Störungen im Betriebsgeschehen.[13] „Bereits in der griechischen Antike wurde der Begriff Krise im juristischen, theologischen und medizinischen Bereich verwendet und bezog sich immer auf entscheidungsträchtige Situationen, die den Wende- bzw. Höhepunkt einer gefährlichen Entwicklung kennzeichnete."[14] Verbunden ist eine Krise mit den Handlungsbedingungen der Dringlichkeit, Unsicherheit und Überraschung.[15] *Schulten* grenzt Krisen gegenüber Störungen („normale" Hindernisse im betrieblichen Ablauf), Katastrophen (Krise verbunden mit der Auswegslosigkeit im Hinblick auf den Ausgang) und

---

[10] Vgl. Gieseler 2002.
[11] Stellvertretend für die Thematik sei auf Schulten 1995 und Bickhoff u. a. 2004 verwiesen.
[12] Vgl. z. B. Fink 1986 mit Bezug auf Websters.
[13] Vgl. Rothschild 1989, 77.
[14] Linde 1994, 5. Für die historische Herleitung des Begriffes „Krise" und seiner wirtschaftswissenschaftlichen Charakterisierungen siehe Rothschild 1989, 77f., Schulten 1995, 11ff., Cezanne 1999, 21.
[15] Vgl. z. B. Zelewski 1995, 898.

Konflikten (interpersonelle Spannungen) ab.[16] In der Regel werden drei Typen der Krise unterschieden:[17]
- Potenzielle Krise: Eine aktuelle Krise existiert nicht, sie ist aber denkbar. Dies entspricht dem Normalzustand des Betriebes, welchem das unternehmerische Risiko inne wohnt.
- Latente Krise: Die Krise ist verdeckt vorhanden, aber noch nicht identifiziert.
- Akute Krise: Krisensymptome belegen deutlich das Vorhandensein einer Krise.

Die Unternehmenskrise zeichnet sich durch die ‚Gefahr für den Fortbestand der Unternehmung' aus. Sie ergibt sich aus der Beeinträchtigung der Möglichkeit, die ‚dominanten' Ziele in ausreichendem Maße zu verfolgen: Zahlungsfähigkeit, Mindestgewinn und Erhalt bzw. Sicherung der Erfolgspotenziale.[18]

Im Gegensatz zu der häufig zu findenden Akzentuierung, ist eine Krise nicht grundsätzlich als schlecht zu betrachten[19], auch wenn die damit verbundenen Handlungsnotwendigkeiten eine besondere Belastung für alle Beteiligten darstellen. Wie eingangs schon angedeutet, kann die Krise durchaus auch der Start für eine neue erfolgreiche Phase des Organisationslebens sein. Sie bietet die Chance auf eine grundlegende Wandlung der Organisation, da in einer solchen Situation der Instabilität Veränderungen möglich werden, die sonst nicht oder nicht in dieser Form bzw. nicht ohne größeren Widerstand durchsetzbar wären.[20] *Habermas* sieht in der Krise die Chance zur ‚Befreiung eines in Verstrickung geratenen Subjektes'[21]. Eine ausdrucksstarke Formulierung für die Chance, den im Laufe eines Organisationslebens gesammelten Ballast aus suboptimalen Entscheidungen konzentriert zu korrigieren.

Dies spiegelt sich auch in der Betrachtung einer Krise als Gipfelpunkt einer Entwicklung. *Fink* unterscheidet insgesamt vier Phasen der Krisenwerdung und –bearbeitung:[22]
- Krisen-Vorstufe: In dieser Stufe gibt es durchaus Warnsignale, es ist allerdings von der Sensibilität des Management abhängig, inwieweit diese auch wahrgenommen und richtig interpretiert werden. Häufig werden erst in der Rückbetrachtung entsprechende Hinweise identifiziert und als Warnsignale

---

[16] Vgl. Schulten 1995, 27ff.
[17] Vgl. Linde 1994, 9f. a. a. O.
[18] Vgl. Linde 1994, 9 a. a. O. mit Bezug auf *Krystek*, der bei den Grundlagen des Krisenmanagement eine zentrale Position in der Literatur einnimmt.
[19] Vgl. Fink 1986, 15.
[20] Vgl. Kieser/Hegele/Klimmer 1998, 7f., ähnlich: Krummenacher 1981, 5f.
[21] Vgl. die Ausführungen bei Krummenacher 1981, 5f. a. a. O.
[22] Vgl. Fink 1996, 23-25.

erkannt. Entsprechend der vorhergehenden Typisierung handelt es sich dabei um die latente Krise.
- Akute Krise: Dies ist im allgemeinen Verständnis häufig ‚die Krise' schlechthin, es ist die Phase der eigentlichen Schadensentstehung, der Eskalation. Die Auswirkungen hängen auch davon ab, inwieweit die Eskalation kontrolliert oder unkontrolliert erfolgt.

Abb. 1: Stufen und Merkmale der Krisenentwicklung aus betriebswirtschaftlicher Sicht[23]

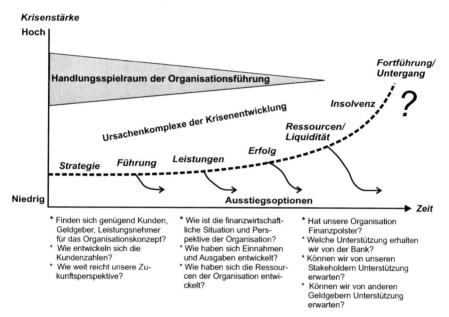

- Chronische Phase der Krise: Es handelt sich dabei um die Periode der Sicherung, Selbstanalyse, Selbstzweifel und Heilung. *Fink* beschreibt diese Aufräumarbeiten sehr plakativ mit „It is during this stage that the carcass gets picked clean"[24]. Erfolgreiche Aktionen von Organisationsmitgliedern, welche zu einer Besserung der Situation beitragen, können stützend für Durchhaltewillen und Engagement der Akteure wirken.
- Phase der Krisen-Beseitigung: Dieses eigentliche Ziel des Krisenmanagement führt wieder zu einem ‚normalen' Betrieb. Der Glaube, damit das The-

---

[23] Vgl. Wadsack/Cherkeh 2005, angelehnt an Schlebusch u. a. 2004.
[24] Fink 1996, 24.

ma ‚Krise' abgeschlossen zu haben, erweist sich jedoch nicht selten als Trugschluss, da das Aufkommen von Krisen eher als Normalfall zu sehen ist. Das Phasenschema in Abbildung 1 systematisiert vor allem die Krisen-Werdung aus betriebswirtschaftlicher Sicht. Mit dem Verweis auf die Ausstiegsoptionen werden die Handlungsmöglichkeiten angesprochen, welche sich bei einer sorgfältigen Beobachtung des Betriebs und der Krisensymptomatik ergeben und in den vorstehenden handlungsorientiert charakterisierten Krisenstufen nach *Fink* schon etwas genauer enthalten sind. Wichtig ist der sich verengende Handlungsspielraum für das Management der Organisation: „Handlungsalternativen zur Problembewältigung werden fortlaufend vernichtet."[25] Diese Konsequenz ergibt sich aus dem zunehmenden Schwund von Ressourcen und der zunehmenden Verstrickung in Fremdbestimmungen, die sich aus den unterschiedlichen Bezügen der Organisation und im weiteren Verlauf durch das Greifen des Insolvenzrechts ergeben.

Abb. 2: Schema der Krisenentstehung und Krisenbearbeitung

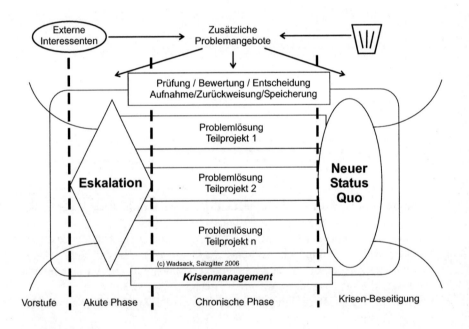

---

[25] Hülsmann 2005, 403.

Diese Darstellung wirkt sehr wohl strukturiert, sie spiegelt damit jedoch nur ein analytisches Raster. In der Realität erweist sich Krisenmanagement m. E. jedoch eher als chaotischer Prozess, da sich unter ‚einer' Krise häufig ein Bündel von Ursachen mit möglicherweise jeweils eigenen Entstehungsgeschichten verbirgt. So löst sich eine z. B. finanzielle Schieflage dann in eine Problematik der Angebotspalette, des Vertriebs und der personellen Situation in einzelnen Unternehmensbereichen auf (siehe Abbildung 2).

Hinzu kommen weitere Entwicklungen, welche durch eine solche Krisensituation im Sinne ‚eines Aufwasches' mit in die Diskussion gebracht werden und ebenfalls zu bearbeiten sind. Dies können z. B. persönliche Bereinigungsprozesse sein, welche sich im Zuge einer (vermeintlich) erfolgreichen Entwicklung des Betriebes aufgestaut haben, da sie kein Gehör gefunden haben. Ebenfalls zählen hierunter die Einbringung von Scheinproblemen, welche individuell oder von Gruppen als ‚schon lange zu bearbeiten' angesehen werden. Es können sogar Prozesse greifen, welche mit dem Gedanken des ‚garbage can model of organizational decision' beschrieben werden.[26] Nämlich dass Problemlösungen existieren, die auf der Suche nach passenden Problemen sind. Dies kann einerseits hilfreich sein, indem so die Lösung der identifizierten Probleme erleichtert wird, andererseits kann die Phase der Unklarheit und Instabilität aber auch genutzt werden, um präferierte Lösungen mit Scheinproblemen quasi mit der Krise als Vehikel zur Umsetzung zu bringen.

Der Prozess der Krisenbearbeitung wird damit als komplexer Verbund von verschiedenen Problembearbeitungen erlebt, die eher nicht harmonisiert verlaufen, sich sondern zu einem Zeitpunkt in unterschiedlichen Stadien des Arbeitsfortschrittes befinden. Es kommt hinzu, dass im Zuge einzelner Schritte neue Bearbeitungsnotwendigkeiten auftreten können. Dies bedeutet unterschiedliche Leistungsanforderungen aus dem Problemlösungszyklus und damit besondere Herausforderungen für die eingebundenen Mitarbeiter und die Steuerung des Gesamtprozesses.[27]

Eines der zentralen Merkmale von Krisensituationen ist die Ungewissheit, die schon im normalen unternehmerischen Betrieb von Bedeutung und eng mit dem Risiko der Fehlentscheidung verbunden ist. *Klir* unterscheidet vier Formen der Ungewissheit:[28]
- Nicht-Spezifität als Ungewissheit über die Bedeutung einer mehrdeutigen Aussage bzw. eines mehrdeutigen Zustandes.
- Unschärfe als Mangel an Genauigkeit.

---

[26] Vgl. zu dem theoretischen Ansatz Cohen u. a. 1972.
[27] Vgl. dazu auch entsprechende Hinweise bei Fink 1986, 25ff.
[28] Vgl. Klir 1991.

- Dissonanz als Ungewissheit über die Auswahl bestimmter Alternativen mangels eindeutiger Entscheidungsmerkmale bzw. ihrer Ausprägungen.
- Verwirrung als Ungewissheit über die Situation insgesamt, die Situation wird nicht verstanden.

Alle vier Formen von Ungewissheit können in Situationen der Krise auftreten oder auch in der Vorphase zu ihrer Entwicklung beitragen. Verbunden mit dem Aspekt der Dringlichkeit des Handelns in der akuten Krisenphase werden die Mechanismen zur (vermeintlichen) Beseitigung der Ungewissheit eingeschränkt. Die Zeithoheit für Recherchen und Entscheidungsprozesse liegt nur noch begrenzt bei den Personen, die mit der Krisenbewältigung betraut sind.

1.3 Grundelemente des Krisenmanagement
1.3.1 Managementprozess

Der Erfolg des Krisenmanagement ist von den Akteuren abhängig, welche den Prozess zu betreiben und zu gestalten haben. Die individuelle Einstellung zu der Aufgabe wird auf die Qualität der Arbeit wirken. Für das Individuum spielt es durchaus eine Rolle, ob diese Aufgabe freiwillig oder unfreiwillig übernommen wird. Eine freiwillige Übernahme wird in der Regel eine positivere Besetzung haben als der Zwang, sich in eine solch belastende Situation hinein zu begeben, die mit einem deutlich erhöhten Risiko des fehlerhaften Agierens gegenüber dem normalen unternehmerischen Geschehen versehen ist. Dies hängt maßgeblich mit der Kontrollierbarkeit bzw. Unkontrollierbarkeit des Krisenablaufes zusammen, was im Zuge von Abschnitt 1.1 schon skizziert wurde. Und letztlich kann auf der individuellen Ebene noch die Verantwortlichkeit angeführt werden, inwieweit man sich selbst mit der Krisenentstehung verbunden und damit auch für die Lösung zuständig fühlt.[29]

Zentrale Akteure in Krisenmanagement-Prozessen sind in der Regel die Mitglieder der Unternehmensführung, Mitglieder von Aufsichtsgremien, eventuell externe Berater und im Falle der Insolvenz der Insolvenzverwalter. Sie werden aus der jeweiligen Perspektive heraus wiederum mit unterschiedlichen Interessen in den Prozess eingebunden sein. Auch Mitglieder von Aufsichtsgremien können leicht Interessenskonflikten ausgesetzt sein, sind sie doch häufig Vertreter z. B. von Hausbanken oder Wirtschaftspartnern.[30]

Gerade die Führung der Organisation befindet sich meist in einer ambivalenten Situation.[31] „Einerseits muß sie für die Erhaltung und das Fortbestehen der

---

[29] Vgl. Jungermann/Slovic 1992, 97ff. Zum Thema der Selbstverantwortung auch Sprenger 1995.
[30] Vgl. Cezanne 1999, 26.
[31] Vgl. Cezanne 1999, 25f.

von der Krise befallenen Unternehmung sorgen, andererseits ist sie objektiv oder auch subjektiv für die Verursachung der jeweiligen Krisensituation verantwortlich."[32] Die Verbindung von Krise und Angst birgt ein Dilemma, indem sie möglicherweise die Arbeitsfähigkeit teilweise blockiert, andererseits aber eine besondere Leistung der Akteure gefordert wird.[33] Im Sportbereich kommen die speziellen Bedingungen der ehrenamtlichen Arbeit noch hinzu.[34]

Die Gefahr liegt in der Entscheidung für ein Nicht-Handeln, um die Krise nicht offen zu legen oder in der Hoffnung, sie werde sich durch einfache Weichenstellungen im Hintergrund handhaben lassen. Ängste über die Bewertung der eigenen Rolle bei der Krisenentstehung oder über die eigene Zukunft können dabei die Handlungen leiten.[35] Diese Vorgehensweise des ‚Nicht-Handelns' wird durch Unklarheiten in der Informationslage erleichtert, birgt jedoch die große Gefahr der externen Offenlegung der Krisensituation. Dies gilt um so mehr, als ein Unternehmen im Rampenlicht der Öffentlichkeit steht.

Die Bearbeitung von Krisen lehnt sich aus der Managementperspektive stark an den bekannten Zyklus der Unternehmensführung an. So werden die Phasen der Identifikation, Planung, Realisation und Kontrolle auch für die Krisenbearbeitung unterschieden.[36] Ziele sind die Abwendung von Gefahren für die Erreichung dominanter Unternehmensziele und die Konsolidierung der Unternehmung.[37]

Die Identifikation umfasst die Analyse und Beschreibung der Problemstellung als Voraussetzung für deren Lösung. Sie gelingt nur, wenn die wichtigen Akteure das Vorliegen einer Krisensituation akzeptieren, was nicht als Selbstverständlichkeit gelten kann, da es hierzu keine unabhängigen Kriterien gibt. Sondern vielmehr wird sich für die einzelnen Akteure die Situation der Organisation in der Betrachtungsweise und Bewertung der daraus gezogenen Informationen unterscheiden. Im Rahmen dieser Identifikation sind ebenfalls Schein-Krisen zu entlarven, die aus einem spezifisch aufbauenden Informationsgeschehen resultieren können.[38] Die Akzeptanz einer Krise kann deshalb als Aushandlungsprozess charakterisiert werden.[39] Eventuell spielen die Interessen einzelner Personen oder Gruppen außerhalb der Organisation (z. B. Geldgeber, Wirtschaftspartner) in die Bewertung mit hinein. Die Problematik liegt in der Dauer eines

---

[32] Cezanne 1999, 25f.
[33] Vgl. Dörner/Rek 2005, 425.
[34] Vgl. Wadsack 1994.
[35] Vgl. Sandner 1994, 44.
[36] Vgl. Cezanne 1999, 21f.
[37] Vgl. Cezanne 1999, 29 a. a. O. mit Verweis auf Müller.
[38] Vgl. dazu Kieser u. a. 1998, 16.
[39] Vgl. Sandner 1994, 41.

solchen kollektiven Akzeptanzprozesses, indem auch hier durch ein Nicht-Handeln die Verschärfung der Krisenentwicklung riskiert wird.[40]

Gerade in der Identifikations- und der Planungsphase kommt es auf eine möglichst gute Analyse und klare Strukturierung der Problemthemen an, obwohl der Zeitdruck teilweise nur begrenzten Raum lässt. Die Bedeutung der hier möglicherweise produzierten Fehler ist immens, da darauf aufbauende Handlungen notwendige Ressourcen zur Krisenbewältigung binden werden und bei Erkennen des Fehlers verfügbare Zeit und Handlungsoptionen weiter abgenommen haben.

In Krisensituationen können einige „Denkfallen" erkannt werden, die auch gerade einer verkürzenden Betrachtung entspringen. *Reineke* verweist auf:
- Selektive Wahrnehmung,
- die Bevorzugung von bestätigenden Informationen,
- die Verfügbarkeit von Informationen,
- die Überbewertung anschaulicher Informationen,
- Vernachlässigung von Stichprobengrößen,
- Vernachlässigung von Reaktionseffekten,
- Zeitdruck und Störung,
- der Einfluss von Gruppenmeinungen,
- Täuschungen beim Erinnern,
- Denkfallen bei rückblickenden Analysen.[41]

Durch Pflege einer entsprechend (selbst-)kritischen Vorgehensweise, Methoden der Problembearbeitung (z. B. Problemlösungszyklus) sowie die Einbindung verschiedener Diskussionspartner kann diese Gefahr gemindert werden.

In der Planungsphase erfolgt die Zielbildung, wobei üblicherweise zwischen der operativen und der strategischen Planung unterschieden wird.[42] Die operative Planung bezieht sich auf das kurzfristige Umgehen mit der Krisensituation und ist Potenzialabhängig. Typische Handlungsformen sind Kostenabbau, Sparprogramme und Rationalisierung, ggf. verbunden mit Kapazitätsverminderungen. Die strategische Planung richtet sich dagegen auf die Sicherung des Unternehmensfortbestandes auch über den Zeitraum der Krisenbewältigung hinaus.[43] Ein gutes Beispiel aus dem Sportbereich ist der Übergang des Basket-

---

[40] Vgl. Cezanne 1999, 22f.
[41] Vgl. Reineke 1997, 50.
[42] In dem Systemansatz von *Müller* richtet sich das strategische Krisenmanagement auf die Sicherung der Erfolgspotenziale und die Neuausrichtung, das Erfolgsichernde Krisenmanagement auf die Erreichung der wirtschaftlichen Ziele und das Liquiditätsichernde Krisenmanagement auf die Verhinderung der drohenden Zahlungsunfähigkeit. Vgl. die Darstellung bei Cezanne 1999, 30 a. a. O.
[43] Vgl. Cezanne 1999, 23ff.

ball-Erstligisten Met@box Braunschweig auf Stadtsport Braunschweig in der Spielzeit 2000/2001. Der zu Saisonbeginn neu aufgetretene Hauptsponsor Met@box, ein Unternehmen aus dem EDV-Bereich, konnte schon bald seinen Verpflichtungen nicht mehr nachkommen und der Spielbetrieb im Laufe der Saison war massiv gefährdet. Einerseits konnte durch eine konzertierte Aktion von Interessenten des Braunschweiger Basketballs, der Basketball-Liga und des Basketball-Verbandes kurzfristig eine Lösung zur Weiterführung des Spielbetriebes gefunden werden. Andererseits wurde mit der Stadtsport Braunschweig GmbH eine neue Trägergesellschaft gegründet, um den Betrieb auch über die laufende Saison hinaus auf eine neue Basis zu stellen.[44]

Die Realisation erfolgt nicht selten in Form von Projekten und ist durch eine adäquate Kontrolle und Steuerung zu unterstützen, dazu kann auch ein separater Krisenstab beitragen[45]. Wie oben schon angesprochen, liegen die besonderen Herausforderungen in der Vielfalt verschiedener Aktivitäten, die zu koordinieren sind und in dem möglicherweise engen Zeitfenster, welches für die Bearbeitung verfügbar ist. Das schnelle Agieren fördert zumindest vorübergehend die Machtkonzentration bei Entscheidungsträgern, da durch die Ausnahmesituation „Krise" eingeübte Abstimmungsprozesse außer Kraft gesetzt oder verkürzt werden.[46]

Hilfreich für die Motivation in der Organisation ist zudem das schnelle Vorweisen von ersten Erfolgen, die einerseits Taten und andererseits positive Entwicklung signalisieren. Sie wirken jedoch nur begrenzt, wenn nicht absehbar weitere Schritte folgen. Sie wirken kontraproduktiv, wenn sie sich als „Schein-Fortschritte" oder blinder Aktionismus entpuppen.

Die Kontrolle sollte neben den spezifischen Abläufen zur Krisenvermeidung bzw. –bewältigung ebenfalls die Auswirkungen auf den Normalbetrieb berücksichtigen. Das Abziehen von Mitarbeitern, z. B. für die Projektarbeit im Rahmen des Krisenmanagement, muss in der Regel Auswirkungen auf die Leistungsfähigkeit im Normalbetrieb der Organisation haben.[47] Die Losung der ‚Konzentration aller Kräfte' für das Überleben der Organisation macht diese Wechselwirkung besonders deutlich.[48]

---

[44] Quelle: www.BSENERGY-BASKETBALL.de/BSENERGY_Braunschweig - Team 2000-2001.htm (31.12.2005)
[45] Vgl. Mintzberg 1983, 160.
[46] Vgl. Mintzberg 1983, 160. Siehe dazu auch die Ausführungen zu dem rechtlichen Handlungsrahmen für Führungskräfte in Krisensituationen von *Cherkeh* in diesem Band, der auf das Dilemma zwischen Sanierungsprüfung und Vermeiden des schuldhaften Zögerns verweist.
[47] Vgl. Cezanne 1999, 25.
[48] Vgl. Biermann 1998, 215.

Die Handlungsoptionen in der Krise setzen in erster Linie bei den wirtschaftlichen Grundlagen der Betriebsführung an. Wie aus dem Phasenmodell (Abbildung 1) zu ersehen ist, stehen in den finalen Phasen der Krise der (wirtschaftliche) Erfolg und die Liquidität bzw. Ressourcenverfügbarkeit im Vordergrund. *Steiner* nennt die folgenden Möglichkeiten, um eine wirtschaftliche Krisenbewältigung voran zu bringen:[49]

- Möglichkeiten zur Verbesserung der Liquiditätslage
  - Kapitalfreisetzung durch Verminderung der Vorratshaltung
  - Verkauf von Forderungen / Factoring
  - Verkauf nicht betrieblich notwendigen Vermögens
  - Leasing
- Maßnahmen der Anteilseigner
  - Kapitalherabsetzung bzw. -erhöhung
  - Zuzahlung durch die Anteilseigner
  - Vermehrung des Eigenkapitals durch die Anteilseigner
- Maßnahmen der Gläubiger
  - Stundung / Herabsetzung von Zinszahlungen und Verbindlichkeiten
  - Umwandlung von Fremd- in Eigenkapital
  - Zur-Verfügung-Stellung neuen Fremdkapitals
  - Lohnverzicht der Mitarbeiter

Abb. 3: Komponenten des finanziellen Gleichgewichts nach Perridon/ Steiner[50]

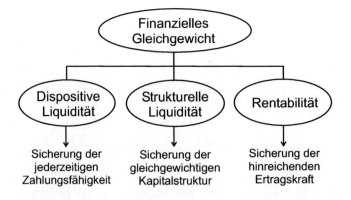

---

[49] Vgl. Steiner 1994, 227ff.
[50] Vgl. Perridon / Steiner 2004.

Alle Maßnahmen müssen in eine dauerhafte Sicherung des finanziellen Gleichgewichts (Abbildung 3) münden, um die Krise zu beenden. Es sei an dieser Stelle schon auf die Besonderheiten von Dienstleistungsbetrieben hingewiesen, welche im Sportbereich den größten Anteil ausmachen. Auf Grund der vor allem auf die personelle Kapazität und Qualität aufbauende Leistungserstellung müssen die genannten Ansätze auf die besondere Situation von Sportbetrieben angepasst werden.

Die Hinzuziehung eines externen Beraters kann im Fall einer Krise durchaus hilfreich sein, soweit es nicht aus dem Entwicklungsstand der Krise zwingend ist. Er sollte mit spezifischer Fachexpertise für Krisensituationen ausgestattet sein und eine neutrale Position innerhalb des Prozesses einnehmen.

1.3.2 Öffentlichkeit und Krise
Die Öffentlichkeit einer Krise kann sich auf die
- interne Öffentlichkeit,
- Stakeholder-Öffentlichkeit und/oder die
- allgemeine Öffentlichkeit

beziehen. Alle drei Bereiche verdienen Beachtung und müssen im Rahmen einer Krise gezielt bearbeitet werden.

In Abbildung 4 ist diese Unterscheidung dargestellt. Wichtig ist es, die verschiedenen durch eine Krise angesprochenen Gruppen und die jeweils für sie spezifischen Problemlagen und –auswirkungen zu identifizieren, damit eine gezielte Information möglich ist. In einer Organisation werden die Menschen in unterschiedlichem Maße von einem Krisengeschehen betroffen sein. Direkt, wenn sie an der Krisenbehandlung beteiligt sind oder dies zumindest annehmen (z. B. Führungskräfte). Indirekt, wenn Auswirkungen der Krise Konsequenzen für das eigene Engagement haben werden (Mitarbeiter). Mittels der internen Öffentlichkeitsarbeit ist auf die Unterstützung und Toleranz der Mitarbeiter hinzuarbeiten. Aus der Krisensituation können Gruppenprozesse der Schuldzuordnung oder Statusneuordnungen entstehen, deren Kanalisierung es ebenso mit geeigneten Formen der Kommunikation und Organisationsentwicklung zu unterstützen gilt.

Bei den Stakeholdern sind die Gruppen unternehmensspezifisch zu bestimmen, klassisch werden z. B. Kunden, Zulieferer, Kooperationspartner und die Lokalpolitik dazu zählen. Sie gilt es in geeigneter Form zu informieren und Kommunikation zu ermöglichen, also eine Ansprechstation innerhalb des Unternehmens zu schaffen. Ziel ist, den Vertrauensverlust möglichst gering zu halten oder gar das Vertrauen durch hervorragendes Krisenmanagement zu stärken. Häufig ist es sogar erforderlich und sinnvoll, entsprechende Partner mit in die Lösungsentwicklung einzubeziehen.

Abb. 4: Bezugsebenen von Unternehmenskrisen

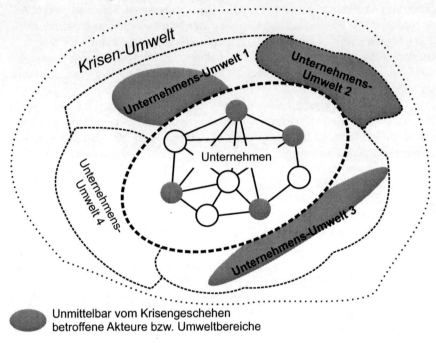

Die mediale Aufmerksamkeit steigt mit der Bedeutung der Organisation in der Gesellschaft und dem „Nachrichtenwert" und „Sensationscharakter" des Ereignisses. Die damit aufkommende Berichterstattung wirkt dann in die allgemeine Öffentlichkeit, die ohne Krisengeschehen kein Interesse an dem Leben dieser Organisation hat. Ebenfalls ergeben sich Rückwirkungen auf die interne Öffentlichkeit und die Stakeholder.

Für alle Maßnahmen gilt es, ein besonderes Augenmerk auf die Information und Kommunikation zu legen, sie wird häufig als Schlüssel zur Bewältigung einer Krise angesehen. Gerade in Zeiten einer in weiten Teilen auf Ungewöhnlichkeit fokussierten Medienwelt bieten Krisen einen guten Ansatzpunkt für Aufmerksamkeit der Mediennutzer. Im Extremfall kann sich dies bis in die Skandalberichterstattung ausweiten, welche die betriebliche Krisensituation um die Elemente der hohen Öffentlichkeitswirkung, subjektive Schuldzuschreibungen und Generalisierungsphänomene erweitert. Als Bezugspunkte dienen dabei einzelne Personen, Produkte bzw. Leistungen und Unternehmen insgesamt.[51]

---

[51] Vgl. Schulz/Holzmüller 1994, 247ff.

In Abbildung 5 werden die Komponenten „Arten von Krisen nach ihrem Auftreten" und „Öffentlichkeitswirkung" beispielhaft für Unternehmen in einen Zusammenhang gestellt. Ohne Weiteres lassen sich Bezüge zum Zuschauersport herstellen. Zu Beginn der Saison 2005/2006 in der Deutschen Fußball Liga hatte Hannover 96 mit massiven Problemen im neu konzipierten elektronischen Einlass- und Bezahlsystems zu kämpfen. Die elektronische Ticketkontrolle fiel aus, die Zentralisierung der Auflademöglichkeiten für die Bezahlkarte war nicht allen Besuchern bekannt, Guthaben aus der Vorsaison (altes Kartensystem) nicht übertragen. Letztlich wurde ein fehlender Notfallplan für diese Situation bemängelt.[52]

Ein anderes Beispiel zeigt die Diskussion um die Ausgabe der Eintrittskarten zur FIFA-Fußball WM 2006 in Deutschland und das weitere Prozedere im Umgang mit den Karten. Diese Vorgänge haben ein vielfältiges Medienecho hervorgerufen.

Abb. 5: Krisentypen und Öffentlichkeitswirkung[53]

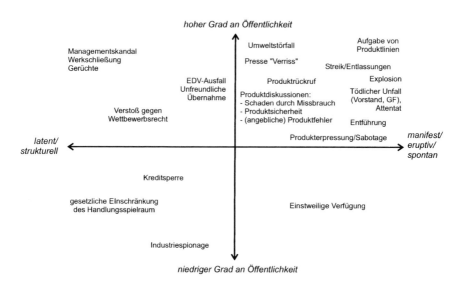

Bei der Berichterstattung der Medien zu Krisen kann man ein Muster erkennen (Abbildung 6), welches vor dem Hintergrund der Nachrichtenverwertung und dem absatzorientierten Handeln der Medienbetriebe zu verstehen ist.

---

[52] Vgl. Balkhoff 2005b.
[53] Quelle: Hilse/Kutzscher 1998, 20.

Die Steilphase kennzeichnet *Zedwitz* mit Schockinteresse, Neugierde-Sog und Panik in der Öffentlichkeit.[54] Die Wirksamkeit hängt sicherlich mit der regionalen und personalen Reichweite der Krise zusammen. In der Plateauphase wird der Informationsstrom durch Kommentierungen, Hintergrundberichte und verbundene „Geschichten" erweitert. Schleichend zeigt sich eine Überfütterung in der Medienberichterstattung und damit ein Erlahmen des Interesses aber auch der Ersatz in der Berichterstattung durch neue „Sensationen". Allerdings kann durch eine neue Sachlage, etwa wenn sich ein neues Teilthema der Krise ergibt oder bislang unbehelligte Personen des öffentlichen Interesses einbezogen werden, das Thema wieder aktiviert werden. Das Auslaufen des Interesses in der Umschlagphase wird dann hinausgezögert.[55]

Abb. 6: Berichterstattung und Krise[56]

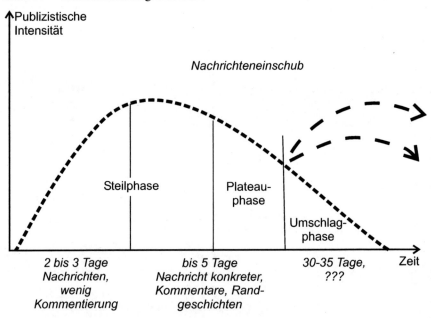

---

[54] Vgl. Reineke 1997, 42 a. a. O.
[55] Vgl. zu der Darstellung Reineke 1997, 42 a. a. O.
[56] Zusammenführung von zwei Grafiken. Quelle: Reineke 1997, 43 mit Verweis auf Zedwitz/ Klenk a. a. O.

Für die Kommunikation im Krisenfall geben *Hilse/Kutzscher* folgende Empfehlung:[57]
- Innerhalb von 2 Stunden:
  - Pressemitteilung,
  - Online-Medien.
- Innerhalb von 6 Stunden:
  - Pressekonferenz,
  - O-Töne, sendefähiges TV- und Hörfunkmaterial,
  - Telefon-Hotline (kostenfrei),
  - Videokonferenzen.
- Innerhalb von 24 Stunden:
  - Interview-Placement,
  - Third-party-Statement,
  - Hausmitteilung.
- Innerhalb weniger Tage:
  - Hintergrundgespräch mit Presse,
  - Direkter Dialog mit Key-Journalisten und Meinungsbildnern,
  - Eigene Medien,
  - Anzeigen.

Der Erfolg der Krisenkommunikation hängt davon ab, inwieweit das Krisenteam effiziente Arbeit leistet, der Gestaltung der Krisenkommunikation selbst und der Möglichkeit der Kontrolle der Themen.[58] Die Chance auf eine konstruktive Kooperation mit den Medien wird sicherlich durch das in der vorherigen Zeit aufgebaute wechselseitige Vertrauenspotenzial positiv beeinflusst.[59] Die Medienkontakte sollten über einen einzigen Ansprechpartner laufen, der in der Lage ist, sicher mit den Medien umzugehen. Die Kommunikation muss glaubwürdig und überzeugend sein, um weiteren Schaden durch z. B. voreilige Folgerungen oder Fehleinschätzungen der Situation zu vermeiden. Der Vorstandsvorsitzende oder sonstige höchste Vertreter der Organisation sollte in Krisenfällen erst dann vor die Medien treten, wenn die Lage geklärt ist, damit seine Reputation durch Stellungnahmen in der ungeklärten Situation nicht beschädigt wird.[60]

1.4 Früherkennung als Gegenmaßnahme

Um sich als Unternehmung für den Krisenfall in eine bessere Position zu bringen, also frühzeitig handeln zu können, gilt die Früherkennung bzw. Frühwar-

---

[57] Vgl. Hilse/Kutzscher 1998, 23.
[58] Vgl. Walther 2003, 147.
[59] Vgl. Essing 1993.
[60] Vgl. Walther 2003, 148.

nung als Mittel der Wahl. „Grob skizziert, besteht die Aufgabe der Früherkennung darin, zukünftige Einwirkungen auf bestehende Wechselbeziehungen zwischen Umwelt und Unternehmung (external linkages) sowie auf ihre spezifische innerbetriebliche Struktur (internal configuration) so frühzeitig zu erfassen und anzukündigen, daß geeignete Schritte unternommen werden können, den Einfluß einer zumindest erahnbaren Entwicklung entgegenzuarbeiten oder ihn ggf. auch auszunutzen."[61] Ziel ist die Wahrnehmung so genannter „schwacher Signale"

Tab. 1: Misserfolgssegmente und –ursachen für Unternehmenskrisen[62]

Person des Unternehmers	Mängel in der Beschaffung
• 1-Mann-Regiment	• Starre Bindung an Lieferanten
• Starres Festhalten an früher erfolgreichen Konzepten	• Bau statt Miete von Gebäuden
	Mängel im Personalwesen
• Unkündbarkeit, Krankheit, Tod	• Fehlende Personalplanung
Führungsfehler	• Unsachgemäßer Umgang mit Mitarbeitern
• Zentralistischer Führungsstil	
• Fehlende Kontrolle, Konfliktscheu	**Mängel im Investitionssektor**
• Entscheidungsschwäche	• Fehlendes Investitionskalkül
Organisation oder Konstitution	• Fehleinschätzung des Investitionsvolumens
• Unübersichtliche Organisation	
• Rechtsformnachteile	**Mängel in der Forschung und Entwicklung**
• Konflikte mit Arbeitnehmern	
Überhastete Expansion	• Keine Portfoliopflege
• Fantastisches Streben nach wirtschaftlichen Zielen	**Mangel an Eigenkapital**
	• Hohe Zinsbelastung
• Aufbau von Leerkapazitäten	• Niedrige Kreditwürdigkeit
Mängel im Absatzbereich	• Keine Möglichkeit des Verlustausgleichs
• Unzeitgemäße Produkteigenschaften	
• Zu breites/ zu schmales Programm	**Mangelhaftes Planungs- und Kontrollsystem**
Mängel im Produktbereich	
• Mangelhafte Fertigungssteuerung	• Defekte in Kostenrechnung und Kalkulation
	• Fehlende Finanzplanung

---

[61] Schulten 1995, 91.
[62] Vgl. Hauschildt 1993, die aufgeführten Einzelursachen wurden mit Bezug auf den Nonprofit- bzw. Sportbereich ausgewählt.

(weak signals). Gemäß den drei weiter vorne vorgestellten Krisenkategorien bedeutet dies, die Krise in ihrer Latenzphase zu erkennen, um ihre schädliche Wirkung in allen Belangen möglichst gering zu halten. Ein systematisches Frühwarnsystem bedarf entsprechend gesicherter Ursache-Wirkungs-Zusammenhänge,[63] wie es in Bezug auf die wirtschaftliche Entwicklung mit dem IfO-Geschäftsklima-Index unterstellt wird.[64] Das Krisenfrüherkennungsmodell setzt am Unternehmensumfeld, der Branche bzw. dem Marktumfeld, dem Management, den Strukturen und Prozessen innerhalb der Organisation und den finanzwirtschaftlichen Kennzahlen an.[65] In einer breit angelegten Untersuchung hat *Hauschildt* die in Tabelle 1 zusammengefassten Misserfolgsursachen und -segmente heraus gearbeitet. Sie können in einem ersten Anlauf als Art Checkliste für die Überprüfung einer Organisation genutzt werden.

Tab. 2: Vorgehensweise der Szenario-Technik[66]

Vorgehensschritte	Ziel	Probleme / Schwierigkeiten	Praktische Durchführung
Bestimmung von möglichen Geschäftsgebieten und entsprechenden Strategien	Untersuchungsgegenstand eingrenzen und strukturieren. Problemverständnis schaffen.	Planungsvorgabe oft unpräzise formuliert. Befangenheit, qualitative Zielsetzungen zu definieren.	Szenarios komplementär zu anderen Planungsinstrumenten einführen. Vorhandene Planungsgrößen eingeben. Auch neuen Richtungen eine Chance geben.
Bestimmung der Umwelt der einzelnen Geschäftsgebiete	Gesamtschau (Vogelperspektive) skizzieren, Entwurf einer Szenario-Architektur, Randbedingungen herausarbeiten.	Allzu hohes Abstraktionsniveau. Vermessener Wissenschaftlichkeitsanspruch. Blick zu stark auf Einzelphänomene gerichtet.	Einflusssphären in Zusammenhang mit Untersuchungsgegenstand bringen. Kenntnisstand zu jedem Umfeld bestimmen (Umfeldexperten einbinden!).

---

[63] Vgl. Schmidt 1994, 73ff.
[64] Vgl. Cezanne 1999, 37ff.
[65] Vgl. Haghani 2004, 50.
[66] Vgl. Schulten 1995, 164 a. a. O. (nach Gomez/Escher 1980).

Vorgehensschritte	Ziel	Probleme / Schwierigkeiten	Praktische Durchführung
Formulierung von Trends und Entwicklungstendenzen in der Umwelt	Inhaltliche Angaben erarbeiten und die Szenarioelemente (Bausteine) bereitstellen.	Problem der Selektion der so genannten Deskriptoren. Notwendigkeit der Beschränkung. Oft zu kurzfristige Denkweise.	Pro Deskriptor ein Merkblatt verfassen (Bestimmungselemente, Entwicklungsannahmen, vergangene und gegenwärtige Trends, Quellenangaben).
Bewertung der Entwicklungsannahmen in Bezug auf ihre Eintrittswahrscheinlichkeit und ihre gegenseitigen Abhängigkeiten	Den heutigen Erkenntnisstand/ Erwartungshorizont festhalten. Interaktionsbeziehungen zwischen Entwicklungsannahmen herstellen.	Problem der Objektivität. Problem der Gültigkeit eines Gruppenwerts. Interaktionsbewertungen zeitintensiv: Verlust von vielen Argumenten.	Durchführung der Bewertung in Gruppen von Fachleuten. Zweiergruppen für die Interaktionsbewertungen.
Berechnung der Eintrittswahrscheinlichkeit der Umweltentwicklungen bei gegenseitigen Abhängigkeiten (Rohszenarien)	Bestimmung des Eintretens/ Nicht-Eintretens von Entwicklungstendenzen. Interpretation als Szenarien.	Kombinationsvielfalt sehr hoch. Logik kann den Szenarioakteuren entgleiten.	Nutzung eines EDV-Programmes (Cross Impact). Möglichst neutrale Formulierung der Szenarios.
Test der Szenarien	Möglichst umfassende Verfolgung unvorhergesehener Ereignisse. Einstimmung auf Überraschungen.	Schwierigkeit „plausible" Störereignisse zu definieren. Einflussbewertung oft kritisch (Über-/ Unterschätzung)	Kreativität einfließen lassen. Zusammenhänge neu durchleuchten.
Interpretation der gefundenen Szenarien	Konfrontation der möglichen Strategien mit Entwicklungstendenzen in den entsprechenden Szenarioumfeldern.	Problem der Subjektivität der Interpretation. Informationsmängel fallen oft erst hier auf.	Ergebnis mit den Entscheidungsträgern konsolidieren. Viel Wert auf neue Fragestellungen legen. Neue Strategien formulieren.

Als Verfahren der 3. Generation von Früherkennungssystemen verweist *Schulten* u. a. auf die „Strategic Issue Analysis" nach *Ansoff*, die „Diskontinuitätenbefragung" nach *Müller/Zeiser* oder die „Portfoliomatrix-Konzeption" von *Kirsch u. a.*.[67] Besonders hebt er die Szenarioanalyse hervor, in der eine Chance angelegt ist, die „schwachen Signale" systematisch in die Betrachtung aufzunehmen.[68] *Krystek* benennt Scanning und Monitoring als angemessene Methoden zur Forcierung der Aufnahme von Weak Signals. Während Scanning ein ungerichtetes Abtasten und Rastern des Organisationsumfeldes beinhaltet, bedeutet Monitoring die konkrete Identifikation von Informationen zu einer Erscheinung als dauerhafte und vertiefende Beobachtung eines Phänomens. Hilfsmittel können z. B. Trendlandschaften und Szenarien sein.[69] Um die Vorgehensweise hier beispielhaft zu verdeutlichen, ist in Tabelle 2 das Stufenverfahren der Szenario-Technik aufgeführt.

Wie aus den vorstehenden Ausführungen hervor geht, beruhen Frühwarnsysteme zentral auf der Auswertung systematisch gesammelter Informationen und Umweltbeobachtungen. Problematisch sind der zeitliche und geldliche Aufwand für die Datenerhebung bzw. –beschaffung, mögliche Zeitverzögerungen, bis die Daten vorliegen und die Gefahr der Datenmanipulation.[70]

„Daten sprechen nie für sich, sie müssen immer interpretiert werden."[71] Die Richtung der Interpretation ist vor allem die Bewertung nach „wichtig" und „unwichtig" und im zweiten Schritt im Hinblick auf ihre situationsspezifische Bedeutung. Da es sich bei solchen Informationssystemen durch Abstrahierungsschritte um eine ausgesprochene Konstruktion von Wirklichkeit handelt[72], bedarf das Beobachtungssystem einer ausdrücklichen Legitimation für die Nutzung innerhalb der Organisation. Als Schritte der Umweltinterpretation gilt es neben dem Analysieren auch den Formen des Erspürens und Entdeckens einen vertretbaren Raum zu geben.[73]

Dazu zählen z. B. die Beobachtung der Medienberichterstattung, die Teilnahme an Tagungen und Kongressen um neue Entwicklungen aufzunehmen. Ebenfalls gehören informelle Informationssammlungen z. B. aus Gesprächen mit Fachkollegen oder privaten Kontakten mit in dieses Spektrum. Allerdings ist die Akzeptanz dieser Informationen eingeschränkt, insbesondere wenn die Informationssammler nicht zur obersten Führungsebene gehören.[74] „Solche ‚zufälligen' Informationen in Entscheidungen zum Tragen zu bringen, ist aber, wenn man nicht zu den obersten Führungskräften gehört, viel schwieriger als bei institutio-

---

[67] Vgl. Schulten 1995, 129ff.
[68] Vgl. Schulten 1995, 168, auch: Bea/Haas 1994, 488.
[69] Vgl. Krystek 2005, 176ff.
[70] Vgl. Haghani 2004, 48.
[71] Kieser u. a. 1998, 9 (im Original kursiv).
[72] Vgl. Kieser u. a. 1998, 11; Schneider 1985.
[73] Für die Formen der Umweltinterpretation vgl. Kieser u. a. 1998, 14 a. a. O.
[74] Vgl. Kieser u. a. 1998, 9.

nalisierter, d. h. regelmäßig gesammelter, Information. Die Organisation ist nicht darauf eingerichtet, auf solche Informationen zu reagieren."[75] Dies liegt an den unterschiedlichen Sichtweisen ‚der beiden Lager' des Entscheidens: „... die Vertreter der Auffassung, dass die besten Entscheidungen sich auf Quantifizierung und auf Zahlen gründen, die durch Muster der Vergangenheit vorgegeben sind; und die Verfechter von Entscheidungen auf der Grundlage von subjektiveren Einschätzungen einer ungewissen Zukunft. Diese Kontroverse ist bis heute nicht beigelegt."[76]

Drastisch formuliert *Kappler* die Voraussetzung für eine erfolgreiche Planung: „Sensibilität ist lernbar – für den, der die Omnipotenzphantasien zu zügeln vermag."[77] Diese Omnipotenzphantasie wird teils auch Computern zugeschrieben, was die Folgen nicht weniger schwerwiegend macht: „Es wimmelt in unserem Leben nur so von Zahlen, da vergessen wir manchmal, dass auch Zahlen nur Mittel zum Zweck sind. Sie sind seelenlos, sie können sogar zum Fetisch werden. Viele immens problematische Entscheidungen werden per Computer getroffen, von Maschinen, die was Zahlen betrifft, die Gefräßigkeit von Ungeheuern haben und darauf angelegt sind, mit immer größeren Zahlenmengen gefüttert zu werden, die sie zermahlen, verdauen und wieder ausspucken."[78] Die Lösung wird – wie zumeist – in einer „gesunden" Mischung liegen.

2 Krisen im Sportbereich – Ansätze einer Situationsbeschreibung

Auf Grund der fehlenden Materialien zur Darstellung der Krisensituation in Sportbetrieben in Deutschland muss eine eigene Erhebung und Systematisierung erfolgen, bei welcher auf Sekundärquellen zurück gegriffen wird. Das Thema gewinnt mit jeder neuen Krise eines Sportbetriebes – gleich welcher Rechtsform – an Bedeutung, gleichwohl ist das Thema „Insolvenz im Sportverein", wie *Kreißig* noch 2004 feststellt, bislang unbearbeitet.

2.1 Übersicht
Es gibt nach Kenntnis des Autors so gut wie keine einschlägige Aufarbeitung des Themas Krisen und Krisenmanagement für Sportbetriebe in Deutschland.[79] Am

---

[75] Kieser u. a. 1998, 9; vgl. zu Fähigkeit und Bereitschaft der Mitglieder der Organisation auch Bea/Haas 1994, 489.
[76] Bernstein 2004, 15.
[77] Kappler 1983, 9.
[78] Bernstein 2004, 17.
[79] Vielleicht ist der Business-Roman um einen Sportgerätehersteller (Keller 2003) ein wenig in dieser Richtung einzuordnen. Im amerikanischen Sportmanagement gibt es

ehesten können die Arbeiten von *Kreißig* und *Benner*[80] als Ansatz in dieser Richtung gelten, wobei ersterer schwerpunktmäßig juristisch argumentiert. Jedoch erfolgen ebenfalls Bezüge in den Führungsbereich. Dabei beziehen sich die Ausführungen von *Kreißig* ausdrücklich auf Vereine, Kapitalgesellschaften finden keine Berücksichtigung. Die in dem vorliegenden Beitrag folgende Betrachtung wird außerdem auf Deutschland beschränkt sein, da eine Bezugnahme auf andere Sportsysteme eine wesentlich umfangreichere thematische Einbettung erfordert.[81]

Hinzu kommt, dass der Begriff „Krise" im Bereich des Sports und insbesondere in der Medienberichterstattung scheinbar besonders schnell heran gezogen wird. So können auch Verzögerungen bei der Suche nach einem neuen Trainer oder Manager oder der Ausfall eines Leistungsträgers schnell mit diesem Begriff verbunden werden. Im eigentlichen Sinne der Krise mit „der Gefahr des Untergangs" sind dies höchstens Randerscheinungen bzw. können im Sinne der Frühwarnung Hinweise auf ein wachsendes Krisenpotenzial sein.

Neben den hier im Vordergrund stehenden Sportangeboten im Zuschauer- und Teilnehmersport können wir z. B. Sportstätten sowie Sport- und Veranstaltungsstätten als weiteren Bereich des Krisenmanagement benennen. Die Auslastung von Sport- und Veranstaltungsstätten ist in dem mittlerweile zu verzeichnenden Angebot an Hallenkapazitäten in Deutschland ein durchaus kritisches Thema. Es wird jedoch bislang nur relativ selten in größerem Maße offiziell thematisiert, da viele dieser Einrichtungen in Besitz und Betrieb von kommunalen oder Kommune-nahen Organisationen sind und damit eine spezifische Absicherung haben. Bezeichnenderweise waren bei der Auswertung der Insolvenzverzeichnisse auch keine solchen Hallen vertreten. Allerdings sind dort einzelne Spezialsportstätten, wie z. B. Kartbahnen, zu finden, während Schwimmbäder vermutlich wieder eher von der Nähe zu den kommunalen Haushalten profitieren.

Ein Beispiel für eine privat betriebene Veranstaltungshalle ist die TUI Arena in Hannover, welche zum Ende des Jahres 2005 mit einigen wirtschaftlichen Aspekten in der Tagespresse erschien. Derartige Hallen benötigen in der Regel mindestens ein „Home-Team" um die Basisauslastung mit einem Ligensportbetrieb zu sichern – die Colour Line Arena in Hamburg ging sofort mit zwei Home-Teams (Eishockey, Handball) in die Eröffnung. Darüber hinaus bedarf es

---

einzelne Aufnahmen der Thematik Krisen und Krisenmanagement (vgl. v. a. Stoldt u. a. 2000).

[80] Siehe Kreißig 2004, Benner 1992.
[81] So wäre der Lock-Out der NHL und die Absage der kompletten Spielzeit 2004/2005 sicherlich ein lohnendes Thema, würde allerdings eine umfassende Auseinandersetzung mit dem amerikanischen Sportsystem erfordern.

weiterer Veranstaltungen mit einer ansprechenden Zuschauerzahl. Die im Zuge des Expo-Booms in Hannover von einem Bauunternehmer finanzierte und betriebene Halle fasst etwa 14.000 Zuschauer. Die Zeitungsberichte verweisen jedoch auf eine rückgängige Auslastung, da zum Einen die Erfolge des Eishockeyteams während der Zeit der Berichterstattung nur für einen Mittelplatz in der Liga reichten und andererseits die Großveranstaltungen, welche diese Halle füllen können, nicht mehr so reichhaltig nach Hannover vergeben werden.[82]

Dieses Beispiel steht durchaus nicht alleine, da der Wettbewerb unter den Hallen in den letzten Jahren deutlich zugenommen hat, auch weil sich zunehmend Hallen in der mittleren Größe (4.000-7.000 Zuschauer) etabliert haben. Da es sich bei dem Bezugsbereich der Sport- und Eventhallen um ein besonderes Themenspektrum für das Krisenmanagement handelt, verbleibt es in diesem Beitrag bei dem angeführten Beispiel.[83]

Tab. 3: Insolvenzen in Deutschland 2002-2005[84]

Jahr	Unternehmens-insolvenzen (insgesamt)	Index Unternehmens-insolvenzen (2002=100)	Insolvenzen „Sonstige Rechtsformen"	Index Insolvenzen „Sonstige Rechtsformen" (2002=100)
2002	37.579	100,0	430	100,0
2003	39.320	104,6	466	108,4
2004	39.213	104,4	490	114,0
2005	36.848	98,1	567	131,9

Zu der Krisensituation im Zuschauer- und Teilnehmersport gibt es eine Vielzahl von Einzeldarstellungen, die jedoch weitgehend auf der Berichterstattung in Tageszeitungen und anderen Nachrichtenmedien beruhen. Insofern bedurfte es für die folgenden Ausführungen einer intensiven Recherche, um zumindest einige Anhaltspunkte für das vertiefende Verständnis des Themenbereiches zu gewinnen. Grundlegende Informationsquellen dazu waren Insolvenzverzeichnisse sowie Darstellungen im Internet bzw. in Tageszeitungen zu einzelnen Fällen von Krisen und Insolvenz in verschiedenen Erscheinungsformen von Sportbetrieben.[85]

---

[82] Vgl. Balkhoff 2005.
[83] Hinweise zur Situation bei Sport- und Veranstaltungsarenen finden sich bei Vornholz 2005, 21-24 und 69ff. sowie Franck 2005.
[84] Daten 2002: Neuhoff 2003; 2003/2004: www.destatis.de: Insolvenzmeldungen (Download: 27.12.2005 bzw. 07.04.2006 für 2005)
[85] Mit aller Problematik der aus der Medienberichterstattung übernommenen Informationen wie z. B. Einseitigkeit der Information, Ansatzpunkte für die Begründung der

Durch eine Änderung des Insolvenzrechtes per 1.12.2001 sind die Daten ab 2002 sinnvoll für eine entsprechende Betrachtung. Die in Tabelle 3 erfassten Unternehmen beziehen sich auf alle Rechtsformen sowie Kleinunternehmer. Die „sonstigen Rechtsformen" umfassen u. a. Vereine und damit einen wesentlichen Teil des Sportbereiches, allerdings sind auch andere Rechtsformen (z. B. Stiftungen, Genossenschaften) und unterschiedliche Lebensbereiche in diesen Zahlen enthalten. Eine nähere sportspezifische Differenzierung ist aus den Materialien der Statistischen Bundesamtes nicht zu gewinnen. Erkennbar ist zumindest, dass die Insolvenzen der „sonstigen Rechtsformen" in den betrachteten Jahren über dem Gesamtniveau zugenommen und gerade von 2004 auf 2005 einen deutlichen Sprung nach oben gemacht haben.

Tab. 4: Übersicht zu den sportspezifischen eröffneten Insolvenzen 2003, 2004 und 2005[86]

Erfasste Betriebe	2003	2004	2005
Insgesamt	51	80	80
Nach Typen			
Sportvereine (e. V., unabhängig vom Sportbereich)	21	23	22
Sportkapitalgesellschaften (i. d. R. Zuschauersportbetriebe, Trägergesellschaften als Kapitalgesellschaft)	3	3	5
Fitnessbetriebe	9	24	32
Sport-Servicegesellschaften (z. B. Marketinggesellschaften)	7	6	8
Sportstätten-Betriebe (z. B. Reithalle, Tennishalle, Kartbahn)	11	24	13

Im Zuge einer Auswertung der bei den zuständigen Amtsgerichten eröffneten Insolvenzverfahren kann man sich dem Sportbereich ein Stück weiter annähern. Für diese Auswertung wurden die Listungen der Insolvenzverfahren je Gerichtsbezirk in den Jahren 2003 bis 2005 nach Hinweisen auf Betriebe aus dem Sport-

---

krisenhaften Entwicklung. Als erster Zugang scheint diese Informationssammlung jedoch hilfreich, um das Themengebiet zu strukturieren und der weiteren Bearbeitung zuzuführen.

[86] Eigene Auswertung der Insolvenzlistungen unter www.indat.de. Die nicht bis zur Eröffnung des Verfahrens fortgeführten Insolvenzverfahren sind hier nicht enthalten. Entweder wurde die Insolvenz mangels Masse abgelehnt oder der Schuldenbereinigungsplan wurde angenommen. Für HaSpo Ostfildern (2. Handball-Bundesliga der Damen) wurde der 2003 eingereichte Insolvenzantrag mangels Masse abgelehnt. Vgl. www.ostfildern.de (Stadtchronik 1975-2005, hier 2003, 15.02.2006).

bereich gesichtet. Die Erfassung hing von der Erkennbarkeit als Sportbetrieb ab, also in der Regel einer entsprechenden Namensgebung. Die Übersicht zu dieser Auswertung findet sich in Tabelle 4.

Neuhoff kommt in seiner Einschätzung der Insolvenzlage im Nonprofit-Bereich zu folgender Stellungnahme: „Etliche darunter, so der Verein und die Stiftung, sind von der Rechtsordnung nicht zur Teilnahme am Marktgeschehen konzipiert worden; sie bedienen andere Antriebskräfte von Mitmenschen als die des Erwerbs oder Gewinns, der Produktion oder des Umsatzes."[87] Eigentlich sollten Idealvereine nicht in die Insolvenzgefahr kommen, da sie bei ihrer Finanzierung auf den Rahmen der Mitgliedsbeiträge fixiert sein sollten. Jedoch hat sich gerade im Sportbereich besonders das Thema „Sponsoring" bis in unterste Vereins- und Leistungsebenen als „Zauberwort" für die ergänzende Finanzierung entwickelt und sich damit zu dem schon lange üblichen Mäzenatentum gesellt.[88] Hinzu kommt, dass „Sponsoring" im Verständnis von Vertretern v. a. von Sportvereinen und -verbänden teilweise scheinbar als Verlängerung des Denkens in Zuwendungen gesehen wird. Das Denken in einer marktfähigen Gegenleistung ist teils wenig ausgeprägt. Daraus ergeben sich Missverständnisse in Bezug auf Möglichkeiten und Eignung dieser Finanzierungsquelle. Der unternehmerische Gedanke, nämlich die Investition in die Erstellung einer qualitativ ansprechenden Leistung der Sportorganisation (Image, Kommunikationsplattform), um diese dann als Leistung im Rahmen von Sponsoringmaßnahmen am Markt abzusetzen, ist nicht immer vorhanden.[89]

Einige Erkenntnisse für die „normalen" Sportvereine können aus der Sportentwicklungsanalyse gezogen werden. Bei der im Jahr 2005 erfolgten Befragung konnten die Vereine auch zu Entwicklungen Stellung nehmen, welche die Existenz bedrohen. Die Ergebnisse in Abbildung 7 zeigen ein breites Spektrum an Gründen.

Bei den aufgeführten Gründen liegen finanzielle Aspekte in der Spitzengruppe, da auch das Thema der Mitgliedergewinnung bzw. –bindung über die Beiträge als zentraler Einnahmequelle unmittelbar auf die materielle Grundlage der Vereine wirkt. Die Bindung und Gewinnung ehrenamtlicher Mitarbeiter verweist dagegen auf ein sehr spezifisches Thema im Sportbereich, bilden sie doch die zentrale Ressource zur Funktion der Sportvereine. Dort wo ein Mitarbeitermangel u. a. auch in den Führungspositionen besteht, ist der Bestand des Vereins gefährdet.

---

[87] Neuhoff 2003, 420.
[88] Vgl. dazu die Ausführungen in Wadsack 2004b.
[89] Vgl. Wadsack 2003b.

Abb. 7: Anteil an Sportvereinen in der Bundesrepublik Deutschland, bei denen Probleme die Existenz bedrohen (in %)[90]

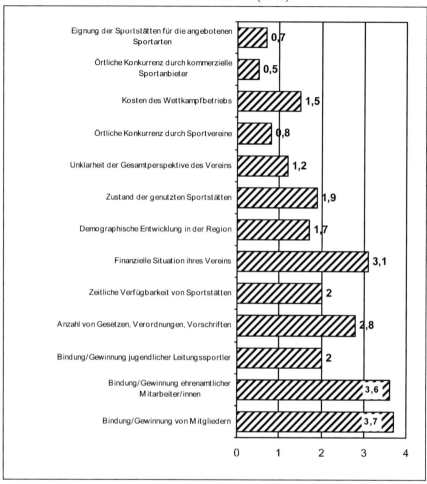

Im Fitnessbereich wird das Jahr 2003 als Konsolidierungsjahr mit einem starken Rückgang der Anlagen und Mitgliederzahlen beschrieben, ein Trend der sich 2004 bei der Zahl der Anlagen deutlich verlangsamt und bei den Mitgliederzahlen wieder ins Positive gewandelt hat.[91] Hinzu kommt als Besonderheit des deut-

---

[90] Aus: Breuer u. a. 2005.
[91] Vgl. dssv 2005, Kap. 1.

schen Fitnessmarktes eine starke Zergliederung in der Organisationsform. Ca. 89 % der Eigner besitzen 1 oder 2 Clubs, hingegen machen die Fitnessketten nur 11 % der Clubs aus.[92] Dies begründet die Krisenanfälligkeit für viele Clubs, als auch hier eine dünne Kapitalbasis und die massive Abhängigkeit vom Engagement der Eigner Einfluss auf die Wettbewerbssituation nimmt.

Das Engagement von Sportvereinen als Veranstalter von Profi- und Amateursport mit entsprechenden finanziellen Verpflichtungen hat sie in eine Unternehmerfunktion hinein gebracht. Ein Thema, welches für den Profibereich schon vor vielen Jahren zu der Diskussion um die Rechtsformverfehlung führte und in der Folge diverse Gründungen v. a. von GmbH's bzw. GmbH & Co. KG's für den Spielbetrieb erbrachte.[93] Die Thematik der dünnen Kapitaldecke, wie sie bei Vereinen gilt[94], konnte aber auch hier nicht wirklich gelöst werden, da selbst viele der Teams der Fußball-Bundesliga in der Rechtsform der Kapitalgesellschaft mit der Problematik der dünnen Kapitaldecke leben.[95]

Der Verschuldungsgrad der Fußball-Bundesliga in der Saison 1999/2000 zeigte ein dramatisches Bild. Während lediglich ein Verein ohne Nettoverschuldung auskam, verzeichneten 2 Vereine mehr Eigenkapital als Schulden, 15 Vereine hatten einen Verschuldungsgrad von über 100 %, d. h. die Schulden überstiegen das Eigenkapital und 9 Vereine hatten gar eine mindestens 5-fache Überschreitung des Eigenkapitals.[96] Eine Befragung von Klubverantwortlichen der Fußball-Bundesliga erbrachte die Aussage, dass 80 % der Befragten den Verschuldungsgrad als bedrohlich ansahen.[97]

Die Innenfinanzierungspotenziale beruhen im Wesentlichen auf Einnahmen aus
- audiovisuellen Rechten (TV, Radio, Internet),
- Ticketing,
- Sponsoring und
- Merchandising.[98]

Das Muster gilt auch für andere Profiligen als die Fußball-Bundesliga, allerdings nimmt der Anteil der audiovisuellen Rechte dort eine möglicherweise unterge-

---

[92] Vgl. IHRS 2005, 36f.
[93] Vgl. z. B. Hovemann 2005, 228.
[94] Vgl. dazu auch Neuhoff 2003, 424.
[95] Vgl. Born u. a. 2004, 205-207.
[96] Vgl. Kern u. a. 2002, 419.
[97] Vgl. Schmeh 2005, 104.
[98] Vgl. dazu Kern u. a. 2002, 422ff.

ordnete Bedeutung ein, bzw. muss sogar als Investitionsbereich gesehen werden.[99]

Dörnemann nimmt auf drei anonymisierte Fallstudien aus dem Profisport Bezug, bei denen verschiedene Ursachen für die Entstehung von Problemen zu erkennen sind:[100] Ein gut positionierter Betrieb des Profifußball verpasst die Marktentwicklung innerhalb der Liga und gerät dadurch in eine wirtschaftliche und sportliche Abstiegssituation. Entsprechend seinem Fokus auf das Controlling im Profisport erkennt er denn auch in dem Berichtswesen einen deutlichen Schwachpunkt, welches mit den gestiegenen Anforderungen nicht Schritt gehalten hat.

In einem zweiten Beispiel führt eine verfehlte Konzeption und fehlende betriebswirtschaftliche Steuerung des Merchandisinggeschäftes in Marketing und Controlling zu einem wirtschaftlichen Fehlschlag. Im dritten Beispiel wird ein Bundesligist von einem Vermarktungsunternehmen mit einer hohen Summe an Investitionsmitteln versorgt, die Verwendung dieser Mittel erfolgt jedoch nicht vordergründig kaufmännisch begründet und bringt keine wesentliche Verbesserung des sportlichen Potenzials.

In verschiedenen Sportligen wurden Lizenzierungsverfahren installiert, mit dem für eine Spielzeit die wirtschaftliche Leistungsfähigkeit der Teams im voraus nachgewiesen werden muss. Das Lizenzierungsverfahren richtet sich v. a. auf den Schutz der Gläubiger der Teams sowie die Sicherstellung des Saisonverlaufs für die Liga und die anderen Teams.[101] Die Prognose der Nicht-Zahlungsfähigkeit während der folgenden Spielzeit ist auf Grund der verfügbaren Informationen vor der Saison nur eingeschränkt möglich, was für die gesamte Prognosefähigkeit im Rahmen des Lizenzierungsverfahrens gilt.[102] Daraus folgt m. E., dass die Verpflichtung der Teamführung zum unternehmerisch verantwortlichen Handeln weiterhin wichtiges Merkmal auch zur Reputation der Liga ist.

2.2 Exemplarische Beispiele

In diesem Abschnitt werden einige ausgewählte Beispiele aus dem Bereich des Sports dargestellt. Die Auswahl orientiert sich in erster Linie an der Verfügbarkeit von Informationen als Grundlage der Darstellung. Dabei wird im Sinne des

---

[99] So gibt es inzwischen aus verschiedenen Sportligen Hinweise auf die „Finanzierung" von Medienberichterstattung, um eine entsprechende Medienpräsenz – auch gegenüber Sponsoren – nachweisen zu können.
[100] Vgl. Dörnemann 2002, 133ff.
[101] Vgl. Klimmer 2004.
[102] Vgl. Klimmer 2004, 153.

Prozesses der Krisenentwicklung vor allem auf die Entstehung der Krise und letztlich der Insolvenz Bezug genommen.

2.2.1 Post SV Braunschweig: Untergang eines Mehrspartenvereins

Der Post SV Braunschweig konnte auf eine mehr als 70-jährige Geschichte zurück blicken, in seiner Spitzenzeit verzeichnete der Verein mehr als 5.000 Mitglieder. Anfangs durch die Besonderheit des Typus Post-Sportverein geprägt, entwickelte er sich zu einem modernen Breiten- und Freizeitsportanbieter mit eigenem Vereinsgelände sowie Immobilien und unterhielt verschiedene stark leistungsorientierte Sportarten..

2.2.1.1 Gründung und zentrale Entwicklungsschritte des Post SV Braunschweig

Postsportvereine sind eine spezifische Gruppe innerhalb der deutschen Sportvereine, wobei sich die Besonderheiten seit Ende der 90er Jahre endgültig nivelliert haben. Beginnend im Berlin des Jahres 1924 entwickelte sich rasch eine Postsportbewegung. Sie wurde von der damaligen Reichspost und nach dem Zweiten Weltkrieg von der Deutschen Bundespost speziell durch Mittelzuweisungen, Überlassen von Sport- und Büroräumen sowie Büroausstattungen unterstützt. Ab 1952 wurden die Interessen dieser Vereine von der Arbeitsgemeinschaft der Postsportvereine vertreten. Regel- und Sonderzuwendungen wurden mit der Bedeutung des Ausgleichssports für die Post-Mitarbeiter begründet. Diese Förderung endete im Zuge der Privatisierungsmaßnahmen mit dem Jahr 1999.[103]

Der Post SV Braunschweig selbst wurde im Jahr 1927 gegründet. 1950 erfolgte nach dem Zweiten Weltkrieg die Wiederaufnahme des Sportbetriebes, 1952 wurde der erste Teil des Sportgeländes „Rote Wiese" eingeweiht und in der Folge um weitere Sportflächen und ein Clubheim erweitert. 1987 wurden die Braunschweig Lions (American Football) in den Post SV aufgenommen. Ende der 80er Jahre des 20. Jahrhundert wurde eine ehemalige Produktionshalle der Firma Büssing in ein Tanzsportzentrum umgewandelt.[104]

2.2.1.2 Die Entwicklung des Vereins seit 1995

Im leistungssportlichen Bereich erlangten neben den Braunschweig Lions (American Football) vor allem der BTSC im Post SV (Tanzsport) und der Damen-Handball, zeitweise in einer Spielgemeinschaft mit einem ortsansässigen Verein, überregionale Bekanntheit. Insbesondere die Tanzsportler erreichten mit ihren

---

[103] Vgl. dazu http://www.tpsk-koeln.de/index.php?page=G2 (Download: 25.12.2005)
[104] Vgl. Hoffmeister/Eveling 1995.

Erfolgen internationale Bedeutung. Diese Sportbereiche entwickelten sich in unterschiedlicher Form:

Damen-Handball: Durch eine für die Saison 1995/96 mit einem ortsansässigen Verein gebildete Spielgemeinschaft sollte der Wiederaufstieg in die 1. Bundesliga möglich werden.[105] Diese Spielgemeinschaft wurde jedoch schon nach einer Saison wieder aufgelöst und der Spielbetrieb 1996/97 in der 2. Bundesliga fortgeführt. Angestrebt wurde weiterhin der Aufstieg in die 1. Bundesliga.[106] Fazit der folgenden Saison war der Abstieg in die Regionalliga, hier spielte das Team noch für eine Saison.[107] Der Vertrag mit einer Vermarktungs- und Träger-GmbH für die 1. Handball-Damen aus dem Herbst 1997 wurde seitens der Gesellschaft gekündigt, da es Abstimmungsprobleme mit einer zweiten vertraglich mit dem Post SV verbundenen Marketinggesellschaft gab.[108] Im Jahr 2000 wurde die Handball-Abteilung aufgelöst, es war lediglich die Regionalliga-Mannschaft verblieben.[109]

Tanzsport: Für den Tanzsportbetrieb war in den Jahren bis zum Dezember 1998 ein Defizit von ca. 250.000 DM aufgelaufen, es wurde von einem jährlichen Defizit von ca. 50.000 DM berichtet.[110] Da die Zahlungen an Trainer und Übungsleiter schon mehrere Monate nicht erfolgten, schränkten diese ihre Leistungen ein, worauf ein Teil der Mitglieder mit Passiv-Meldungen oder Austritt reagierten. Daraus ergab sich eine deutliche Verminderung der Beitragseinnahmen.[111]

Die Situation verschärfte sich zum Jahresbeginn 1999 indem eine Verselbständigung des Tanzsportes diskutiert und ein Auffangverein gegründet wurde. Ein Teil der Trainer und Übungsleiter reagierte mit Klagen auf die ausstehenden Gelder.[112] Im März 1999 (Stand der kurzfristigen Verbindlichkeiten ca. 300.000 DM) wurde unter Vermittlung des Stadtsportbundes eine Lösung für den BTSC im Post SV erarbeitet, was eine Suche nach neuen Geldgebern und ein Stillhalten der Trainer und Übungsleiter beinhaltete. Mit einem Kredit des Hauptvereins konnte der Betrieb fortgeführt werden. U. a. durch das Vorziehen von Einnahmen und sparsames Wirtschaften gelang ein weitgehender Abbau

---

[105] Vgl. Fröhlich 1995.
[106] Vgl. Fröhlich 1996.
[107] Vgl. „Der Post SV ist abgestiegen" (*Braunschweiger Zeitung* 06.04.1998), Fröhlich 1998 und „Sportliche Zukunft ist völlig ungewiß" (*Braunschweiger Zeitung* 04.07.1998).
[108] Vgl. „Sportliche Zukunft ist völlig ungewiß" (*Braunschweiger Zeitung* 04.07.1998).
[109] Vgl. „Zu hoch gepokert" (*Braunschweiger Zeitung* 26.02.2000).
[110] Vgl. Rieseberg 1998.
[111] Vgl. Rieseberg 1998.
[112] Vgl. Rieseberg 1999.

dieser kurzfristigen Verbindlichkeiten.[113] Man erarbeitete ein wirtschaftliches Konzept für den tänzerischen Spitzensport des BTSC im Post SV. Im April 2000 galt der BTSC im Post SV als wirtschaftlich stabilisiert.[114]

Erst mit der Insolvenz des Post SV Braunschweig wechselten die Tänzer in den schon 1998 gegründeten Auffangverein und lösten die für den Tanzsport relevanten Materialien und Rechte aus der Insolvenzmasse.[115]

American Football: Der Spiel- und Sportbetrieb im American Football hatte bis zum Jahr 1996 ein Defizit von ca. 800.000 DM erwirtschaftet, woraufhin eine Schließung der American Football-Abteilung in Erwägung gezogen wurde. Da die Anmeldung für den Spielbetrieb jedoch schon eingereicht war, hätte dies nochmalige Kosten in 6-stelliger Höhe (in DM) verursacht.[116] Zur Verminderung des Risikos für den Post SV wurde der Spielbetrieb im Post SV in eine GmbH ausgegliedert.[117]

Per 1.1.2000 ging der Spielbetrieb der Braunschweig Lions auf einen neu gegründeten Trägerverein über.[118] Hintergrund waren Streitigkeiten zwischen einer vertraglich exklusiv für den Post SV zuständigen Vermarktungsgesellschaft über die Einhaltung eben dieser Exklusivität. Diese Vermarktungsgesellschaft war auch zentral für die wirtschaftliche Verwertung der American Footballer zuständig. Die Streitigkeiten führten zu einem Gerichtsverfahren, welches in einem Vergleich endete, der letztlich bedeutete, dass die ca. 850.000 DM Altschulden der Footballer beim Post SV verblieben.[119]

Auf der Ebene des Gesamtvereins wurde die Linie vertreten, den Verein mit seinem Angebotsspektrum zu erhalten. Dies, obwohl die drei aufgeführten Leistungssportbereiche finanziell durchaus problematisch waren. Für 1997 wird von Verbindlichkeiten von etwa 3,6 Mill. DM berichtet (2,8 Mill. DM bei Banken, 450.000 DM bei Finanzamt und Berufsgenossenschaft, 345.000 DM Sonstige). Mit einer Beitragserhöhung sollte die Finanzsituation entschärft werden.[120] So brachte die Diskussion um eine mögliche Ausgliederung der Tanzsportler in

---

[113] Vgl. Rieseberg 1999b.
[114] Vgl. Rieseberg 2000.
[115] Vgl. Rieseberg 2001.
[116] Vgl. „Beute: Forderungen des Post SV keine Belastung", in: Huddle 35/1998, 3 und „Lions ohne Trainingsstätte" (*Neue Braunschweiger* 28.02.1999). An anderer Stelle wird das Defizit auch mit den ausbleibenden Zahlungen eines Hauptsponsors begründet: Vgl. Leserbrief von J. Schrader in Huddle 37/1998, 5.
[117] Vgl. „Lions ohne Trainingsstätte" (*Neue Braunschweiger* 28.02.1999) und „Beute: Forderungen des Post SV keine Belastung", in: Huddle 35/1998, 3.
[118] Vgl. Rieseberg 1999c.
[119] Vgl. Rieseberg 1999c.
[120] Vgl. Fröhlich 1999.

einen eigenen Verein 1998 eine erste Zerreißprobe. Die Wichtigkeit der ca. 800 Mitglieder für die Situation des Gesamtvereins (ca. 5.000 Mitglieder) wurde betont.[121]

Die Wahl eines neuen Präsidiums im November 1997 sollte auch einen Neuanfang bedeuten, indem mit einer Wirtschafts-GmbH ein neues Strukturelement für die Führung des Vereins und die Erwirtschaftung von Einnahmen eingezogen wurde[122] und eine stärkere Ausrichtung in den Gesundheitssport erfolgte, wozu u. a. das seit 1998 existierende Fitnessstudio beitragen sollte.[123]

Im September 2001 kam es zu der Einreichung des Insolvenz-Antrages, da die Verbindlichkeiten einen Stand von ca. 2,0 Mill. DM erreicht hatte. Bereits auf einer Mitgliederversammlung im Juni 2001 wurde auf die Gefahr der Insolvenz hingewiesen, die Mitglieder stimmten einer Beitragserhöhung zu, um ihren Konsolidierungsbeitrag zu leisten. Letztlich war jedoch eine maßgebliche Bank war nicht mehr zu einem Forderungsverzicht, sowie einem Zins- und Tilgungsaufschub bereit, so dass die Konsequenz des Insolvenzantrages folgte.[124]

2.2.1.3 Konsequenzen der Insolvenz

Die American Footballer waren schon zu einem neuen Trägerverein gewechselt, die Tanzsportler haben sich im Zuge der Insolvenz aus dem Verein gelöst. Andere Sportler wechselten zu anderen Vereinen oder bemühten sich durch Gründung von neuen Vereinen um eine Weiterführung ihres Sportes.[125]

Die Segelflugabteilung verlor im Zuge der Insolvenz ihre Sportgeräte und den für einen Flugzeugkauf angesparten Betrag von 70.000 DM, da die Flugzeuge für die Forderung eines Unternehmers gegenüber dem Verein sicherungsübereignet waren.[126] Das Vereinsgelände „Rote Wiese" stand im Jahr 2004 zur Versteigerung, es wird letztlich von der Stadt Braunschweig ersteigert und in Zusammenarbeit mit dem Stadtsportbund und einem in Folge der Insolvenz neu gegründeten Verein v. a. dem Breitensport wieder zur Verfügung gestellt.[127]

---

[121] Vgl. Rieseberg 1998.
[122] Vgl. „Mit neuen Strukturen zu alter Stärke" (*Braunschweiger Zeitung* 18.12.1999).
[123] Vgl. Rieseberg 2000b.
[124] Vgl. Fröhlich 2001.
[125] Z. B. Segelflieger: Luftsport Braunschweig e. V. (http://www.segelflug.de/vereine/PostSV -BS-AbtSegelflug/ (22.12.2005)); Wasserballer und Schwimmer wechselten zu Nachbarvereinen (Landesschwimmverband Niedersachsen, 07.01.2002; www.lsn-info.de).
[126] Vgl. Rieseberg 2001 und Fröhlich 2001b.
[127] Vgl. Rieseberg 2004.

2.2.2 Fußballvereine in der Krise

Nicht zuletzt wegen der Verbreitung des Fußballsports in Deutschland, der dort erkennbaren wirtschaftlichen Aktivitäten und der medialen Aufmerksamkeit gibt es aus diesem Bereich relativ viele Beispiele.[128] Für einige Beispiele wirtschaftlicher Problemlagen in der DFL bzw. der Fußball-Bundesliga siehe die Darstellung bei *Frick/Prinz*.[129]

2.2.2.1 FV Biberach e. V. (Biberach-Riss)[130]

In einer Pressemitteilung vom 16.12.2002 berichtete der Vorstand des FV Biberach e. V. über den Weg des Vereins in die Insolvenz. Der neue Vorstand stellte nach der Amtsübernahme Anfang 1999 einen Schuldenstand von ca. 133.000 € (umgerechnet) fest. Sportlich wurde ein Aufstieg in die Regionalliga angestrebt, entsprechende Voraussetzungen (Sponsoren, VIP-Betreuung, Vereinsbus) wurden geschaffen. Ende des Jahres 1999 verstarb der Vereinspräsident, der sich auch finanziell für den Verein engagiert hatte.

Eine finanzielle Belastung erfuhr der Verein durch die Besteuerung der (damaligen) 630-DM-Jobs, nun mussten für etwa 70 Personen (ca. 30 Betreuer, 40 Spieler) Steuern abgeführt werden. Deshalb mussten zur Winterpause einige Spieler den Verein verlassen. Letztlich kam es in der Saison 1999/2000 zum Abstieg in die Verbandsliga.

Auch auf Grund der bestehenden Sponsorenvereinbarungen und der Verpflichtung gegenüber dem verstorbenen Vereinspräsidenten wurde der sofortige Wiederaufstieg als Ziel gesetzt. Somit wurde für die Saison 2000/2001 eine teurere Mannschaft verpflichtet. Der Aufstieg wurde jedoch nicht erreicht. In der folgenden Saison 2001/2002 konnte ein Mittelplatz in der Verbandsliga erzielt werden.

Die finanzielle Situation hatte sich allerdings problematisch entwickelt: „Aufgrund der allgemeinen wirtschaftlichen Situation: fehlende Zahlungen der Sponsoren trotz Werbung neuer Förderer, verstärkte Insolvenzen bei Geldgebern, Zinszahlungen, sowie der Tod und in der Folge die fehlenden Zahlungen des Vereinspräsidenten ... u. a. nahmen die Verbindlichkeiten stark zu."[131] Der Schuldenstand hatte mittlerweile ca. 256.000 € erreicht.

---

[128] In dem Beitrag von Englisch sind verschiedene Beispiele zusammen gefasst (vgl. Englisch 2003).
[129] Vgl. Frick/Prinz 2006.
[130] Die folgende Darstellung zum FV Biberach e. V. beruht auf einer Pressemitteilung des Vorstandes http://www.weberberg.de/abc/texte/insolvenzkonferenz.html (Download: 31.05.2004).
[131] http://www.weberberg.de/abc/texte/insolvenzkonferenz.htm (Download: 31.05.2004).

Für die Saison 2002/2003 sollte mit einer Mannschaft aus verbliebenen Spielern der Verbandsligamannschaft und Akteuren der Bezirksligamannschaft in der Verbandsliga angetreten werden.

Ein weiterer Handlungsbedarf ergab sich im Hinblick auf das Vereinsheim, welches durch ein zinsfreies Darlehen einer Brauerei im Jahr 1989 erstellt werden konnte und mit einer Verpachtung an die Brauerei gekoppelt war. Mit den Pachteinnahmen sollte das Darlehn getilgt werden. Bei genauerer Analyse des bis 2014 laufenden Vertrages ergab sich, dass die monatlichen Zahlungen zu einer Tilgung des Darlehens im Jahr 2001 geführt hätten, durch die Vertragslaufzeit aber letztlich ca. 600.000 € an die Brauerei fließen würden, wobei die Bierlieferungen noch nicht eingerechnet waren. Der Besitzer der Brauerei wollte hier aber keine Zugeständnisse z. B. in Form eines Kaufs des Vereinsheims machen.

Letztlich wurde die Insolvenz als letzte Chance gesehen, um den Fußballbetrieb wieder auf gesunde Füße zu stellen und sich von diesen Altlasten zu befreien. Ein Neubeginn wurde angekündigt, wobei man ausdrücklich auf das Lernen aus den Fehlern verwies. Der Verein nimmt nach der Insolvenz im Jahr 2002 weiterhin am Spielbetrieb teil.[132]

2.2.2.2 TSV Isernhagen

Gemäß einer Pressemitteilung musste der Fußball-Landesligist TSV Isernhagen aus der Nähe von Hannover im November 2005 mitteilen, dass kein Geld mehr verfügbar ist, um weitere Aufwandsentschädigungen zu zahlen. Die finanziellen Planungen vor der Saison und die reale Entwicklung fallen deutlich auseinander. Viel versprechende „Ansätze zur Aufbringung des Etats" waren die Basis der Planungen, der Hauptsponsor „sei abhanden gekommen" ist dort zu lesen. Geplante Finanzierungsaktivitäten ließen sich nicht realisieren oder kämen nicht zügig genug voran. Bis zur Winterpause sollte ein Rettungsversuch unternommen werden. Die Spieler wurden um den Verbleib gebeten, um den Spielbetrieb aufrecht erhalten zu können.[133]

In einem Zeitungsartikel wird der Vorgang beim TSV als schleichender Prozess charakterisiert, der nur in der letzten Phase zu einem schnellen Aus zu führen scheint. In einer Kommentierung an gleicher Stelle wird darauf verwiesen, dass dies nur ein Beispiel für die Situation des (niedersächsischen) Amateurfußballs und seiner finanziellen Bedingungen ist.[134]

---

[132] http://www.fvbiberach.de/vereinsinfo.php (Download: 10.04.2006)
[133] Vgl. Herrmann 2005, 2005b, http://www.tsvisernhagen.de/download/ pressemitteilung04112005.pdf (Download: 10.04.2006)
[134] Vgl. Herrmann 2005b.

2.2.2.3 SSV Ulm (Fußball)

Wellensiek[135] berichtet von dem Insolvenzverfahren des SSV Ulm, das aus einem sportlichen Abstieg der Zweitligafußballer und den daraus folgenden wirtschaftlichen Konsequenzen herrührte. Die wirtschaftlichen Anstrengungen wurden nicht von sportlichen Erfolgen gekrönt, vielmehr stieg das Team in die Regionalliga ab. Die finanzielle Lage reichte nicht hin, um für diese Liga eine Lizenz zu erhalten. Die vom DFB geforderte Garantiesumme von 11,7 Mill. DM konnte nicht vollständig aufgebracht werden.[136] Letztlich führte die Zahlungsunfähigkeit zu dem Insolvenzantrag für den gesamten Verein mit etwa 20 Sparten und dem Zwangsabstieg der Fußballer in die Verbandsliga.

Trotz der erkennbaren Managementfehler hatte der Verein einen breiten Rückhalt in der Bevölkerung, der lokalen Wirtschaft und den Mitgliedern. Daraus ergab sich eine Erfolg versprechende Perspektive für die Rettung des Vereins. Durch die kurzfristige Hilfe der Sparkasse Ulm, die Vorfinanzierung von Löhnen und Gehältern aus dem Insolvenzgeld und eine für die Vertrauensbildung dienliche Strategie zur Öffentlichkeitsarbeit wurde der Grundstein für die Rettung des Vereins gelegt. Letztlich konnte ein Insolvenzplan erarbeitet werden, der bei allen relevanten Gruppen Anerkennung fand und damit die Fortführung des Vereins ermöglichte.

2.2.3 Andere Bereiche

Der Deutsche Volleyball-Verband erlebte für den Trendsport **Beach-Volleyball** im Jahr 2005 den Ausstieg seines Medienpartners RTL auf Grund zu schwacher Einschaltquoten.[137] Die Kooperation wurde nach den Olympischen Spielen in Sydney und der erreichten großen Zuschauerzahlen aufgenommen, es stellte sich jedoch heraus, dass dieses Interesse in Deutschland nicht auf andere Veranstaltungen zu verlängern ist.

Der **Eurospeedway Lausitz** musste im Jahr 2004 Insolvenz anmelden, da die Ertragssituation der Motorsportanlage nicht zum Unterhalt hinreichte, nachdem der Ring im Jahr 2000 mit vielen Hoffnungen für die strukturschwache Region eingeweiht wurde.[138]

2005 wurde von der Insolvenzgefahr für die **Hockenheimring** GmbH berichtet, die u. a. aus der Lücke zwischen dem steigenden Aufwand für die Durchführung des jährlichen Formel 1-Rennens und die abnehmenden Zuschauerzah-

---

[135] Vgl. zu dieser Darstellung Wellensiek 2003, soweit keine andere Quelle angegeben ist.
[136] Vgl. http://www.ssvulm1846.de/fussball/aktuelles/saison00-01/0601.html.
[137] Vgl. „Beachvolleyball kein Hit: RTL will aussteigen" (*Braunschweiger Zeitung/ Salzgitter Zeitung* 19.07.2005)
[138] Vgl. Wüpper 2004.

len und damit die Einnahmen herrührt.[139] Für das Jahr 2006 wird von einem geplanten operativen Fehlbetrag in Höhe von 1,5 Mill. € ausgegangen. Ein neu errichteter Streckenabschnitt und eine Tribünenkomplex soll an eine Leasinggesellschaft verkauft und für 10 Jahre zurück gemietet werden, um eine Entspannung der Finanzierungssituation zu erreichen.[140]

Der **Hannoversche Rennverein** musste in den Jahren 2004/2005 intensiv an der finanziellen Basis seines Betriebes arbeiten. Im Oktober 2004 wurde von einem Schuldenstand von ca. 2 Mill. € berichtet, die u. a. auf einen Zuschauerrückgang und einen Rückgang der Wetteinsätze nach Anzahl und Höhe zurückgeführt werden.[141] Im Zuge eines vorläufigen Insolvenzverfahrens wurde ein Bereinigungskonzept von allen Gläubigern akzeptiert. Damit war ein weitgehender Forderungsverzicht der Sparkasse Hannover als Hauptgläubiger und der Verkauf eines Trainingsgeländes an der Trabrennbahn verbunden. Erschwerend kamen Probleme bei der Gewinnung einer neuen ehrenamtlicher Führungspersönlichkeit für den Rennverein hinzu.[142]

Der **TC Schwarz-Weiß Hannover** meldete im Jahr 2004 Insolvenz an, nachdem die Hausbank keine weitere finanzielle Unterstützung mehr gewährte. Von in besten Tagen 1.100 Mitgliedern war die Mitgliederzahl auf unter 400 gesunken. Etwa 600.000 € Schulden waren nicht mehr finanzierbar, sie rührten u. a. aus einem Ausbau der Tennisanlage und einem leistungssportlichen Engagement, welches in den letzten Jahren aber auch schon vermindert wurde. Der Verkauf eines Teils des Vereinsgeländes als Bauland musste auf Grund von Belastungen des Erdreichs und Lärmschutzauflagen verworfen werden.[143]

3 Ansatzpunkte des Krisenmanagement im Sport

Der wirtschaftliche Erfolg eines Sportbetriebes – egal ob Kapitalgesellschaft oder Verein – ist in seinem Leistungsprozess angelegt. Er bestimmt über die Verfügbarkeit von Ressourcen und ggf. die Erwirtschaftung von Überschüssen. Deshalb wird dieser Leistungsprozess in einem ersten Schritt skizziert.

---

[139] Vgl. z. B. „Dem Hockenheimring droht das Aus" (*Braunschweiger Zeitung/ Salzgitter Zeitung* 27.12.2005, 13); Reinbold 2005.
[140] Vgl. z. B. „Dem Hockenheimring droht das Aus" (*Braunschweiger Zeitung/ Salzgitter Zeitung* 27.12.2005, 13).
[141] Vgl. Otto 2004.
[142] Vgl. „Insolvenz abgewendet" (*Hannoversche Allgemeine Zeitung* 12.03.2005, 29).
[143] Vgl. „Schwarz-Weiß braucht Insolvenzverwalter" (*Hannoversche Allgemeine Zeitung* 28.05.2004).

Bei näherer Betrachtung der recherchierten Insolvenzfälle können einerseits Ursachen für die Krisen in Sportbetrieben gefunden werden. Ebenfalls sind Handlungsmuster zu erkennen, wie eine Bearbeitung der Krisensituation versucht wird und zu welchen Ergebnissen sie führt bzw. führen kann.

3.1 Ressourcen und Leistungsprozesse von Sportbetrieben

Die Handlungsoptionen eines Sportvereinsbetriebes ergeben sich aus seinen Ressourcen, wie sie in Abbildung 8 dargestellt sind. Sie stehen in einer teilweisen Wechselwirkung, indem z. B. nicht durch ehrenamtliche Mitarbeit abgedeckte Aufgaben durch bezahlte Mitarbeit erbracht werden müssen.[144] Grundlegendes Merkmal des Sportes ist die große Bedeutung der ehrenamtlichen Arbeit zur Erstellung der Leistungen von Vereinen und Verbänden aber auch bei Großveranstaltungen.[145] Durch die auch im Leitbild des DSB aus dem Jahre 2000 formulierte Führungsfunktion der Ehrenamtlichen und der Unterstützungsfunktion der bezahlten Mitarbeiter[146] erhält die Bedeutung der unbezahlten Mitarbeiter eine herausragende Stellung.

Dieses Strukturmerkmal erlangt für die Arbeitsfähigkeit eine wichtige Bedeutung, indem die Rekrutierung der Funktionsträger gerade für die Wahlämter in Vereinen und Verbänden nicht zwingend einem beruflichen Muster folgt.[147] Die heute verfügbaren Ausbildungsangebote von Sport- und Fitnesskaufleuten bis zu spezifischen Sportmanagement-Studiengängen kommen in erster Linie in bezahlten und damit nachgeordneten Funktionen zum Tragen. Die Ausbildungslinie des Vereinsmanagers innerhalb des Ausbildungssystems des Deutschen Sportbundes richtet sich v. a. an die ehrenamtlichen Mitarbeiter, die Inanspruchnahme beruht jedoch ebenfalls auf der Freiwilligkeit.[148] Die ca. 18 mittlerweile in Deutschland etablierten Studiengänge zu dem Themenkomplex Sportmanagement und Sportökonomie und dem Anspruch einer Ausbildung von Führungskräften für den Sport setzen sich in den Vereinen und Verbänden erst langsam durch, während im professionellen Sport eine deutliche Orientierung auf entsprechend qualifizierte Kräfte erkennbar zu sein scheint.[149]

Ein zweites wesentliches Strukturmerkmal der ehrenamtlichen Arbeit ist die zeitliche Verfügbarkeit der entsprechenden Individuen, welche häufig durch eine berufliche Tätigkeit eingeschränkt ist. Daraus ergeben sich wiederum Be-

---

[144] Ausführlicher dazu Wadsack 2007 i. V.
[145] Vgl. z. B. Trosien 2002.
[146] Vgl. Wadsack 2006.
[147] Vgl. dazu ausführlicher Wadsack 2003.
[148] Vgl. Wadsack 1997.
[149] Vgl. Zieschang 2004, Horch u. a. 2003.

dingungen der Einsatzmöglichkeiten und der Arbeitsformen, z. B. im Hinblick auf die Kommunikationsmöglichkeiten im Tagesverlauf.[150]

Abb. 8: Ressourcen des Sportvereinsbetriebes

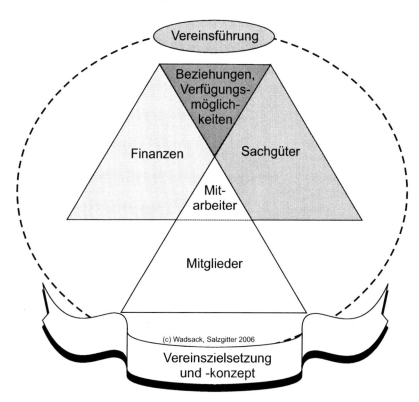

Die Vereinslandschaft zeigt vielfältige Beispiele einer erfolgreichen Arbeit unter den Bedingungen der ehrenamtlichen Führung, auch für Vereine, die sich im Zuge ihrer Entwicklung mehr zu Wirtschaftsbetrieben z. B. durch den Profisport oder Aufbau und/oder Übernahme von Sporteinrichtungen gewandelt haben. Die Beobachtung der Vereinsszene kann zu der Annahme führen, dass dies häufig mit einer qualitativ gut besetzten Geschäftsstelle mit bezahlten Kräften einher geht. Dennoch werden auch immer wieder Fragezeichen hinter die Möglichkeiten und Grenzen der unbezahlten Arbeit gesetzt, indem Qualifikation und

---

[150] Vgl. Wadsack 2003, 21.

Einsatzmöglichkeiten der Führungskräfte und Mitarbeiter kritisch betrachtet werden.[151]

Die finanzielle Basis ergibt sich bei „einfachen" Sportvereinen in der Regel zum größten Teil aus den Beiträgen der Mitglieder. Für Profisportbetriebe in Form von Kapitalgesellschaften kann eine ähnliche Darstellung gewählt werden, nur muss der Block der Mitglieder ausgeblendet werden, zu diskutieren wäre ein Ersatz durch das Potenzial der Fans, die sich ja durch eine besondere stabile Bindung zu dem Profisportbetrieb auszeichnen und über Eintrittskarten, Merchandisingartikel und immaterielle Leistungen zu dem Erfolg des Betriebes beitragen.

Abb. 9: Leistungsprozess des Sportbetriebes[152]

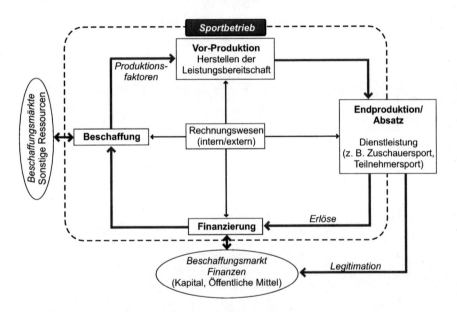

Diese Ressourcen werden in einen Leistungsprozess eingebracht, der in Abbildung 9 dargestellt ist. Erkennbar ist die Besonderheit der Vorproduktion, die sich aus der Dienstleistungserstellung ergibt.[153] Gegenüber dem klassischen Produktionsbetrieb muss eine Leistungsbereitschaft hergestellt werden, welche durch

---

[151] Vgl. Wadsack 2003, 27.
[152] Vgl. Wadsack 2007 i. V.
[153] Vgl. dazu ausführlich Wadsack 2007 i. V. a. a. O.

das Hinzutreten des Nachfragers (Sportzuschauer, Sportteilnehmer) abgerufen und in die eigentliche Absatzleistung umgesetzt wird. Die Sportorganisation hat noch vor Kenntnis der realen Absatzsituation die Leistungsbereitschaft zu erstellen, die z. B. in Form von Aufstellung, Training und Betreuung eines Sportteams oder der Konzeption, Übungsleitergewinnung und Raumverfügbarkeit für eine Kursangebot bestehen kann. Entsprechend bedeuten Leerkosten den Anteil der nicht abgerufenen Vorproduktion, welche jedoch seitens des Sportbetriebes schon zu einem Ressourcenverzehr geführt hat. Deutlich wird diese Größe z. B. bei der Übernahme eines (bislang) kommunalen Schwimmbades durch einen Verein, dessen Kostenvorteile zu einem großen Teil aus der ehrenamtlichen Bewirtschaftung herrühren, wodurch Leerkosten zu einem großen Teil nicht in Form von Personalkosten für die Buchhaltung relevant werden. Für den Profisportbereich ergibt sich daraus z. B. die Optimierungsaufgabe einer „angemessenen" Verfügbarkeit von Servicekomponenten in der Sportstätte (Einlasskontrollen, Verzehrmöglichkeiten) bezogen auf den erwarteten Zuschauerzuspruch.

Die Endproduktion bzw. der eigentliche Absatz ergibt sich dann in der Situation des Wettkampfes, indem – verkürzt – die Zuschauer präsent sind und Medienaufmerksamkeit die Verwertung der Rechte ermöglicht. Über die erreichten Leistungen erarbeiten sich die Sportbetriebe die Legitimation im Hinblick auf ihre Bedeutung für die Gesellschaft, welche wiederum den Zugang zu öffentlichen Fördermitteln bzw. öffentlicher Unterstützung eröffnen.[154]

Gehen wir davon aus, dass Profisport durch den Absatz von Leistungen seine wirtschaftliche Tragfähigkeit beweisen muss, so kann man vereinfachend von drei Haupt-Einnahmequellen ausgehen. Zuschauereinnahmen, Verwertung von Medienrechten und Sponsoring sind zumindest im Bereich der Fußball-Bundesliga die drei dominierenden Einnahmesegmente.[155] Merchandising und Licensing kommen als weitere Option hinzu, sind aber stark von der Absatzlage der einzelnen Sportunternehmen abhängig. Teams mit einem starken Fanpotenzial sind hier bevorteilt.

Medienrechte abseits der Großereignisse Olympia und Fußball-WM haben in den vergangenen Jahren eine deutliche Konzentration erfahren, indem es eine kleine Anzahl von mehr beachteten Sportarten gibt, während z. B. die im 32-er Vertrag[156] zusammen geschlossenen Sportverbände nur in geringem Maße

---

[154] Für diesen Verwertungszusammenhang vgl. Kappler/Wadsack 1997, Wadsack 2007 i. V.

[155] Vgl. Hübl/Swieter 2002, 46.

[156] In dem 32er-Vertrag sind eben 32 Sportverbände aus dem Bereich des Deutschen Sportbundes zusammen gefasst, an die ARD und ZDF einen Pauschalbetrag für die Einräumung der Übertragungsrechte zahlt. Damit ist keine Übertragungsverpflichtung verbunden. Vgl. Schellhaaß/Hafkemeyer 2002, 6-10, Wadsack 2003b.

partizipieren. Eine ähnliche Konzentration auf Großereignisse und besonders medienpräsente Sportarten ist bei dem Sponsoring zu verzeichnen. Außerhalb der in Profiligen organisierten Teamsportbetriebe spielen die Zuschüsse der öffentlichen Hände weiterhin eine große Bedeutung, die zumindest zu einem Teil den spitzensportlichen Betrieb mit finanzieren.[157] Insbesondere die Förderung des Leistungssports auf Bundes- und Landesebene stellt damit für viele Sportarten auch eine wesentliche Grundlage für die Herausbildung einer hohen Leistungsfähigkeit im nationalen und internationalen Vergleich für die betreffenden Vereine und Verbände dar.

Die Förderung von Sport und Vereinen wird von den Sparnotwendigkeiten der öffentlichen Haushalte nicht verschont. Insofern zeigt sich insbesondere für viele nicht im Rampenlicht stehende Sportarten sowohl im Leistungs- als auch im Breitensport bei der Finanzierung durchaus ein großer Einfallsreichtum und Einsatzbedarf um Finanzmittel zu akquirieren.

3.2 Krisenursachen in Sportbetrieben
In Anlehnung an die bisherige Darstellung der Sportbetriebe werden die Krisenursachen unterteilt. Sie beziehen sich auf
- die Ressourcen des Sportbetriebes (Finanzen, Mitarbeiter, Sachgüter/ Vermögen und zusätzlich für Vereine/Verbände: Mitglieder),
- das Führungsverständnis mit Zielsetzung, Organisationsstruktur und Leitbild des Sportbetriebes und
- externe Einflüsse, wie z. B. die Gesetzgebung.[158]

3.2.1 Krisenanalyse bei Sportbetrieben
In Tabelle 5 ist eine Auswahl von Krisenursachen von Sportbetrieben zusammen gestellt, wie sie sich aus der medialen Darstellung entsprechender Krisen von Sportbetrieben erkennen lassen. Die Aufstellung beinhaltet keine Rangfolge oder Gewichtung, sondern ist eine Zusammenstellung von Einzelfall-Auswertungen. Dabei ist das Spektrum der einbezogenen Sportbetriebe innerhalb der Kategorie der Vereine und Kapitalgesellschaften im Zuschauersport weit gestreut, sowohl was die Sportarten als auch die sportliche Leistungsebene angeht.

---

[157] Vgl. Wadsack 2003b.
[158] *Kreißig* unterscheidet Schwächen der Personal-, Organisations- und Finanzstruktur (vgl. Kreißig 2004, 17ff.).

Tab. 5: Übersicht zu Krisenursachen von Zuschauersportbetrieben

Krisenursachen aus Sportbetrieben	Ursachenzuordnung[159]			Anmerkungen
	RES	FÜH	EXT	
Einnahmerückgang wegen Zuschauerschwund auf Grund sportlicher Talfahrt.	x	x		Der Wirkung auf die finanzielle Situation des Sportbetriebes geht die Wahrnehmung der sportlichen Entwicklung und mögliche Antizipation der Zuschauerentwicklung voraus. Das Saisonziel war in Bezug auf die Zuschauer möglicherweise zu optimistisch.
Rückzahlung von Fördergeldern wegen unsachgemäßer Verwendung.		x		Mangelnde Aufmerksamkeit der Führung.
Hohe Verpflichtungen aus Baumaßnahmen (Stadion), die auf der Basis sportlichen Erfolges eingegangen wurden.			x	Im Zuge der Fortentwicklung von Teamsportbetrieben ist die Veranstaltungsstätte ein zentraler Erfolgsfaktor, der z. B. Möglichkeiten für eine weiter gehende Verwertung (VIP-Logen) schafft. Die langfristige Belastung aus einer solchen Investition muss jedoch mit dem Finanzrückfluss aus dem (kurzlebigen) Sportbetrieb harmonisiert werden.
Übergang von Amateursport (Auslagenerstattung, Aufwandsentschädigung) zum Profisport (Sport als Lebensunterhalt für die Akteure) verursacht Kostensprung.	x	x		Der Kostensprung ist eine planbare Größe, jedoch muss auch die Option des Nicht-Aufstieges möglich sein, wenn die finanziellen Ressourcen absehbar nicht hinreichen bzw. nicht gesichert erscheinen (z. B. vage Zusagen für Unterstützung als feste Einnahme).

---

[159] Abkürzungen: RES – Ressourcen, FÜH – Führungsverständnis und -arbeit, EXT – Externe Einflüsse.

Krisenursachen aus Sportbetrieben	Ursachenzuordnung[159]			Anmerkungen
	RES	FÜH	EXT	
Abhängigkeit von einem Sponsor, seiner Engagementbereitschaft und wirtschaftlichen Situation.		✗	✗	Die Bindung an einen oder wenige zentrale Geldgeber schafft massive Abhängigkeiten und bindet an die (externe) Bereitschaft zur Gestaltung bzw. Aufrechterhaltung des Engagements. Die Führungsaufgabe wäre damit die Schaffung einer breiteren Finanzierungsbasis des Sportbetriebes.
Zu späte Entscheidung für die Trennung von Athleten, wenn diese aus Kostengründen nicht mehr finanziert werden können.		✗		Es ist eine Führungsentscheidung, die (mögliche) Aufrechterhaltung der sportlichen Leistungsfähigkeit über die Einhaltung von Grundsätzen kaufmännischen Handelns zu stellen.
Änderung des (Steuer-) Rechts mit zusätzlichen Belastungen für Sportbetriebe.			✗	Wie oben schon angesprochen haben auch solche Gesetzgebungsverfahren einen Vorlauf, der pro-aktiv durch die Führung zu berücksichtigen ist.
Leistungsabhängige Verträge z. B. mit Sponsoren.	✗	✗		Wird die Sponsorenleistung in Abhängigkeit von der sportlichen Leistung vereinbart, ist dies bei der entsprechenden Finanzplanung zu berücksichtigen und mit einem wahrscheinlichen und ggf. nicht mit dem Maximalwert anzusetzen.
Abschluss unwirtschaftlicher Verträge mit langfristigen Belastungen.		✗		Fehlende wirtschaftliche Fachkenntnis bzw. deren Missachtung.
Nicht-Kontrolle der Abteilungsaktivitäten durch den Vorstand.		✗		Bei entsprechenden wirtschaftlichen Aktivitäten ist die Struktur des Sportbetriebes so zu gestalten, dass die Verantwortlichen über die finanzielle Entwicklung zeitnah informiert sind.

Krisenursachen aus Sportbetrieben	Ursachenzuordnung[159]			Anmerkungen
	RES	FÜH	EXT	
Zahlung von Hallen- und Sportstättennutzungen.			x	Durch die Notwendigkeiten zum Sparen bei den öffentlichen Haushalten, werden neben Einsparungen auch Kostenbeteiligungen umgesetzt. Auch hier ist die Führung zu einer möglichst frühzeitigen Anpassung der Planungen aufgefordert.
Marode vereinseigene Sportanlagen, für die notwendige Reparaturkosten nicht mehr aufgebracht werden können (auch: Investitionsstau).	x	x		Es gehört mit zu den Führungsaufgaben, das (notwendige) Betriebsvermögen zu erhalten. Durch Aufschieben notwendiger Investitionen in der Vergangenheit baut sich ggf. ein Investitionsstau auf.
Nicht rechtzeitige Neustrukturierung eines Vereinsangebotes, z. B. bei Fehlen von Mitarbeitern und Mitgliedern.		x		Gerade unter dem Eindruck eines traditionellen Angebotes fällt es der Führung eines Sportbetriebes schwer, eine Angebotsschließung zur Diskussion zu stellen und ggf. auch gegen die Interessen in der Mitgliederversammlung durchzusetzen.
Fehlender Sachverstand in der Betriebsführung, ausgedrückt durch die falsche Einschätzung der Handlungsnotwendigkeit und falsche Alternativenwahl, Ausbleiben von Entscheidungen mangels Kenntnis von Handlungsoptionen.		x		Gerade in der ehrenamtlichen Struktur liegt ein Gefahrenpotenzial in Bezug auf die verfügbaren Kompetenzen und die fehlende Einsicht, dieses etwa durch Anstellung eines qualifizierten Mitarbeiters auszugleichen.
Nicht-Einhaltung von vertraglichen Abmachungen (u. a. Gegenleistungen für Sponsoren).		x		Mangels professionellem Umgang mit Vertragspartnern kann es zu Einbußen im Finanzbereich kommen.

Krisenursachen aus Sportbetrieben	Ursachenzuordnung[159]			Anmerkungen
	RES	FÜH	EXT	
Vermeintliche Kavaliersdelikte zum Guten des Sports (Steuerhinterziehung, Unterschlagung von Sozialabgaben, …).		x		‚Zum Guten des Sports' gibt es verschiedene Beispiele, in denen illegale Praktiken gewählt wurden, um die finanziellen Ressourcen des Sportbetriebes ‚zu schonen'. Hierin zeigt sich ein verfehltes Selbstverständnis der Führung des Sportbetriebes.
Verzicht auf kaufmännische Vorsicht unter dem Eindruck erwünschter/ ersehnter sportlicher Ziele.		x		U. a. das mit dem sportlichen Erfolg verbundene Prestige, das Nicht-Anerkennen sportlicher Leistungsgrenzen sind Auslöser für ein wirtschaftlich nicht tragfähiges Verhalten der Betriebsführung.
Verletzungsbedingte Nachrekrutierungen im Profisport.	x			Die Dezimierung des Sportlerkaders gerade im Teamsport führt schnell zur Forderung nach Neuverpflichtungen, woraus sich unter Umständen zusätzliche finanzielle Verpflichtungen ergeben, die nicht zwingend zu Saisonbeginn als Puffer eingeplant waren.

Bei der Einordnung gilt es zu beachten, dass letztlich immer die Führung für das Geschick des Sportbetriebes verantwortlich ist. Dies kann selbst bei einer erfolgten Gesetzesänderung angenommen werden, indem solche gesetzlichen Regeln in der Regel auch einen Diskussionsvorlauf haben und damit einen gewissen Zeitraum der Vorbereitung auf die anstehenden Veränderungen beinhaltet.

3.2.2 Systematisierung der Krisenbereiche
In der vorstehenden Tabelle sind verschiedene Einzelursachen aufgeführt. Diese werden im folgenden unter den eingangs eingeführten drei Bereichen der Krisenursachen ergänzt und im Hinblick auf die Sportbetriebe spezifiziert.

3.2.2.1 Externe Einflüsse
Die externen Einflüsse sind ja schon charakterisiert, indem sie sich vor allem auf die Abhängigkeit von Dritten und andererseits auf die gesetzlich vorgegebenen Rahmenbedingungen des Sportbetriebs-Handelns beziehen. Bei der Abhängigkeit von Dritten kann z. B. für einzelne Sportveranstaltungen auch die Chance

auf Medienübertragungen angeführt werden, indem die Vermarktungsmöglichkeiten eng an die tatsächliche Medienpräsenz gekoppelt wird. Die Medienübertragung kann jedoch bei nicht absoluten Top-Ereignissen von der kurzfristigen Programmplanung der Sender abhängen. Ähnliches kann im Hinblick auf das Zuschusswesen gesagt werden, welches im Endeffekt von der Entscheidung der Geld gebenden Seite abhängig ist.

Als weitere zur Zeit (Anfang 2006) in der Diskussion befindlichen gesetzgeberischen Maßnahmen sind die Neuordnung des Glücksspielmarktes im Zuge der Dienstleistungsrichtlinie[160] und die Gestaltung der Gemeinnützigkeit zu nennen. Beide Bereiche können sehr massive Auswirkungen für einen großen Teil der Sportbetriebe in Deutschland haben. Aktuell können die für Mitte 2006 anstehende Erhöhung der Pauschalabgabe auf Minijobs und die für 2007 diskutierte Erhöhung der Umsatzsteuer als Maßnahmen betrachtet werden[161], welche auch ihre Spuren im Sport hinterlassen werden.

Die sportliche Entwicklung z. B. eines Sportteams kann durchaus als externer Einfluss aufgefasst werden. Schließlich besteht einerseits eine Abhängigkeit von den Aktivitäten der anderen Teams mit denen man im Wettbewerb steht und andererseits die begrenzte Einflussmöglichkeit auf die aktuelle Leistungsdarbietung der eigenen Akteure. „Alle Aktivitäten sind immer abhängig von den Ergebnissen auf dem Rasen"[162], wird der ehemalige Präsident von Hannover 96 *Martin Kind* zitiert.

So bedarf es auch für die aus der sportlichen Entwicklung folgenden wirtschaftlichen Erfordernisse einer konsequenten finanzwirtschaftlichen Planung, Kontrolle und Steuerung. Neben einem weniger erfolgreichen Saisonverlauf, dem Verpassen des internationalen Geschäftes oder dem Abstieg gilt dies auch für entsprechende positive sportliche Entwicklungen. Aufstiegsprämien, höhere Dotierung der Spielerverträge in einer höheren Spielklasse, ein ggf. umfassenderes Reiseprogramm und größere Reisedistanzen sind u. a. zu erwartende Konsequenzen.[163]

Je nach den Anforderungen der Liga sind entsprechende infrastrukturelle Voraussetzungen mit einem Aufstieg verbunden. So wird für die Volleyball-Bundesliga der Frauen über den Köpenicker SC berichtet, dass alleine das Auf-

---

[160] Vgl. aragvid-sid 04/05, 5.
[161] Vgl. http://www.stern.de/politik/deutschland/:Haushaltsbegleitgesetz-Das-ABC-Grausamkeiten/ 556462.html.
[162] Interview: „Ohne Ziele gibt es keine Zukunft" (*Hannoversche Allgemeine Zeitung* 31.08.2005, Sonderveröffentlichung)
[163] Siehe z. B. die Hinweise auf entsprechende Finanzwirkungen bei Eintracht Braunschweig, welche für und durch den Aufstieg in die Zweite Fußball-Bundesliga ausgelöst wurden. Vgl. Fröhlich 2005.

bringen eines farbigen Spielfeldes ca. 6.000 € an Kosten verursacht, neben der Verbesserung der Beleuchtung und der Vergrößerung der Sitzplatzkapazität.[164]

Die Gestaltung des Spielbetriebes einer Profiliga ist mit kleinen Einschränkungen ebenfalls als externer Einfluss zu sehen, da in der Regel über entsprechende Gremien der Liga bzw. des Verbandes eine Mitgestaltungsmöglichkeit besteht. Da jedoch die Notwendigkeit zur Konsensbildung vorhanden ist, bleibt die eigene Entscheidungs- und Gestaltungsmöglichkeit begrenzt.

Für die Spitzenteams bedeutet die Organisation der nationalen Liga mit der Anzahl der Teams und der aus dem Spielmodus folgenden maximalen Anzahl der Spiele in Verbindung mit internationalen Einsätzen und der Spielerabstellung für die Nationalmannschaft eine besondere Herausforderung für die Erstellung der Leistungsbereitschaft. Neben Überlastungserscheinungen für die Hauptakteure ist die Verletzungsgefahr eine weitere Komponente der Diskussion, ebenso wie die Verzerrung des Ligenablaufs durch internationale Terminansetzungen, wie am Beispiel der Handball-Bundesliga diskutiert wurde.[165]

Letztlich sei an dieser Stelle noch auf die verfügbaren Sportstätten und deren baulichen Zustand verwiesen, was zumindest bei der Nutzung kommunaler Anlagen als externer Einfluss einzustufen ist. In den letzten Jahren wird immer deutlicher auf einen Investitionsstau hingewiesen, der zu einem guten Teil mit der Entwicklung der öffentlichen Haushalte und der Unterschätzung der Folgekostenproblematik zu begründen ist.[166] Bei vereinseigenen Anlagen obliegt die Instandhaltung und Erneuerung den Sportbetrieben in eigener Regie.

3.2.2.2 Ressourcen der Sportbetriebe

Die Finanzen der Profisportbetriebe sind in weiten Teilen durch das Fehlen von Eigenkapital bzw. einen nur geringen Anteil von Eigenkapital geprägt, wodurch finanzielle Anforderungen entweder unmittelbar aus dem Leistungsbetrieb erwirtschaftet werden müssen oder über Fremdkapital zu beschaffen sind.[167] Die Möglichkeit zur Erlangung von Darlehen über Banken sind durch das Rating stark eingeschränkt, da die vorzufindenden Bedingungen eine hohe Unsicherheit und damit einen hohen Zinssatz bedingen.[168]

Der Bereich der Sachgüter, insbesondere der Sportanlagen, wird in weiten Teilen durch die Nutzung öffentlich finanzierter und verwalteter Stadien, Arenen und Sport- und Trainingsstätten geprägt. Dies gilt für viele Sportbetriebe, soweit

---

[164] Vgl. Goetze 2005.
[165] Vgl. Heike 2006.
[166] Vgl. die Aussagen des DSB-Ressortleiters *H. Jägemann* für Umwelt und Sportstättenentwicklung zu diesem Themenbereich. In: Fußballverein aktuell 6/2005, 7f.
[167] Vgl. Born u. a. 2004.
[168] Vgl. Leki 2004, 171.

sie nicht auf eigene Sportstätten zurück greifen können. Ohne eigene Sportanlagen ergibt sich damit eine Abhängigkeit einerseits von der Verfügbarkeit von Sportanlagen und andererseits von deren Beschaffenheit insbesondere für die Refinanzierungsoptionen über VIP-Gäste und Sponsoren. Mit der Finanzknappheit der öffentlichen Hände sind auch die Investitionen in den Sportstättenbereich, sowohl bei der Modernisierung und Renovierung als auch dem Neubau, in Mitleidenschaft gezogen.

Eine Alternative ist der private bzw. durch die Sportorganisationen finanzierte Sportstättenbau, wie er mit der Arena Auf Schalke seinen Ausgangspunkt in diesen Dimensionen gefunden hat. Die finanzielle Problematik der Refinanzierung einer derartigen Investition zeigt sich gegenwärtig bei der Allianz-Arena in München, deren Bau von den beiden Fußball-Vereinen FC Bayern und TSV 1860 München gemeinsam verantwortet wird. Mit dem nicht erreichten Aufstieg aus der Zweiten Liga in die Bundesliga durch den TSV 1860 in der Saison 2005/2006 und den unterschiedlichen Zugang zu den potenziellen Sponsoren und Logenmietern in München ergeben sich Konsequenzen für die finanzielle Belastbarkeit des TSV 1860. Szenarien über eine weitere Schwächung der finanziellen Leistungsfähigkeit und Auswirkungen auf den FC Bayern wurden schon andiskutiert.[169] Ende April 2006 wurde schließlich über eine finanzielle Unterstützung des FC Bayern an den TSV 1860 München im Umfang von ca. 11 Mill. € berichtet.[170]

Ein ganz zentrales Kapitel sind die Mitarbeiter, welche gerade bei Dienstleistungsbetrieben für die Leistungserbringung unmittelbar und persönlich im Einsatz sind. Dies gilt in erster Linie für die Athleten, welche die sportliche Leistung in Wettkämpfen erbringen oder für sonstige Aktivitäten (u. a. Autogrammstunden, VIP-Betreuung, Medienarbeit) zur Verfügung stehen. Hinzu kommen u. a. Mitarbeiter für Training und Betreuung, des Management und der Geschäftsstelle.

Gerade in dem Bereich der Führung und Geschäftsführung erlangt, wie schon angesprochen, die Ehrenamtlichkeit[171] vieler Tätigkeitsbereiche eine große Bedeutung. Diese Form der Mitarbeit birgt die Gefahr einer nicht optimalen Besetzung der entsprechenden Funktion, da die Auswahl der Ehrenamtlichen nicht nach klassischen Qualifikations- und Auswahlmustern erfolgt. Damit besteht die Gefahr, dass die vorhandene wirtschaftliche Kompetenz nicht mit den Anforderungen auf Grund des tatsächlich vorfindbaren Geschäftsbetriebes über-

---

[169] Vgl. Ott 2006.
[170] Vgl. Schlammerl 2006.
[171] Ehrenamtlichkeit bedeutet generell die unentgeltliche Tätigkeit, wobei ein Ersatz nachgewiesener Ausgaben durchaus möglich ist. Vgl. dazu weiter Wadsack 2006.

ein stimmt. Hinzu kommt, dass die Finanzierung in Personal für den nicht unmittelbar sportlichen Bereich (Sportausübung, Training, Betreuung) häufig hinter eben diesem sportlichen Bereich zurück stehen muss. Der Einsatz von Dienstleistungspartnern z. B. mit Agenturen für Vermarktung, Öffentlichkeitsarbeit oder mit Steuerberatern und Rechtsanwälten, ermöglicht eine kompetente Abdeckung einzelner Leistungsbereiche.

Gerade in Krisensituationen kommt eine weitere Facette der ehrenamtlichen Arbeit hinzu, indem die zeitliche Verfügbarkeit nur begrenzt gegeben ist, muss sie doch mit anderen Lebensbereichen, v. a. dem Beruf bzw. der Einkommenserzielung, harmonisiert werden. In Krisensituationen werden die Zeitressourcen der Führungskräfte in besonderer Form beansprucht, was möglicherweise nicht mit den anderen persönlichen Anforderungen in Übereinstimmung gebracht werden kann.[172]

3.2.2.3 Führungsverständnis

Wie schon unter 3.2.1 angesprochen, lassen sich letztlich alle Krisenursachen auf das Führungshandeln zurückführen. Insofern kommen dem Selbstverständnis und der Selbstverantwortung der Führungskräfte die absolut zentrale Bedeutung zu.

Bei der Zielsetzung des Sportbetriebes gilt es, ein anspruchsvolles aber mit Augenmaß formuliertes Ziel zu vertreten. Dieses muss auch gegenüber den Stakeholdern des Sportbetriebes vertreten werden, insbesondere wenn es den Erwartungen einzelner Gruppen widerspricht. Das Dilemma einer vorzugsweise unter dem Aspekt der Außenwirkung formulierten Zielsetzung beschreibt *Kreißig* eindrücklich: „Dazu werden z. B. Etatunterdeckungen bei gleichzeitig steigenden Ausgaben im Personalbereich in Kauf genommen, in der Hoffnung, die Etatlücken bei entsprechendem sportlichen Erfolg ausgleichen zu können. Dieser sportliche Ehrgeiz zulasten einer gesicherten Finanzierung des Vereinshaushalts führt bei ausbleibendem sportlichen Erfolg zwangsläufig zu einer Überschuldung und mit der Zeit zum Verlust der Kontrolle über die wirtschaftliche Situation des Vereins."[173] Gerade in dem Verbund von Fan-Kreisen und Medienruck bedarf es einer stabilen Führung, um dem extern aufgebauten Erwartungsdruck entgegen zu treten.

Ein weiterer externer Einfluss auf die Betriebsführung im Profisport ist v. a. in den separat organisierten Teamsportligen (z. B. Fußball, Basketball, Handball, Volleyball, Eishockey) zu erkennen. Um die Entwicklung der jeweiligen Liga als wirtschaftliche Einheit voran zu treiben werden Standards gesetzt,

---

[172] Vgl. Wadsack 1992, 77.
[173] Kreißig 2004, 21.

die von den einzelnen Teams einzuhalten sind. Diese beziehen sich z. B. auf wirtschaftliche Bedingungen (Lizenzierungsverfahren), die Ausstattung der genutzten Sportstätten (Größe, Bedingungen für Sponsoren, Medientauglichkeit) und die Präsentation des Sportangebotes (z. B. Cheerleading, Musik). Damit sind wiederum Anforderungen an die Betriebsführung verbunden, bis hin zu dem Bau einer Sportanlage bzw. der Initiierung eines Baus.[174]

Das Vereinsrecht ermöglicht eine relativ einfache Form der Gremienstruktur, indem Vorstand und Mitgliederversammlung die beiden zentralen Einrichtungen sind. Untergliederungen sind in Vereinen häufig rechtlich unselbstständig, es kommt jedoch in der Praxis vor, dass Abteilungen und ihre Führungskräfte ein intensives Eigenleben entwickeln. Hat dies auch weit reichende wirtschaftliche Auswirkungen, kann dies auf alle anderen Untergliederungen des Vereins ausstrahlen. Der Vorstand des Gesamtvereins ist für die Arbeit in den Abteilungen verantwortlich und der Verein steht insgesamt für Schulden einer Abteilung.[175] In den Profi-Teamsportbereichen wurden mittlerweile die Konsequenzen gezogen und es finden zunehmend Umstrukturierungen des Profibereiches in Kapitalgesellschaften statt. Einerseits um den Schutz der restlichen Vereinsbereiche zu sichern und andererseits zur Schaffung einer angemessenen Rechtsform und den damit verbundenen Gesellschaftsstrukturen für den erreichten Umfang der wirtschaftlichen Tätigkeit.

Ein in der deutschen Diskussion und der Berichterstattung über Krisen nur am Rande auftretender Bereich ist die Imagewirkung von Krisen. Dienstleistungen sind ein Vertrauensgut, so dass gerade auf die Außenwirkung sowohl der sportlichen Protagonisten aber auch der Führungskräfte und Mitarbeiter besonders zu achten ist.

Interessant ist hierzu die amerikanische Perspektive zu den hauptsächlichen Auslösern von Krisen, welche unter dem Aspekt der „Glaubwürdigkeit des Sports" zu bewerten sind, die von den Autoren als höchstes Gut der Profi- und Hochschulsportorganisationen bezeichnet wird. Als Hauptursachen nennen sie das Athletenverhalten außerhalb des Sportgeschehens, Trainerwechsel und Prozesse/Klagen. Für den Hochschulbereich kommt der Tod eines Athleten und ein Bruch des NCAA-Rechts hinzu.[176] Dieser Sichtweise entspringen z. B. umfangreiche Schulungen von neuen Profispielern in den Major Leagues und gravierende Strafen bei Vergehen in der Öffentlichkeit (z. B. Suchtproblematiken, Gewalt).[177]

---

[174] Vgl. Wadsack 2004.
[175] Vgl. zu diesen rechtlichen Bedingungen den Beitrag von Cherkeh in diesem Band und das Beispiel von Post SV Braunschweig weiter oben.
[176] Vgl. dazu Stoldt u. a. 2000.
[177] Zu Umgangsformen mit Medien vgl. Hernández 2002, 84-87.

Diese Sichtweise verweist auf einen bedeutenden Fakt, nämlich dass es sich bei den Betrieben im Sportbereich in den meisten Fällen um Dienstleistungsanbieter handelt. Durch die weitgehende Bezugnahme der betriebswirtschaftlichen Krisenliteratur auf Betriebe der Konsum- bzw. Investitionsgüterindustrie, wird möglichen Besonderheiten im Dienstleistungsbereich keine Aufmerksamkeit gewidmet.[178] Aber gerade aus dem Charakter der Dienstleistung als „Vertrauensgut" und der unmittelbaren Verbindung mit den Akteuren der anbietenden Organisation ergibt sich ein besonderes Gewicht des Image der Sportorganisation. Sei es für das Ansehen in der Sportszene oder den Absatz von Sponsoringmöglichkeiten, in denen dieses Image gar Gegenstand des Handels wird.

Beispiele für negative Imagewirkungen lassen sich leicht finden:
- Der Gesamtkomplex des Doping: Sowohl für die einzelnen Sportler als „Unternehmer in eigener Sache" und ihre Möglichkeiten zur Berufsausübung und Einkommensgenerierung wie für die verschiedenen Sportbetriebe (Teamsport, Sportliga, Temporäre Eventorganisation).[179] Järviö berichtet über die Wirkung von sechs Dopingfällen im finnischen Ski-Langlauf im Jahr 2001 und einem weiteren Fall 2003. Gerade durch diesen Wiederholungsfall sieht er auch ein Ausstrahlen auf den gesamten finnischen Sport. Für den Skiverband werden die Verluste mit 3,1 Mill. € beziffert. Ausstiege von Sponsoren, eingefrorene staatliche Zuschüsse und der allgemeine Vertrauensverlust haben ihre Spuren hinterlassen. In dem Bericht im Jahr 2006 bezeichnet er das Vertrauen in den finnischen Ski-Sport wenigstens als teilweise wieder hergestellt.[180]
- Umgang mit Tieren im Sport, insbesondere Tierquälerei: Im Springreiten wurden vor vielen Jahren Trainingsmethoden angeprangert, welche nicht mit dem Schutz der Tiere vereinbar waren. Im Jahr 2005 wurden Vorwürfe für entsprechende Praktiken im Dressursport publiziert.[181]
- Manipulationen an Ergebnissen des sportlichen Wettkampfes sind in Deutschland spätestens seit dem 1. Bundesligaskandal in der Fußballsaison

---

[178] Zu einer weiter gehenden Bearbeitung des Zusammenhanges Sport – Dienstleistung - Betriebswirtschaftslehre vgl. Wadsack 2007 i. V.
[179] Stellvertretend sei auf ein Interview mit Richard Pound (Präsident der Welt-Anti-Doping-Agentur / Wada) verwiesen, der sehr große Gefahren für die Akzeptanz der Olympischen Bewegung in der Gesellschaft und damit für ihre wirtschaftlichen Grundlagen sieht, wenn Doping nicht in den Griff bekommen wird. Vgl. Interview: „Dopinghändler schaden der ganzen Gesellschaft" (*Frankfurter Allgemeine Zeitung* 09.02.2006, 36).
[180] Vgl. Järviö 2006.
[181] Vgl. „Verbände wollen durchgreifen" (*Hannoversche Allg. Zeitung*, 02.08.2005).

1970/71 bekannt[182] und haben mit den Ereignissen um den „Hoyzer-Skandal" in der Verknüpfung von Wettwesen und Fußball-Bundesliga eine weitere Ausprägung gefunden. In der Kommentierung von *Horeni* wird der mögliche Schaden am „Vertrauensgut Fußball-Bundesliga" sehr deutlich: „Mit dem Fall Hoyzer droht dem Profifußball das Fundament wegzubrechen. Der sportliche Wettbewerb wird wertlos, wenn Schiedsrichter und Betrüger in Wettbüros seinen Ausgang bestimmen. ... Der verkaufte Fußball raubt in den Augen der Fans dem Spiel die Seele – und den großen Investoren die Geschäftsgrundlage."[183]

Ebenfalls wirkt sich eine Konzentration wirtschaftlicher Probleme bei einzelnen Teams einer Liga möglicherweise auf das Image einer Profiliga aus, was u. a. auch zu der Einführung bzw. Verschärfung von Lizenzierungsverfahren geführt hat.[184] Das Ausscheiden von zwei Teams der Basketball-Bundesliga in der laufenden Spielzeit 2003/2004 hat einige kritische Diskussionen zu der wirtschaftlichen Situation insgesamt und der Zuverlässigkeit für die Partner in der Wirtschaft gebracht. Folgen waren Spielausfälle und damit weniger Zuschauereinnahmen für die verbliebenen Teams und nachträgliche Korrekturen an der Ligatabelle.[185]

Entsprechend der Bedeutung dieses Vertrauensgutes für die gesamte geschäftliche Grundlage des Profisports und seiner Vermarktung agieren die zuständigen Organisationen mit Kontrollen und Sanktionen bei entsprechenden Vergehen.

3.3 Handlungsoptionen

In der letzten Phase der Krisenentwicklung muss zunächst das wirtschaftliche Bestehen des Betriebes gerettet werden. Dazu waren unter 1.3.1 verschiedene Handlungsoptionen angeführt. Diese finden sich auch im Sportbereich, wie Tabelle 6 zeigt.

Die „Rettung" von regional und überregional bedeutenden Sportbetrieben ist nicht mit Maßstäben des „normalen" Wirtschaftslebens zu messen. So resümiert *Kreißig* die Rettung von Fußball-Betrieben auch unter dem Aspekt der Emotionalität des Sports. „Nur aufgrund dieser über das geschäftliche Interesse hinaus gehenden emotionalen Bindungen konnten durch gemeinsame Anstrengungen von Politik, Wirtschaft und Privatpersonen Lösungen gefunden werden,

---

[182] Vgl. Schmeh 2005, 28-36.
[183] Horeni 2005.
[184] Für die Handball-Bundesliga vgl. Kazda 2005.
[185] Vgl. Z. B. die Hinweise in http://www.basketball-bundesliga.de/ magazin/artikel.php?artikel=1475 &type=2&menuid =16&topmenu=&public= 55c60186c7f68313026452 d8ec305371

die finanziell angeschlagenen Vereine oftmals in letzter Minute und meist sogar noch vor der Einleitung eines Insolvenzverfahrens wirtschaftlich wieder auf die Beine zu stellen."[186] Er verweist auch darauf, dass eine vergleichbare Unterstützung für „normale" Betriebe trotz des Bemühens um Arbeitsplätze, nicht zu erwarten ist.[187] Zu diesen Unterstützungsformen für den Sport zählen auch Mischformen, indem der Kommune nahe stehende Betriebe für ein Engagement bei einem Sportbetrieb gewonnen werden können.

Tab. 6: Handlungsoptionen für Sportbetriebe in der Krise, angelehnt an *Steiner*[188]

Handlungsoption	Anmerkung
Kapitalfreisetzung durch Verminderung der Vorratshaltung	Eine im Dienstleistungsbereich relativ wenig wirksame Option, da außerhalb des Sportartikelhandels und der Sportartikelindustrie keine großen Vorräte vorgehalten werden. Allerdings sind Entlastungen im Bereich des Merchandising denkbar, wenn dies in der Regie des Sportbetriebes liegt. Die Verminderung des Spielerstammes insbesondere der Ersatzspieler-Zahl im Teamsport kann ebenfalls in dieser Richtung interpretiert werden.
Verkauf von Forderungen / Factoring	Ein im Zuschauersport schon angewandtes Verfahren, es erfordert den Nachweis eines stabilen Zuschauerzuspruchs.
Verkauf nicht betrieblich notwendigen Vermögens	Der Verkauf von Stadien erfolgt in der Regel in einer Variante des Erlösens eines Verkaufspreises und Rückmiete vom in der Regel kommunalen Käufer. Dies ist insoweit konsequent, da es sich ja eben um betrieblich notwendiges Vermögen handelt. Im Jahr 1981 kaufte die Stadt Braunschweig das Stadion des Vereins Eintracht Braunschweig und ermöglichte mit dem Kaufpreis von 11,9 Mill. DM eine weitgehende Entschuldung des Vereins.[189]

---

[186] Kreißig 2004, 2.
[187] Vgl. Kreißig 2004, 2.
[188] Vgl. Steiner 1994, 227ff.
[189] Vgl. Meyer 2006.

Handlungsoption	Anmerkung
Leasing	Die Entleihung von Spielern ist im Teamsportbereich eine Alternative zum Kauf und wird bislang überwiegend zwischen Teamsportbetrieben praktiziert. Über erste Beispiele einer Spielerleihe durch professionelle Wirtschaftsbetriebe ohne eigenen Spielbetrieb wurden 2005 u. a. für den Fußball-Spieler Emanuel Centurion und sein (kurzzeitiges) Engagement beim VfB Stuttgart berichtet.[190]
Zuzahlung durch die Anteilseigner	Nur in Kapitalgesellschaften möglich. In Vereinen ist eine Umlage für die Mitglieder bzw. eine Beitragserhöhung in dieser Form zu interpretieren.
Vermehrung des Eigenkapitals durch die Anteilseigner	Nur in Kapitalgesellschaften möglich.
Stundung / Herabsetzung von Zinszahlungen und Verbindlichkeiten	Dies ist auch im Sportbereich eine der ersten Optionen bei Verhandlungen mit Banken und anderen Gläubigern (z. B. Finanzamt, Sozialversicherungsträger, Berufsgenossenschaft).
Umwandlung von Fremd- in Eigenkapital	Nur in Kapitalgesellschaften möglich.
Zur-Verfügung-Stellung neuen Fremdkapitals	Unter dem Eindruck von Rating-Anforderungen bei den Banken ist dieser Zugang erschwert. Insofern ist die Begebung von Anleihen eine Möglichkeit für erfolgreiche Sportbetriebe.[191] Bürgschaften z. B. durch Kommunen können die Aufnahme von Fremdkapital erleichtern.
Lohnverzicht der Mitarbeiter	Eine in den letzten Jahren häufiger gewählte Lösung, dass mit den Profisportlern Verhandlungen um die Herabsetzung ihrer Einkommen geführt werden. Durch die auch im Profisport erkennbare Arbeitslosigkeit eine in Grenzen auch akzeptierte Lösung.

3.4 Ein besonderes Thema: Sport und Medien

Der Sport und die Medien haben mittlerweile einen massiven wechselseitigen Verwertungszusammenhang entwickelt. Vereinfacht ist das Thema Sport in seinen verschiedenen Facetten ein grundlegender und publikumswirksamer Gegenstand für die Berichterstattung und den Medienkonsum. Auf der anderen Seite benötigt der Sport die Aufmerksamkeit für die Werbung in eigener Sache

---

[190] Vgl. Henkel/Lotter 2005.
[191] Vgl. http://www.schalke04.de/34_news/news.php?newsaction=detail&newsId=595.

und zur Übermittlung der kommunikativen Botschaften verschiedener wirtschaftlicher Partner. Dieser Zusammenhang ist in Abbildung 10 schematisiert.

Abb. 10: Schematische Verwertungsspirale für Profisport[192]

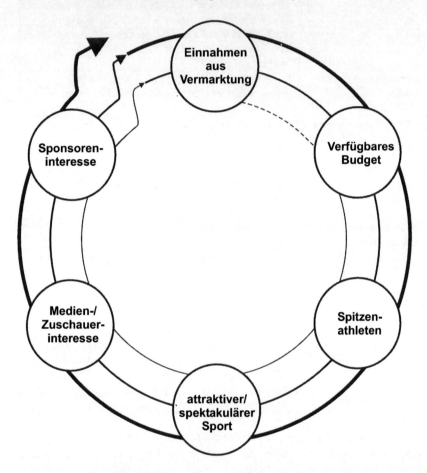

Auch dieser Zusammenhang ist keine Neuentdeckung der letzten Jahre sondern nahm mit der gesellschaftlichen Entwicklung und der Ausbreitung der verschiedenen Medientechniken seinen Lauf. „After 1950 the television moguls and sport magnates increasingly „marketed" sporting spectacles for potential television audiences rather than those who attended the live games. They reshaped sport

---

[192] Aus: Wadsack 2004, 292.

and the sporting experience to attract television viewers and meet the demands of commercial sponsors."[193] Auch wenn die deutsche Entwicklung auf Grund des Fernseh-Systems und den Bedingungen der Spitzensport-Entwicklung andere Ausgangsbedingungen hat, ist diese Tendenz mittlerweile auch hier zu erkennen.[194] Aus dieser Nähe ergeben sich symbiotische Beziehungen für die Koexistenz der beiden Bereiche. Sie drücken sich u. a. in der Gewährung von Informationen und Einblicken durch die Sportorganisationen aus.

Auf der anderen Seite ist auch der Medienbereich mittlerweile ein hart umkämpfter Markt, wo bis in die Lokal- und Regionalberichterstattung die Orientierung an Vorsprüngen im Neuigkeitsgehalt von Nachrichten und ihrem Sensationscharakter ein wirtschaftlich wichtiges Kriterium ausmacht.[195] Die Boulevardpresse ist auf der stetigen Jagd nach Skandalen und Neuigkeiten.

Durch die von Seiten des Sportes gewünschte und forcierte Öffentlichkeit des Tun's bieten gerade vermeintliche und echte Krisen einen hohen Nachrichtenwert. Sie versprechen Aufmerksamkeit der Medienkonsumenten. Entsprechend sind die weiter vorne angesprochenen Aspekte des Umgangs mit Medien in Krisensituationen besonders wichtig, damit durch die mediale Ausarbeitung möglichst wenig weiterer Schaden provoziert wird.

4   Zusammenfassung: Konsequenzen für Sportbetriebe

Die grundsätzlichen Ansatzpunkte münden in die Anpassung der Führungsarbeit in Sportbetrieben an die geänderten wirtschaftlichen Bedingungen, welche von Insolvenzrisiko und kurz- bis mittelfristigen Veränderungen geprägt sind. Bei aller Abhängigkeit von der sportlichen Entwicklung bedarf es einer flexiblen und aktiven Gestaltung der Wirtschaftsführung, welche auch vor öffentlich negativ bewerteten Entscheidungen (z. B. Abstieg aus wirtschaftlichen Gründen, Abgabe von Leistungsträgern, Verzicht auf den Aufstieg) nicht zurück schreckt, wenn dies geboten ist. Daraus ergeben sich Anforderungen an das Finanzmanagement in Form einer Kostenrechnung und eines angemessenen Controlling-Systems.

Qualifikation ist die zentrale Vorbedingung für die leistungssportliche Betriebsführung, verbunden mit einer transparenten und selbstverantwortlichen Führungsarbeit. Bei einer eingetretenen Krisensituation ist eine konsequente und für den Betrieb im Rahmen der Möglichkeiten optimale Lösung zu entwickeln.

---

[193] Rader 1983, 243; In der Saison 1952 wurden die Übertragungsrechte der Football-Liga NCAA schon für über 1 Million US-$ verkauft (vgl. Guttmann 2004, 147).
[194] Vgl. z. B. Scharenberg/Krüger 2004, Loosen 2001.
[195] Zur strategischen Orientierung der Gestaltung von sportiven TV-Programminhalten vgl. Siegert/Lobigs 2004.

Wünschenswert ist ein Finale, welches der Beschreibung einer Insolvenzverwalterin entnommen ist: Es wurde eine „neue dynamische Führungscrew eingesetzt. Heute hat der HCE [Handball Club Empor Rostock/Ergänzung RW] keine Altlasten mehr. Ihm laufen in Kenntnis des langfristigen Vereinskonzeptes und der bewiesenen wirtschaftlichen, sportfachlichen und Führungskompetenz die Sponsoren zu, ..."[196].

---

[196] http://www.handball-world.com/java/DBServlet_news?id=b_5_1&pos=2659

Ronald Wadsack

Organisationales Lernen von Sportbetrieben als Chance zur Krisenvermeidung

1   Krisenentstehung als Folge des Führungshandelns

Wie aus dem vorstehenden Beitrag von *Wadsack* zu entnehmen ist, lassen sich die krisenhaften Entwicklungen von Sportbetrieben in irgend einer Form immer auf das Führungshandeln zurück führen. Dieses wiederum besteht aus Entscheidungen und den damit verbundenen Informations-, Bewertungs- und Auswahlprozessen. Insgesamt stehen damit Verhaltensweisen v. a. der Führungskräfte im Blickpunkt. Diese können auf der individuellen Ebene ansetzen oder z. B. durch Gremienarbeit auf der Ebene von Gruppen, die wiederum aus einer Ansammlung von Individuen bestehen.

Die notwendige Wissensbasis setzt sich aus einer Mischung u. a. von wirtschaftswissenschaftlichem und sportspezifischem Fachwissen zusammen. Bei Ehrenamtlichen kann dieses Wissen z. B. aus dem beruflichen und sonstigen Leben außerhalb der Sportorganisation, spezifisch erlerntem Wissen im Sportbereich und Erfahrungswissen herrühren, bei bezahlten (angestellten) Mitarbeitern sollte eine adäquate Ausbildung zu Grunde liegen. Als Regulativ für den Einsatz der entsprechenden Kompetenzen muss das eigene Arbeitsverständnis und das Gefühl der Selbstverantwortung eingesetzt werden, da es außerhalb der idealtypischen bzw. formellen Betrachtung der Sportvereine und -verbände nur sehr begrenzte Regulative zur Steuerung der Qualität ehrenamtlicher Arbeit gibt. Die eigentliche Aufsichts- und Kontrollfunktion liegt bei den Funktionsträgern selbst. Sie wird erleichtert, wenn es z. B. in einem Vorstand die Teamarbeit funktioniert.

Der Prozess der Krisenentstehung geht mit Auswahlentscheidungen über die Merkmale zur Beobachtung des Sportbetriebes und seiner Umwelt sowie der Bewertung der Wahrnehmungen einher. Im Sinne der Frühwarnung ist systematisch ein Set von Parametern zu beobachten, welches Aufschluss über maßgebliche Einflussgrößen für die Entwicklung des Sportbetriebes gibt. Ebenfalls ist die Sensibilität für Entwicklungen zu erhalten, welche nicht in diesem Set enthalten sind aber massiven Einfluss auf den Sportbetrieb haben können bzw. ihren Einfluss über Zeit verändern. Auf die gerade für den letzten Punkt notwendige Akzeptanz der erwünschten Nicht-Systematik von Führungs-Umsicht wurde bereits in dem Beitrag zum Krisenmanagement für Sportbetriebe ausdrücklich hingewiesen.

Die Besonderheit der Beeinflussung durch die sportliche Entwicklung stellt eine Verschärfung zu den rein marktorientierten wirtschaftlichen Bedingungen von Betrieben außerhalb des Sports dar. In der Krisensituation wird das Führungshandeln durch die beschriebenen situativen Bedingungen, den damit verbundenen Zeitdruck und die individuelle Selbstbezüglichkeit der Krisenlösung besonders gefordert.

Aus dieser kurzen Charakterisierung lassen sich die vielfältigen und teils spezifischen Anforderungen für Führungskräfte in Sportbetrieben – seien es Vereine oder Kapitalgesellschaften – ermessen. Krisen können mit der Betrachtungsweise des organisationalen Lernens in Beziehung gesetzt werden, die seit den 80er Jahren in der Managementdiskussion auftritt.[1] Organisationales Lernen kann als Methode gesehen werden, um überkommene Organisationsstrukturen aufzubrechen und auf die neuen Anforderungen und Bedürfnisse auszurichten.[2] In einer etwas engeren Betrachtung beschreiben *Bea/ Göbel* organisationales Lernen als „... Prozess der Schaffung und stetigen Weiterentwicklung der organisationalen Wissensbasis."[3] Diese Charakterisierung greift aus meiner Sicht jedoch zu kurz, da sie sich mehr am Konzept des Wissensmanagement orientiert und weniger an der Entwicklung der gesamten Organisation, wie bei der vorherigen Beschreibung. Wenn man die ‚Zukunftsfähigkeit' als Ziel des Lernvorganges benennt[4], muss dies mit der erweiterten Perspektive verbunden werden.

Organisationales Lernen ist damit als ein kontinuierlicher Prozess im Leben eines Sportbetriebes zu sehen. „Wir können immer dann von Lernen oder einem Lernprozeß (bei Lernsubjekten) sprechen, wenn Veränderungen im Denken und Handeln in der Vorher-Nachher-Vergleich wahrzunehmen sind in gleiche oder ähnlichen Situationen „bessere" Ergebnisse erreicht werden („Fortschritt"). Lernen ist zyklisch wiederkehrendes Verarbeiten von neuen Verhaltensweisen (...) und anschließendem erneuten Verarbeiten der Erfahrungen (Regelkreis)."[5]

Krisen sind besondere Punkte im Lebenslauf eines Sportbetriebes. Genau wie bei (wirtschaftlichem) Erfolg sind sie der Kristallisationspunkt von Entscheidungen und damit Manifestationen unternehmerischer Weisheit, die wiederum das Ergebnis unterschiedlicher Formen individuellen und kollektiven Lernverhaltens sind. Wird Lernen entsprechend als Fortentwicklung zur Verbesserung der Lebenssituation des Sportbetriebes und damit des Entscheidungsverhaltens

---

[1] Vgl. Dodgson 1983.
[2] Vgl. Picot u. a. 2001, 502; Rieckmann 2005, 176; Probst/Büchel 1994, 17.
[3] Bea/Göbel 2002, 387.
[4] Vgl. Rieckmann 2005, 176.
[5] Rieckmann 2005, 184.

aufgefasst, so müssten sich Krisen und Krisenbewältigung als Gegenstand der Konzeption der Lernenden Organisation sinnvoll aufgreifen lassen. Dort wo Krisen entstehen und eskalieren sind entsprechende Lernstörungen aufgetreten, da die erlernten Führungsqualitäten für die Anforderungen nicht hinreichen. Sei es, weil
- das Lernen nicht in genügendem Maße den spezifischen Anforderungen der Führungstätigkeit entsprach,
- das Lernen nicht mit den aktuellen Entwicklungen Schritt gehalten hat oder
- das Lernen aus Zeit- oder Akzeptanzgründen abgelehnt wurde.

Auf den folgenden Seiten soll nun entlang eines Konzepts des Organisationalen Lernens – hier in erster Linie dem Ansatz von *Senge* folgend – eine konzeptionelle Betrachtungsweise vorgeschlagen werden, mit der qualitative Folgerungen für die Führungstätigkeit in Sportorganisationen erarbeitet werden können.

2   Charakteristik der Lernenden Organisation

2.1   Grundlagen

Eine wichtige Kennzeichnung dient der Abgrenzung des organisationalen Lernens von dem Lernen des Individuums. Auf der anderen Seite setzt das organisationale Lernen bei der Fortentwicklung des Individuum an: „Individuals' learning is doubtless important in organizational learning. Organizations have no other brains and senses than those of their members."[6] Organisationales Lernen bedeutet im Grunde die Annahme, dass sich ein Plus gegenüber den individuellen Lernprozessen ergibt. So machen *Probst/ Büchel* die Erkennbarkeit des organisationalen Lernens an der Veränderung des geteilten Wissens, der Erhöhung der geistigen und substantiellen Verhaltensmöglichkeiten und der Veränderung der intersubjektiven Wirklichkeitskonstruktion fest.[7] Schließlich muss mit dem Anspruch einer besonderen Qualität des organisationalen Lernens auch die Abgrenzung möglich sein. Es geht letztendlich darum, wie welche Wissensbestände z. B. über Prozesse, Entscheidungsgrundlagen und Beziehungen des Sportbetriebes als gültig für die Orientierung und das Leben in der Organisation erklärt und akzeptiert werden. Diese Unterscheidung ist wichtig, da es vielfältige Beispiele etwa von verkündeten Leitbildern als verdichtetem Schlüssel für die Verhaltensorientierung gibt, die jedoch auf Grund ihrer Bedeutung für die Organisation und der in ihr tätigen Menschen keine Orientierungsfunktion haben. Sie sind irgendwann einmal geschrieben worden, aber haben keine Akzeptanz der Organisati-

---

[6]   Hedberg 1981, 6; vgl. auch Senge 1992, 139.
[7]   Vgl. Probst/Büchel 1994, 25.

onsmitglieder gefunden bzw. diese im Zeitverlauf verloren.[8] Ebenfalls muss die stetige Aktualisierung der Wissensbestände sichergestellt werden.

Die Lernmöglichkeit und –notwendigkeit muss dazu führen, dass entsprechende Entwicklungsprozesse in Gang gesetzt und die dafür notwendigen Ressourcen bereitgestellt werden. „Nachdem sie einen tragfähigen Konsens erzielt haben, muß die neue Problemlösung dauerhaft im Regelsystem des Unternehmens oder in den individuellen Skripten und Organisationsmodellen verankert werden. Und schließlich muß überprüft werden, ob sich die neue Art des Problemlösens in einer besseren Performance des Unternehmens niederschlägt."[9] Ist die Veränderung nicht befriedigend, müssen die Lernprozesse ebenfalls untersucht werden. Das Ergebnis des Lernprozesses muss sich in einer kodifizierten intersubjektiven Formen niederschlagen. Das sind z. B. Richtlinien, Arbeitsanweisungen, Leitbilder, Werte, Normen, Mythen und individuelle Organisationsmodelle.[10]

Bea/Göbel sprechen in diesem Zusammenhang von der organisationalen Wissensbasis. Sie beruht auf der Kollektivierung individuellen Wissens, der Sicherstellung der Verwendung des vorhandenen Wissens und der dauerhaften Forcierung der Lernprozesse. Als Schlüsselbegriff steht dahinter das vielfältig apostrophierte Wissensmanagement, als Zusammenführung der individuellen für die organisatorische Arbeit nützlichen Wissensbestände.[11] Neben der Erschließung des expliziten Wissens liegt die besondere Herausforderung in der Berücksichtigung des impliziten Wissens, welches sich z. B. durch subjektive Erfahrungen aus dem Arbeitsprozess und Lernprozessen aus anderen Lebensbereichen speist. *Nonaka/ Takeuchi* nennen ‚Sozialisation' und ‚Externalisierung' als grundlegende Formen der Umwandlung von implizitem Wissen.[12]

Der Prozess des organisationalen Lernens selbst kann motivierende Elemente enthalten, die sich aus der Beteiligungsmöglichkeit bei der Entwicklung des eigenen Arbeitsbereiches bzw. der Organisation, dem Erleben individueller Entwicklungsmöglichkeiten und Freiräume, der Anreicherung der Tätigkeit und dem Erleben von Orientierung ergeben können.[13] Diese Wirkung beruht auf der persönlichen Verfassung, welche auf Bereicherung und Entdecken von Neuem angelegt sein muss. Sonst wird die mit dem Anspruch des Lernens verbundene Öffnung und eventuell erforderliche Veränderung eher als Verunsicherung oder gar als Bedrohung negativ aufgefasst. Lernwiderstände sind in diesem Zusam-

---

[8] Vgl. zu den Hauptschritten für organisationales Lernen Kieser u. a. 1998, 235f.
[9] Kieser u. a. 1998, 236 (im Original zum Teil kursiv).
[10] Vgl. Kieser u. a. 1998, 238f.; Picot u. a. 2001, 503.
[11] Vgl. Bea/Göbel 2002, 387; vgl. dazu auch Nonaka/Takeuchi 1997.
[12] Vgl. Nonaka/Takeuchi 1997, 71-80.
[13] Vgl. Comelli/von Rosenstiel 2003, 313.

menhang zu beobachten.[14] Ebenso werden durch das organisationale Lernen wiederum individuelle Grundlagen des Lebens und Arbeitens wie Motivationen, Interessen und persönliche Ziele angesprochen.[15]

Solche Prozesse organisationalen Lernens bedürfen einer Risikobereitschaft, da es Neuland zu betreten gilt und Erfolgsgarantien nicht gegeben sind. Es ist ja z. B. nicht klar, ob die Vertiefung eines vorhandenen Wissens oder die Suche nach neuen Lösungswegen mehr Aussicht auf Erfolg haben wird. Lernprozesse bedürfen auch des Erlebens von Irrtümern. Insgesamt wird die Bereitschaft zur Veränderung mit der Schwere der drohenden Krise steigen, da die Notwendigkeit zur Erneuerung entsprechend drastisch vor dem Auge der Entscheider steht.

Intensive Kommunikation ist eine wesentliche Grundlage für derartige Lernprozesse.[16] Dies und die mit den Lernprozessen verbundene notwendige Geduld ist gerade im Fall der Krise ein Mangelfaktor.[17] Schließlich liegt es im Interesse der Krisenbewältigung, schnell wirksame Lösungen zu erzeugen, auch wenn diese nicht aus einer sorgfältigen Abwägung erwachsen sind.[18] Hinzu kommt die Notwendigkeit, organisationales Lernen nicht zu einer Unklarheit für Partner der Organisation führen zu lassen, indem eine Einschätzung des Verhaltens und der Zuverlässigkeit des Sportbetriebes nicht mehr gegeben ist.[19]

Der Lernenden Organisation werden verschiedene Vorteile zugeordnet. *Rieckmann* nennt u. a.

- die Erweiterung der „Wahrnehmungsoberfläche" (system awareness) einer Organisation durch die Mobilisation des gemeinsamen Lernens. Viele Augen und Ohren mit einer Sensibilisierung für die organisationsbezogenen Themen und Relevanzen bieten die Chance auf eine breitere Informationserschießung.
- die bessere Proaktivität, indem schwache Signale früher gehört werden können und wertvolle Zeit eher genutzt wird.
- die Erhöhung der Problemlösekompetenz durch eine verbesserte ‚Wissenslogistik'. Wenn die Zusammenarbeit in einer Organisation funktioniert, ist von einer vergrößerten gemeinsamen Wissensbasis und dadurch der Erhöhung kollektiver Intelligenz und Kreativität sowie Diagnosekompetenz und Reduktionsweisheit auszugehen.[20]

---

[14] Zu Lernwiderständen vgl. z. B. Rieckmann 2005, 181.
[15] Vgl. Picot u. a. 2001, 504.
[16] Vgl. Picot u. a. 2001, 504.
[17] Vgl. dazu auch Kieser u. a. 1998, 238ff.
[18] Vgl. Biermann 1998, 215.
[19] Vgl. Kieser u. a. 1998, 241.
[20] Vgl. Rieckmann 2005, 174.

Nach diesen eher allgemeinen Aspekten zu der Lernenden Organisation wird im folgenden Teil das Konzept von *Senge* näher vorgestellt, welches auch die Grundlage für den folgenden Bezug auf Sportbetriebe darstellt.

2.2 Konzept des organisationalen Lernens nach *Senge*

Es gibt mittlerweile unterschiedliche Zugänge zu dem Konzept des organisationalen Lernens[21], wobei durchaus auch kritische Stimmen zu vernehmen sind, wie z. B. von *Kühl*, der die ernsthafte Einhaltung der grundlegenden Ansprüche des organisationalen Lernens einfordert.[22] Der umfassende Ansatz von *Senge*[23] nimmt seit seiner Publikation eine relativ zentrale Stellung in der Diskussion ein. Er wird für die folgende Charakterisierung zu Grunde gelegt, da er eine deutliche Verzahnung der individuellen und kollektiven Handlungsebenen beinhaltet, welche für den folgenden Bezug auf die Situation in Sportbetrieben und das Krisenmanagement hilfreich ist.

2.2.1 Ansatzpunkte des Lernens

Die in einem Organisationszusammenhang vorfindbaren Ansätze für Veränderungen durch Lernen sind in Abbildung 1 zusammengefasst.
Senge unterscheidet ebenfalls drei Lernstufen:[24]
- ‚Practice Learning', welches an den Prinzipien des Organisationshandelns ansetzt.
- ‚Principle Learning' mit Bezug auf die in der Organisation genutzten Verfahren.
- ‚Essence Learning' mit Bearbeitung der grundlegenden Systemzusammenhänge in einer Organisation.

Dabei ist von einer Vernetzung der vorfindbaren Themen auszugehen, eine Betrachtung welche *Rieckmann* in ein ‚Change-10-Eck' zusammenfasst (siehe Abbildung 2).

---

[21] Beispielhaft sei auf die Publikationen Sattelberger 1996, Argyris/Schön 1999 verwiesen. Eine Übersicht zu verschiedenen Ansätzen bis zum Beginn der 90er Jahre des letzten Jahrtausends findet sich in Dodgson 1993.
[22] Vgl. Kühl 2000.
[23] Vgl. Senge 1992 bzw. Senge 1998 für die deutsche Ausgabe.
[24] Vgl. Picot u. a. 2001, 506 a. a. O.

Abb. 1: Arten des Lernens[25]

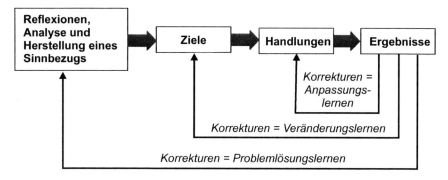

Die Charakterisierung zeigt die Komplexität der Lernaufgabe und die Notwendigkeit des Einsatzes unterschiedlicher Methoden, um den einzelnen Bezügen gerecht zu werden.

Abb. 2: Change-10-Eck von *Rieckmann*[26]

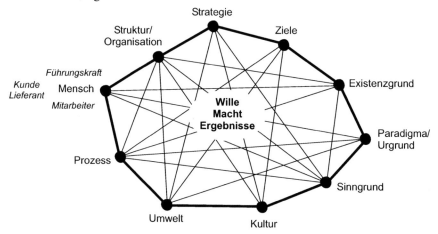

2.2.2 Fünf Disziplinen organisationalen Lernens

Senge unterscheidet fünf Bereiche, welche die Lernende Organisation ausmachen. Es handelt sich dabei um Personal Mastery, Mental Maps, Shared Vision, Team Learning und als übergreifende Klammer System Thinking.

---

[25] Quelle: Picot u. a. 2001, 506 a. a. O.
[26] Nach: Rieckmann 2005, 178.

2.2.2.1 System Thinking

Systemisches Denken ist die integrierende Disziplin, welche die anderen vier Elemente verschmilzt, bzw. auf ihre Wirkung angewiesen ist. Es ist gleichzeitig eine Absage an die Suche nach einfachen Antworten für komplexe unternehmerische Fragen.[27] „At the heart of a learning organization is a shift of mind – from seeing ourselves as separate from the world to connected to the world, from seeing problems as caused by someone or something ‚out there' to seeing how our own actions create the problems we experience. A learning organization is a place where people are continually discovering how they create their reality. And how they can change it."[28]

Senge verbindet mit dem System-Denken verschiedene grundlegende Fertigkeiten für Führungskräfte:[29]
- Wahrnehmung von Wechselbeziehungen und Prozessen anstatt von Schnappschuss-Aufnahmen.
- Operieren jenseits von Schuldzuweisungen.
- Unterscheidung der Detail-Komplexität von der dynamischen Komplexität und Haupt-Bezugnahme auf die in der jeweiligen Situation wichtigere, was in vielen Managementsituationen die dynamische Komplexität sein wird.
- Konzentration auf die Gebiete größerer Auswirkungen, im Sinne einer Nutzung der Hebelwirkung, um mit geringstem Aufwand zu dauernder und entscheidender Verbesserung zu kommen.
- Vermeidung von systembezogenen Lösungen, indem verstärkt auf eine Ursachenbehebung anstatt eine Symptombekämpfung Wert gelegt wird.

2.2.2.2 Personal Mastery

Dies meint den umfassenden Anspruch an ein Individuum, sich auch ohne externe Kontrolle auf seine Tätigkeit zu konzentrieren und nach den bestmöglichen Ergebnissen zu streben. Dies umfasst sowohl die fachliche Qualifikation als insbesondere auch die Fähigkeit der Selbstmotivation, *Picot u. a.* verbinden damit folgende Teilfähigkeiten
- Permanentes Klären der eigenen Ziele und Überprüfung ihrer Erreichung,
- Bündelung der eigenen Energien,
- Entwicklung von Geduld und eine
- objektive Sicht der Dinge.[30]

---

[27] Vgl. Nonaka/Takeuchi 1997, 59.
[28] Senge 1992, 12f.
[29] Vgl. Senge 1999, 162-164.
[30] Vgl. Picot u. a. 2001, 509.

Dieser Anspruch verbindet sich m. E. mit der *Sprenger'schen* Vorstellung der Selbstverantwortung[31], andernorts wird ‚Personal Mastery' mit der ‚Bewältigung des persönlichen Lebens'[32] charakterisiert. In jedem Fall bezeichnet sie ein sehr weit reichendes Verständnis von individueller Entwicklung, welches weit über das Erlernen von Handwerkszeugen und Prozessschritten hinaus geht.[33] Dieser Themenbereich gehört insgesamt in das weite Feld Führungskräfteentwicklung.

2.2.2.3 Mental Maps

Jeder Mensch trägt seine Vorstellungen in sich, wie die Welt – und damit auch das spezifische Segment Sport und Sportwirtschaft – funktioniert. Aus dieser durch Lernen und Erfahrung angesammelten Weisheit werden Beurteilungen von Situationen auf der Basis angenommener Wirkungsverknüpfungen vorgenommen und Entscheidungen getroffen. Ebenfalls rühren aus diesen mentalen Modellen Ablehnungen und Widersprüche her. Je größer die Gruppe von Organisationsmitgliedern ist, bei denen diese mentalen Modelle verfestigt sind, um so größer ist die Blockade für die Wahrnehmung von Veränderungen in dem Wirkungsgefüge, in dem man agiert.[34]

Der Ansatz des Lernens muss über das Erfahren von eigenen mentalen Modellen gehen, in dem die Hintergründe von Bewertungen und Entscheidungen miteinander heraus gearbeitet werden.[35] Dies erfordert ein hohes Maß an Reflexionsvermögen und kommunikativer Kompetenz der Führungskräfte, um die Gefahr von Blockaden möglichst gering zu halten.

Ansatzpunkte für die Bearbeitung der mentalen Modelle sieht *Senge* bei
- der Erkennung von Abstraktionssprüngen u. a. durch die gezielte Hinterfragung von Verallgemeinerungen.
- dem Ausgleich zwischen Untersuchung eines Zusammenhangs und Vertretung eines Standpunktes, was v. a. bei komplexen Problemen zu einem konstruktiven gemeinsamen Entwickeln gegenüber einem Überreden zu dem präsentierten Standpunkt führen soll.
- der Unterscheidung zwischen favorisierter und real-verwendeter Theorie bzw. individuell proklamiertem Anspruch und praktizierten Handlungen als wichtigem Element des tiefergreifenden Lernens.
- dem Erkennen und Auflösen von Abwehrroutinen, welche von der Kindheit an erlernt werden, um ‚Fehlverhalten' bzw. ‚Fehlaussagen' zu vermeiden.[36]

---

31 Vgl. Sprenger 1995.
32 Vgl. Nonaka/Takeuchi 1997, 59.
33 Vgl. Senge 1992, 140-142.
34 Vgl. Picot u. a. 2001, 510.
35 Vgl. Picot u. a. 2001, 510
36 Vgl. Senge 1999, 159-162.

2.2.2.4 Shared Vision

Im Rahmen des Ansatzes von *Senge* liegt eine wichtige Triebkraft für Lernen und Einsatz für die Ziele der Organisation in einer gemeinsam getragenen Vision. In ihrer einfachsten Form ist es die Antwort auf die Frage: „What do we want to create?".[37] Wichtig ist, dass – auch wenn nicht jede Facette der eigenen (individuellen) Vision für die Organisation in der finalen Fassung vertreten ist – ein Organisationsentwicklungsprozess durchgeführt wird, der allen Organisationsmitgliedern die Chance der Teilnahme gibt.[38] Es muss darauf hin gearbeitet werden, ein wenigstens in den Grundfesten gemeinsames Bild der Organisation zu haben und sich diesen zu verpflichten. Die Vorgabe einer Vision mit der Hoffnung auf eine allseitige Akzeptanz und Wirkung führt in der Regel zu keinem Erfolg.[39]

2.2.2.5 Team Learning

Eine Organisation besteht in der Regel aus einzelnen Gruppierungen. Diese wiederum können aus begabten Einzelpersonen gebildet sein und sogar eine gemeinsame Vision haben. Gelingt es aber nicht, diese Potenziale in eine gemeinschaftliche zielgerichtete Aktion zu bringen, bleibt die Wirkung der Gruppe suboptimal. Um Teamlernen zur Wirkung zu bringen, nennt *Senge* drei kritische Dimensionen:[40]

- Es muss erlernt werden, wie gerade zu komplexen Sachverhalten aus den Einzelwissen ein höherwertiges Gruppenwissen generiert werden kann. Gruppenprozesse stehen diesem Bemühen teilweise entgegen, so dass die Umsetzung nicht einfach zu bewerkstelligen ist.
- Ein Gruppenverständnis ist zu entwickeln, damit koordiniertes Agieren wesentlich durch die Aufmerksamkeit und das Selbstverständnis der Teammitglieder gesteuert wird.
- Ein lernendes Team gibt durch seine Aktionen Impulse in andere (untergeordnete) Teams und regt damit die dortigen Lernprozesse an.

Dialog und Diskussion sind zwei wichtige Grundlagen des Teamlernens, wobei die besondere Herausforderung in der Verbindung mit den Anliegen der produktiven Arbeit im Sinne der Organisationsziele liegt. Ein möglicher Ansatz ist der Einsatz der Moderationsmethode, wie sie z. B. für Qualitätszirkel oder andere Problemlösungsgruppen zum Einsatz kommt.

---

[37] Senge 1992, 206.
[38] Vgl. Picot u. a. 2001, 510f.
[39] Vgl. Senge 1992, 206.
[40] Vgl. Senge 1992, 236f.

Um nun die Organisation als Ganzes voran zu bringen, bedarf es einer Überschreitung dieser Grenzen, um ein Lagerdenken und mikropolitische Kämpfe möglichst zu vermeiden. Hilfreich ist dabei eine Forcierung des Gruppenaustauschs, indem z. B. themenspezifisch einzelne Gruppenmitglieder wechselweise an den Sitzungen der Gruppen Teil nehmen.

3 Sportbetriebe als Lernende Organisation

Die nun folgende Beziehung des organisationalen Lernens auf die Sportbetriebe steht vor dem Problem, dass eine Führungsforschung für Sportbetriebe – abseits der Trainer- und Übungsleiterfunktion – nur in sehr geringem Umfang zu verzeichnen ist.[41] Die Beschreibung und Analyse der Führung von Sportbetrieben muss, wie bei dem vorherigen Beitrag über das Krisenmanagement, weitgehend aus Einzelbeispielen abgeleitet werden. Nichtsdestotrotz wird damit ein erster Zugang ermöglicht, Sportbetriebe als Lernende Organisationen zu thematisieren und Annahmen über die Defizite in Krisensituation zu treffen. Einige Hinweise auf Handlungsmöglichkeiten werden diesen Ausführungen folgen.

3.1 Erste Ansatzpunkte zu Sportbetrieben als Lernende Organisationen
3.1.1 *Organisation als Gegenstand des Lernens*
Das die Betrachtung als lernende Organisation in Sportbetrieben nicht ganz fremd ist, zeigt beispielhaft die Selbstcharakterisierung des LSB Hessen in der Leitbilddiskussion (2003) und der Einführungsbeitrag zu dem Herbstseminar 2005 des Freiburger Kreises[42]. Geleistet werden muss die Füllung mit einem konsistenten Führungsverständnis zur Umsetzung des Anspruches.

Programmatisch für den Sportbereich erscheint m. E. fast die von *Rieckmann* allgemein formulierte Chance, welche in der Lernenden Organisation liegt. „,Lernende Organisationen' können zur Überwindung des unaufgeklärten ‚mythologischen Zeitalters' von Organisationen beitragen (Heintel/Krainz) und deren bislang häufig unbewussten, schicksalhaften und oftmals kostspieligen Umgang mit Tiefenstrukturen, Funktionen, Kulturen, mit Macht, Denk- und Verhaltensmustern, mit (schmerzhaften) Selbstreproduktionsmechanismen, Selbstreferentialitäten, Systemspielen, Systemabwehren, Reflexionsaversionen, Widerspruchs- und Konfliktverarbeitungen, Doppelsinnigkeiten und Mehrfachzwe-

---

[41] Dazu zählen m. E. v. a. einige Arbeiten von *Emrich* z. B. zur Rolle des Olympiastützpunkt-Leiters (Emrich 1996, 166-192) oder zur Netzwerkbildung in Sportorganisationen (Emrich u. a. 1996) sowie die Analyse von Kappler/Wadsack zu Olympiastützpunkten (Kappler/Wadsack 1997).

[42] Der ‚Freiburger Kreis' ist die Arbeitsgemeinschaft großer deutscher Sportvereine.

cken."⁴³ Diese Betrachtungsweise stellt die Zweckrationalität von Organisationen in Frage und bezieht sich vielmehr auf ihr Eigenleben und abgeleitete Ziele des organisationalen Handelns.

Ihren Ausgangspunkt hat dieser Überwindungsbedarf im Prozess des Organisierens. *Weick* beschreibt diesen als „... durch Konsens gültig gemachte Grammatik für die Reduktion von Mehrdeutigkeit mittels bewusst ineinander greifender Handlungen. Organisieren heißt, fortlaufende unabhängige Handlungen zu vernünftigen Folgen zusammenzufügen, so dass vernünftige Ergebnisse erzielt werden."⁴⁴ Der Konsens ist das Ergebnis eines Aushandlungsprozesses, der auch von Macht- und Informationsvorsprüngen geprägt sein wird. Die ‚vernünftigen Ergebnisse' werden im Sportbereich vordergründig durch die erreichten sportlichen Ergebnisse überformt, was möglicherweise blinde Flecken bei der Einschätzung der realen Situation verursacht. Als Einschränkungen für Selbstregulierung und Selbstkorrektur einer Organisation benennt *Weick* Bürokratisierung, Überrationalisierung oder Überverwaltung, ihre Wirkung hat Misswirtschaft zur Konsequenz.⁴⁵

Zunächst sollen an den folgenden ausgewählten drei Konzeptelementen von Sportbetrieben grundlegende Bezüge zu dem Ansatz der Lernenden Organisation aufgezeigt werden. Die angesprochenen Elemente werden hier besonders im Hinblick auf die Lernbehinderungen skizziert.

3.1.2 *Formeller Rahmen als ‚eingetragener Verein'*

Die meisten der in Deutschland vorfindbaren Sportorganisationen haben ihren rechtlichen Rahmen als ‚eingetragener Verein' (e. V.). Andere Rechtsformen finden sich neben dem Profisportbereich v. a. im Fitnessbereich und bei anderen kommerziellen Teilnehmer- und Zuschauersportangeboten. Soweit die Gründung als ‚e. V.' erfolgt, ergeben sich aus meiner Sicht einige Bedingungen, welche die Lernfähigkeit als Sportbetrieb⁴⁶ schwächen.

In der Gründungsphase werden den formellen Anforderungen eher geringe Aufmerksamkeit geschenkt, da das Sporttreiben im Vordergrund des Interesses steht. Vielmehr werden Mustersatzungen auf Basis der BGB-Vorschriften heran gezogen, um dem Verein einen formellen Rahmen zu geben. Verstärkt wird dieser Effekt durch die Notwendigkeit, eine Zielformulierung aufzunehmen, welche den steuerrechtlichen Bedingungen für Gemeinnützigkeit entsprechen soll.

---

[43] Rieckmann 2005, 175.
[44] Weick 1985, 11.
[45] Vgl. Weick 1985, 18f.
[46] Dies kann auch für Vereinsorganisationen in anderen gesellschaftlichen Bereichen gelten, ist aber hier kein Gegenstand der Betrachtung.

Beide Ausgangspunkte behindern eine aktive Gestaltung der organisatorischen Seite des Vereinslebens. Es bedarf eines Emanzipationsaktes, um sich von dieser formellen teilweise ‚fremdbestimmten' Basis zu einer eigenen Gestaltung des organisatorischen Aufbaus zu entwickeln. Geschäftsordnungen und andere Prozedere zur Gestaltung von Gremiensitzungen verstärken diesen Effekt teils noch durch Vorgabe von Zuständigkeiten und Regularien für den Ablauf von Sitzungen als Ort der Meinungsbildung und Entscheidungsfindung.

Durch diese Formalisierungen werden für den Verein quasi bei der Geburt Lernhemmnisse aufgebaut, welche erst durch wirkungsvolle Impulse, z. B. durch weitsichtige Führungsarbeit oder krisenhafte Entwicklungen überwunden werden können. Ebenfalls sind die Formalismen geeignet, die mentalen Modelle der Führungskräfte in einer Form zu präformieren.

3.1.3 Ehrenamtliche Arbeit als Basis der Führungsarbeit

Die Rahmenbedingungen ehrenamtlicher Tätigkeit, wie z. B. zeitliche Verfügbarkeit, Qualifikation der Amtsinhaber, Amtsdauer, Freiwilligkeit und damit Selbstverantwortung als Basis der Mitarbeit.[47]

Die Besetzung von ehrenamtlichen Führungspositionen in Vereinen und Verbänden kann nur in begrenztem Maße mit Qualifikationsansprüchen versehen werden, da die Bereitschaft der Mitarbeiter, ihre Zeit für den Sportbetrieb einzusetzen, der Schlüssel für alle qualitativen Merkmale ist. Insofern besteht im Hinblick auf ‚Personal Mastery' einerseits die Chance auf die Gewinnung eines mit reichhaltigen Erfahrungen ausgestatteten Menschen, der wertvolle Impulse in die Sportorganisation bringen kann. Auf der anderen Seite ist gerade die fachspezifische Seite möglicherweise nicht in gleichem Maße berücksichtigt.

Da die zeitliche Verfügbarkeit der Schlüsselfaktor für das ehrenamtliche Engagement ist, können Konflikte mit Lernprozessen auftreten, wenn sich diese als zeitaufwändig erweisen. Es kann ggf. zu einer Entscheidung ‚Tagesgeschäft' vor ‚Vereinsentwicklung' kommen.

Ein weiterer sportspezifischer Aspekt ergibt sich m. E. aus dem Primat der ehrenamtlichen Arbeit, welches auch im aktuellen Leitbild des Deutschen Sportbund aus dem Jahr 2000 verzeichnet ist.[48] Es besagt, dass letztlich immer die ehrenamtlichen Kräfte die Führungsrolle inne haben und die bezahlten Kräfte letztlich als Zuarbeiter fungieren. In diesem Prinzip – wird es in dieser Form eingefordert und gelebt – liegt eine Blockade für die Entwicklung der Lernenden Sportorganisation. Im Zweifelsfall wird damit eine Sichtweise für die Organisation sowohl für die Kategorien ‚Shared Vision', ‚Mental Map' als auch ‚System

---

[47] Vgl. Wadsack 2003.
[48] Vgl. DSB o. J.

Thinking' einseitig vorbestimmt. Hinzu kommt, das ‚Team Learning'-Situationen möglicherweise blockiert werden.

3.1.4 Fixierung auf den sportlichen Bereich

Der Kern-Leistungsbereich von Sportbetrieben ist der sportliche Betrieb, sei es als Teilnehmer- oder als Zuschauersport. Vor allem im Bereich des Zuschauersport, womit in der Regel ein deutlich erkennbares wirtschaftliches Engagement verbunden ist, wurde schon in dem Beitrag zum Krisenmanagement, ein sportdominiertes Entscheidungsverhalten festgestellt.[49] Hier scheint die Vision des sportlichen Erfolges bzw. des Vermeidens des Scheiterns eine solche Kraft zu haben, dass sie einerseits andere Elemente der organisationalen Lernens außer Kraft setzt (Personal Mastery, Team Learning) bzw. verzerrt (Mental Maps, System Thinking). Das „Wichtig is' auf'm Platz" scheint in manchen Fällen in der Lage zu sein, alle Risikofragen und Lernansätze zu übertönen, bis die wirtschaftliche Seite auf Grund einer nicht mehr verkennbaren Schieflage in den Vordergrund tritt.

Mit dem sportlichen ist häufig auch ein wirtschaftlicher Aufstieg verbunden, welcher dem Sportbetrieb eine Wandlung von einem Kleinbetrieb zumindest zu einem mittelständischen Betrieb zu bescheren vermag. Es ist selten zu beobachten, dass diese Gelegenheit dazu genutzt wird, die Situation der Organisation und die neuen Anforderungen zu einer grundlegenden Auseinandersetzung zu nutzen.

„Vereine im Profisport stehen vor der Aufgabe, angesichts der Globalisierung neue Organisationsformen zu finden, die eine Koordination der unterschiedlichen Handlungslogiken von Sportsystem, Publikum und Wirtschaftssystem ermöglichen."[50] Neben dem Verweis auf die notwendigen Veränderungen ist die angesprochene Zuordnung der Ebenen unscharf, da das Publikum im Sinne von Konsumenten ebenfalls dem Wirtschaftssystem zuzuordnen ist.

Wadsack weist für Profisport-Betriebe auf die Drucksituation hin, die sich durch die Zugehörigkeit zu einer Profiliga ergeben kann, indem gesetzte Mindeststandards und die Entwicklung der anderen Ligenmitglieder quasi einen Entwicklungszwang verursachen.[51] Ein Beispiel ist der Zwangsabstieg des Eishockeyteams aus Wolfsburg aus der Deutschen Eishockey Liga (DEL), da nach Abschluss der Saison 2004/2005, die nur mit Ausnahmegenehmigung für das genutzte Heimstadion absolviert werden konnte, keine verbindliche kurzfristige

---

[49] Vgl. auch Wellensiek 2003.
[50] Anders 2005, 114.
[51] Vgl. Wadsack 2004, 298.

Perspektive für eine den Ligenstandards entsprechende Verbesserung der Hallensituation gezeigt werden konnte.[52]
Derartige Fremdbestimmungen erfordern ein weitgehendes Maß an persönliche Festigung als Führungskraft, um die Konsequenzen der sportlichen Verbesserung in ihren Wirkungen für die künftige Entwicklung des Sportbetriebes insgesamt abzuschätzen und im Zweifelsfall auch unpopuläre Entscheidungen wie Aufstiegsverzicht oder freiwilligem Abstieg gegenüber den Stakeholdern des Sportbetriebes zu vertreten.

3.2 Beispielhafte Lerndefizite im Lichte der Lernenden Organisation

In der folgenden Übersicht werden die schon in dem Krisenmanagement-Beitrag aufgeführten Krisenursachen in Sportbetrieben beispielhaft in Beziehung zu den fünf Disziplinen der Lernenden Organisation von *Senge* gesetzt. Die Markierung einer Disziplin soll aussagen, dass hier die deutlichsten Lernprobleme bzw. –versäumnisse vermutet werden. Da ‚System Thinking' eine Art Überkategorie bildet, wird sie bei allen Beispielen markiert, durch die Abhängigkeit der Probleme von den individuellen Fähigkeiten und ihrem Einsatz müsste dies in gleichem Maße für ‚Personal Mastery' gelten.

Krisenursachen aus Sportbetrieben	Defizitbereiche des organisationalen Lernens				
	System Thinking	Mental Map	Shared Vision	Team Learning	Personal Mastery
Einnahmerückgang wegen Zuschauerschwund auf Grund sportlicher Talfahrt.	x	x	x	x	x
Rückzahlung von Fördergeldern wegen unsachgemäßer Verwendung.	x	x			x
Hohe Verpflichtungen aus Baumaßnahmen (Stadion), die auf der Basis sportlichen Erfolges eingegangen wurden.	x		x		x
Übergang von Amateursport (Auslagenerstattung, Aufwandsentschädigung) zum Profisport (Sport als Lebensunterhalt für die Akteure) verursacht Kostensprung.	x	x		x	x

---

[52] Vgl. www.stadionwelt.de (Meldung vom 25.11.2005)

Krisenursachen aus Sportbetrieben	Defizitbereiche des organisationalen Lernens				
	System Thinking	Mental Map	Shared Vision	Team Learning	Personal Mastery
Abhängigkeit von einem Sponsoren, seiner Engagementbereitschaft und wirtschaftlichen Situation.	X		X		X
Zu späte Entscheidung für die Trennung von Athleten, wenn diese aus Kostengründen nicht mehr finanziert werden können.	X		X		X
Änderung des (Steuer-) Rechts mit zusätzlichen Belastungen für Sportbetriebe.	X				
Leistungsabhängige Verträge z. B. mit Sponsoren.	X	X			
Abschluss unwirtschaftlicher Verträge mit langfristigen Belastungen.	X				X
Nicht-Kontrolle der Abteilungsaktivitäten durch den Vorstand.	X	X	X	X	X
Zahlung von Hallen- und Sportstättennutzungen.	X	X			
Marode vereinseigene Sportanlagen, für die notwendige Reparaturkosten nicht mehr aufgebracht werden können (auch: Investitionsstau). .	X	X			X
Nicht rechtzeitige Neustrukturierung eines Vereinsangebotes, z. B. bei Fehlen von Mitarbeitern und Mitgliedern.	X	X	X	X	X
Fehlender Sachverstand in der Betriebsführung, ausgedrückt durch - die falsche Einschätzung der Handlungsnotwendigkeit und falsche Alternativenwahl, - Ausbleiben von Entscheidungen mangels Kenntnis von Handlungsoptionen.	X	X		X	X
Nicht-Einhaltung von vertraglichen Abmachungen (u. a. Gegenleistungen für Sponsoren).	X				X

Krisenursachen aus Sportbetrieben	Defizitbereiche des organisationalen Lernens				
	System Thinking	Mental Map	Shared Vision	Team Learning	Personal Mastery
Vermeintliche Kavaliersdelikte zum Guten des Sports (Steuerhinterziehung, Unterschlagung von Sozialabgaben, ...).	X	X			X
Verzicht auf kaufmännische Vorsicht unter dem Eindruck erwünschter/ ersehnter sportlicher Ziele.	X		X		X
Verletzungsbedingte Nachrekrutierungen im Profisport.	X	X	X		

3.3 Ansatzpunkte für die Entwicklung von Sportbetrieben zur Lernenden Organisation

Weick/Sutcliff haben sich mit den besonderen Bedingungen von „Hoch-Zuverlässigkeits-Organisationen" wie z. B. Atomkraftwerken befasst. Vielleicht ist dies gerade durch die Abhängigkeit der Sportbetriebe von dem sportlichen Geschehen der Leistungsträger zumindest für den Profi- und Spitzensport eine Beziehung, welche Anregungen für das Management in diesem Bereich enthält. Sie haben fünf Aspekte als besondere Managementanforderungen heraus gearbeitet:[53]

- Konzentration auf Fehler in Form einer systematischen Stimulierung zur Fehleroffenlegung. Der Stolz auf erreichte Erfolge tritt dabei als Indikator für die Leistungsfähigkeit der Organisation in den Hintergrund.
- Abneigung gegen vereinfachende Interpretationen durch die Öffnung des Betrachtungsspektrums. Tendenziell erfolgt die Informationssuche und – interpretation eher umfassend als zu eng auf den eigenen Betrieb fokussiert.
- Sensibilität für die betrieblichen Abläufe: Latente Mängel müssen möglichst frühzeitig erkannt und abgestellt werden.
- Streben nach Flexibilität durch die Simulation von Extremsituationen und den Einbezug von Erfahrungswissen.
- Respekt vor fachlichem Wissen und Können durch Pflege der Vielfalt und Verzicht auf starre Hierarchien.

Ein entsprechendes Managementverständnis würde viele Aspekte der Lernenden Organisation ansprechen.

---

[53] Vgl. Weick/Sutcliff 2003, 22ff.

Damit verbunden werden kann die Wandlung der Führungskultur in Sportbetrieben, welche den veränderten Risikobedingungen Rechnung trägt und Lernprozessen und Wissensschöpfung Raum gibt. Allerdings muss dann auch die Personalkapazität im Management der Sportbetriebe verfügbar sein – egal ob bezahlt oder unbezahlt – um entsprechende Freiräume für Lernprozesse zu haben. Krisen können dabei als Auslöser von Veränderung der Organisationskultur wirken, wenn Organisationsmitglieder den Erfolg auf die veränderte Vorgehensweise zurückführen.[54]

Vielleicht ist die unmittelbar im Anschluss an die Gründung des DOSB (Deutscher Olympischer Sportbund) erfolgende 3,5-tägige Klausurtagung ein Signal für eine Umorientierung der Führungsarbeit und des Führungsverständnis im Bereich des organisierten Sports.

Die Umorientierung der Sportbetriebe, welche sich als wirtschaftliche Akteure sehen müssen, deren Scheitern also auf einer Nicht-Sicherung der wirtschaftlichen Basis aus eigenen Kräften (in erster Linie Beiträgen) beruht, müssen sich der kaufmännischen Betrachtung stellen. Auch wenn *Neuhoff* seine Ausführungen eigentlich auf Sozialvereine bezieht, gilt die Subventionsmentalität auch im Sport durchaus als Auslöser für Entwicklungen, welche sich bei einer Entlassung in die marktwirtschaftliche Realität als nicht überlebensfähig beweisen.[55]

Wadsack hat dazu verschiedentlich eine plakative Vereinstypisierung angeregt, mit der Subventions-, Leidens- und Siechtumsvereine als nicht mehr zeitgerechte und unternehmerische sowie Traditionsvereine als zukunftsfähig charakterisiert werden.[56] Hinzu kommt die Anlehnung an das kameralistische Wirtschaften als weiterer Problembereich, indem auf dieser Basis im Grunde keine für die strategische Betriebssteuerung ausdrucksfähige Rechnungslegung möglich ist.[57] Auch hierbei handelt es sich um den Gegenstand von Lernprozessen, da die Neuausrichtung der Organisation des Sportbetriebs auch diese Komponenten umfasst.

Im wirtschaftlichen Bereich bedarf es einer konsequenten Unterstützung der Führungsarbeit und der Lernmöglichkeiten durch ein Controlling, welches insbesondere Szenarien zur wirtschaftlichen Perspektive entlang der sportlichen Entwicklung bereit stellt.

---

[54] Vgl. Schreyögg 1998, 470.
[55] Bezogen auf Sozialvereine vgl. Neuhoff 2003, 425ff.
[56] Vgl. Wadsack 2004b.
[57] Zum kameralistischen Wirtschaften und der Systematik der Rechnungslegung im organisierten Sport siehe die Ausführungen in Emrich/Wadsack 2005.

4 Ausblick

Was kann folgen? Aus wissenschaftlicher Sicht ist die Befassung mit der Führungsarbeit in Sportbetrieben zu wünschen. Auf die Entscheidungen und die Bedingungen ihrer Entstehung, denn sie führen zu einem tieferen Verständnis der hier nur angerissenen Führungsbedingungen und –umstände. Eine Analyse von Führungsverständnissen und organisationalen Lernformen kann möglicherweise interessante Hinweise auf bislang weniger bekannte Praxisbeispiele geben.

In einem nächsten Schritt kann eine exemplarische Heranführung eines Sportbetriebes an ein Gesamtkonzept der Lernenden Organisation stehen, um damit ein Beispiel für die anderen Sportorganisationen zu bieten. Wichtig wird es sein, die Risiken des Sportbetriebes genauer zu erkennen und in seinen Wirkungszusammenhängen zu analysieren, um daraus wirkungsvolle Hilfestellungen für die Sportbetriebe bereit stellen zu können.

„In der Krise die Chance sehen!" ist eine gern genutzte Floskel. Die Chance kann eben als Lernmöglichkeit interpretiert und genutzt werden. Allerdings zeigen Folgeprobleme in einzelnen konsolidierten Sportbetrieben auch, dass dieser Lerneffekt nicht selbstverständlich ist, indem kurze Zeit nach der scheinbaren Gesundung gleiche Probleme wieder auftauchen.[58]

---

[58] So folgerte eine mit dem Insolvenzverfahren eines Eishockeyvereins beauftragte Rechtsanwältin: „Man hat daraus nichts gelernt!" Der Verein war 2000 neu gegründet worden und bereits 2001 überschuldet. 2003 wurde das Insolvenzverfahren eingeleitet (vgl. Meldungen in der SüdwestPresse zum EC Atlantis, Ulm/Neu-Ulm, hier 18.09.2003).

Rainer Cherkeh

„Krisenrecht" im Vorfeld der Insolvenz von Sportvereinen und –unternehmen

1 Einleitung

Die Professionalisierung und Kommerzialisierung im Sport geht zunehmend mit wirtschaftlichen Schieflagen von Sportvereinen und –unternehmen einher. Neben der sportlichen Entwicklung sind die Verantwortlichen deshalb gezwungen, die wirtschaftlichen Komponenten im Blick zu behalten und bei Anzeichen von Schieflagen, die häufig mit sportlichen Krisen verquickt sind, richtig zu handeln – auch wegen einer ansonsten ggf. drohenden persönlichen Haftung. Dass Sport und Insolvenz nicht mehr unabhängig nebeneinander existieren, wurde der breiten Öffentlichkeit spätestens durch die Kirch-Krise präsent. Als Gründe für wirtschaftliche Krisen im Umfeld des Sports werden zum einen amateurhaftes Management in dem durch Ehrenämter geprägten Bereich, zum anderen die Abhängigkeit von externen Sponsoren und – insbesondere im Fußball - Fernsehgeldern angeführt[1]. Daneben stehen Sportvereine und –unternehmen unter einem erheblichen (sportlichen) Erfolgsdruck. Bleiben die Erfolge des Clubs aus, verlieren die Zuschauer und die Sponsoren rasch das Interesse an dem Verein, was zu sinkenden Einnahmen führt – bei oft konstant bleibenden Verbindlichkeiten. Es handelt sich um einen dynamischen Prozess, an dessen Ende die Insolvenz stehen kann. Der nachfolgende Beitrag richtet sein besonderes Augenmerk auf die zentralen Regeln und Pflichten für die im Sport – sei es in Vereinen oder Sportunternehmen[2] - verantwortlich Handelnden an der Schnittstelle zwischen Krise und Insolvenz.

2 Definition der Krise

Die Phase im Vorfeld einer Insolvenz wird gemeinhin als „Krise" bezeichnet. Sie ist eine Folge besonderer Risikosituationen des Unternehmens und wird häufig für verschiedene Sachverhalte mit unterschiedlichen (Rechts-)Folgen

---

[1] Vgl. *Kreißig*, Der Sportverein in Krise und Insolvenz, 2004, S. 2.
[2] Nachfolgend werden beide (wie bei *Wadsack*, in diesem Band) zusammenfassend als „Sportbetriebe" bezeichnet.

verwendet. Zu differenzieren ist zwischen dem betriebswirtschaftlichen Begriff der Krise, dem rechtlichen Krisenbegriff und der insolvenzrechtlichen Krise[3].

In der Betriebswirtschaftslehre wird der Begriff „Krise" ganz überwiegend definiert als der Zustand eines Schuldners oder schuldnerischen Unternehmens, der seine Lebensfähigkeit in Frage stellt, d. h. seine Existenz vernichtet[4]. Umfasst wird der Zeitraum vom Verlust strategischer Wettbewerbsvorteile bis hin zur existenzbedrohenden Gefährdung[5]. Dem betriebswirtschaftlichen Begriff der Krise immanent ist nach *Krystek*[6] die Chance zur positiven Wende; Krise als Unternehmensbedrohung führt also nicht zwingend zur Unternehmensvernichtung[7].

Ein übergeordneter, für alle einschlägigen Rechtsbereiche (z. B. BGB, AktG, GmbHG, WpHG, InsO) geltender rechtlicher Krisenbegriff existiert nicht, obgleich der Begriff der Krise in der rechtswissenschaftlichen Literatur und in der Rechtsprechung ebenso regelmäßig verwandt wird, wie in der Betriebswirtschaftlehre. In § 32a Abs. 1 GmbHG findet sich im Kontext der Regeln des Eigenkapitalersatzes eine Definition für den Begriff der „Krise der Gesellschaft". Ein kapitalersetzendes Darlehen liegt nach § 32a Abs. 1 GmbHG vor, wenn ein Gesellschafter der Gesellschaft in einem Zeitpunkt, in dem ihr die Gesellschafter als ordentliche Kaufleute Eigenkapital zugeführt hätten (Krise), statt dessen ein Darlehen gegeben hat[8].

Eine Legaldefinition des Begriffs Krise fehlt jedoch. Nach überwiegender Ansicht ist das heranzuziehende Kriterium für die Krise einer Gesellschaft die Kreditunwürdigkeit. Diese liegt vor, wenn die Gesellschaft von dritter Seite keinen Kredit zu marktüblichen Bedingungen erhält und ohne Kapitalzufuhr liquidiert werden müsste[9]. Sofern im maßgeblichen Zeitpunkt keine konkrete Kreditentscheidung eines Dritten vorliegt, ist nach Auffassung des OLG Karls-

---

[3] *Steffan* in: Oppenländer/Trölitzsch, Praxishandbuch der GmbH-Geschäftsführung, 2004, § 36 Rz. 2.
[4] *K. Schmidt/Uhlenbruck*, Die GmbH in Krise, Sanierung und Insolvenz, 3. Aufl. 2003, Rz. 26.
[5] *Steffan* in: Oppenländer/Trölitzsch, Praxishandbuch der GmbH-Geschäftsführung, 2004, § 36 Rz. 3; zum Krisenbegriff aus betriebswirtschaftlicher Sicht vgl. auch *Hauschildt*, KSI 2005, 1 ff.
[6] *Krystek*, Unternehmenskrisen, 1987, S. 6.
[7] *K. Schmidt/Uhlenbruck*, a.a.O., Rz. 26.
[8] Zum Eigenkapitalersatzrecht siehe *Steffan* in: Oppenländer/Trölitzsch, Praxishandbuch der GmbH-Geschäftsführung, 2004, § 36 Rz. 109 ff. m. w. N.
[9] *Lutter/Hommelhoff*, GmbH-Gesetz, 2000, §§ 32 a/b Rz. 19; *K. Schmidt/Uhlenbruck*, a. a. O., Rz. 27; *Haas*, NZI 2001, 1 (6).

ruhe[10] die Kreditwürdigkeit der Gesellschaft anhand von wirtschaftlichen, kreditbezogenen und anlassbezogenen Indizien festzustellen. Entscheidend für eine Einstufung der Gesellschaft als kreditunwürdig ist also ein Bündel gewichtiger Umstände, zu denen nach *Schatte/Metzeler*[11] sogar noch die Feststellung eines konkreten Kreditbedarfs gehört.

Unter insolvenzrechtlicher Krise ist der Zustand einer juristischen Person oder Gesellschaft zu verstehen, in der einer der drei Insolvenzgründe[12], namentlich bei Zahlungsunfähigkeit, drohender Zahlungsunfähigkeit oder Überschuldung, gegeben ist. Die Situation dieser Krise ist also erst nach Eintritt der rechtlichen Krise gegeben[13]. Dieser (enge) Krisenbegriff ist für die Insolvenzstraftaten nach §§ 283 ff. StGB von Bedeutung, ferner für die sich aus § 64 Abs. 1 GmbHG ergebende Pflicht des GmbH-Geschäftsführers, bei Zahlungsunfähigkeit bzw. Überschuldung der Gesellschaft den Insolvenzantrag zu stellen[14].

Wenn nachfolgend allgemein von „Krise" des Sportvereins bzw. –unternehmens die Rede ist, soll hierunter - zur weiteren Abgrenzung - die von *Holzer*[15] angeführte Beschreibung verstanden werden: (Unternehmens)Krise sind diejenigen Vorgänge, die durch negative Abweichungen von den betrieblichen Zielvorstellungen den Fortbestand eines Unternehmens ernsthaft gefährden. Es geht deshalb um „existenzgefährdende, (scheinbar) ausweglose Situationen mit aktuellen Bedrohungsszenarien, die Werte, Ziele und Ressourcen eines Unternehmens gleichermaßen betreffen." Nach *Holzer*[16] steht das Unternehmen in der Krisensituation sozusagen am Scheideweg, „weil die Möglichkeit seines endgültigen Zusammenbruchs ebenso wahrscheinlich ist wie die seiner Fortexistenz." Es handle sich also nicht um „bloße Schwankungen im Geschäftsablauf oder um eine Zusammenballung betrieblicher Probleme, sondern um Gefährdungen des unternehmerischen Überlebens schlechthin".

Neben dieser Konkretisierung des in Rede stehenden Krisenzeitraumes ist im nachfolgenden Kontext als weiteres (negatives) Abgrenzungskriterium für den Begriff „Krise" vorauszusetzen, dass der Bereich eines Insolvenzauslösetat-

---

[10] OLG Karlsruhe DStR 2000, 1529; ebenso: *Steffan* in: Oppenländer/Trölitzsch, Praxishandbuch der GmbH-Geschäftsführung, 2004, § 36 Rz. 4.
[11] *Schatte/Metzeler*, in: Kraemer (Hrsg.), Handbuch zur Insolvenz, Kap. 16 Rz. 32.
[12] Siehe dazu noch weiter unten 7.1.
[13] *Steffan* in: Oppenländer/Trölitzsch, Praxishandbuch der GmbH-Geschäftsführung, 2004, § 36 Rz. 5.
[14] Siehe dazu noch weiter unten 7.2.1.
[15] *Holzer*, NZI 2005, 308 (308).
[16] *Holzer*, NZI 2005, 308 (308 f.).

bestands (Zahlungsunfähigkeit - § 17 InsO oder Überschuldung - § 19 InsO[17]) noch nicht erreicht ist[18].

3 Die Phasen der Krise

In Ergänzung zu den oben aufgezeigten Differenzierungskriterien zum Krisenbegriff und bevor weiter unten (5.) auf die Ursachen der Krisen einzugehen sein wird, ist für die weitere inhaltliche sowie zeitliche Zuordnung des „Krisenrechts" ein Blick auf die im Vorfeld von Insolvenzen bei Vereinen und Unternehmen regelmäßig zu beobachtenden Krisenphasen hilfreich.

Abb. 1: Krisenarten und Krisenverlauf[19]

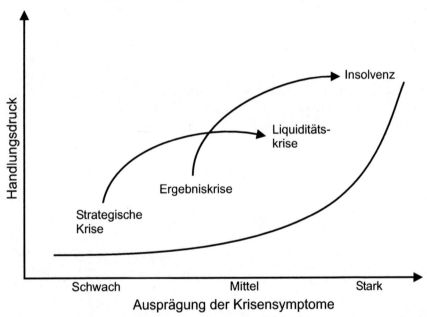

---

[17] Die drohende Zahlungsunfähigkeit (§ 18 InsO) löst keine Insolvenzantragspflicht aus; bei drohender Zahlungsunfähigkeit ist der Schuldner lediglich antragsberechtigt; siehe dazu noch weiter unten 7.1.3.
[18] Ebenso *Kreißig*, a.a.O., S. 32.
[19] Quelle: Bickhoff/Blatz/Eilenberger/Haghani/Kraus, Die Unternehmenskrise als Chance, 2004, S. 43.

Wenn Unternehmer von einer Krise sprechen, dann haben sie in der Regel die Phase des akuten Liquiditätsengpasses vor Augen, also diejenige Phase, die der Insolvenzanmeldung unmittelbar vorausgeht. Tatsächlich stellt eine Unternehmenskrise indes einen oft langjährigen Prozess dar, der nicht überraschend eintritt, sondern sich bei genauerer Betrachtung bereits mittel- und langfristig erkennen lässt. Kennzeichnend für Krisen des oben (2. a. E.) konkretisierten Inhalts ist es, dass erste Anzeichen einer negativen Entwicklung auf der Ebene der Verantwortlichen lange Zeit unbemerkt bleiben oder sogar verdrängt werden. In der Endphase spitzt sich der Prozess dramatisch zu und wird häufig erst dann – etwa bei konkreter Bedrohung durch Liquiditätsengpässe – von den Verantwortlichen als Krise erkannt und auch für Gläubiger sichtbar.

Steffan[20] beleuchtet die sich entwickelnde Krisensituation aus der Perspektive des GmbH-Geschäftsführers und führt hierzu, auch mit Blick auf den oben angesprochenen Verdrängungsmechanismus von Führungskräften in der Krisensituation, plastisch aus: „In der Praxis ist jedoch in vielen Fällen in der Krise eine „Lähmung" des Geschäftsführers festzustellen. Getragen von der Hoffnung, dass es erfahrungsgemäß „schon nicht so schlimm kommen" oder „im nächsten Jahr wieder besser" wird, wird die Krise ignoriert oder gar vertuscht. Regelmäßig geschieht dies aus der Furcht vor voreiligen Maßnahmen von Mitarbeitern und Geschäftspartnern (insbesondere Kreditinstitute) die für das Unternehmen nachteilig wären sowie dem Verlust von gesellschaftlichem Ansehen."

Vor Erreichen der insolvenzrechtlichen Krise, also dem Zeitpunkt, zu dem einer der drei Insolvenzgründe gegeben ist, lassen sich in der überwiegenden Mehrzahl der Fälle drei aufeinander folgende Krisenphasen beobachten (siehe Abbildung 1)[21].

3.1 Die strategische Krise

Die strategische Krise steht regelmäßig am Beginn des klassischen Krisenverlaufs. Kennzeichnend für diese Phase ist die Verschlechterung der Wettbewerbsposition des Unternehmens am Markt[22], weil wirtschaftliche Erfolgspotenziale durch strategisch falsche Entscheidungen beeinträchtigt werden[23]. Strategiefehler können dabei sowohl externe Erfolgsfaktoren (z. B. fehlende oder falsche Investition in (Sport)Vermarktungskampagnen, Sportbetriebsstätten etc.) als auch interne Erfolgsfaktoren (z. B. falsche Personalentscheidungen bei der Verpflich-

---

[20] *Steffan* in: Oppenländer/Trölitzsch, Praxishandbuch der GmbH-Geschäftsführung, 2004, § 36 Rz. 88.
[21] Zu den Stufen und Merkmalen der Krisenentwicklung aus betriebswirtschaftlicher Sicht siehe auch den Beitrag von *Wadsack* in diesem Band, dort 1.1.
[22] *Bickhoff/Blatz/Eilenberger/Haghani/Kraus*, a. a. O., S. 42.
[23] *Salm*, Krisenmanagement, 2005, S. 12.

tung neuer Spieler, qualifizierter Sportmanager etc.) betreffen[24]. Für die Verantwortlichen ist der Handlungsspielraum in dieser Krisenphase noch erheblich, obgleich der Handlungsdruck mangels unmittelbarer Auswirkungen auf die Ergebnisse im operativen Geschäft zumeist noch nicht empfunden wird.

3.2 Die Ergebniskrise

Erst wenn das Unternehmen in die Phase der – regelmäßig auf strategische Fehlgriffe zurückzuführende - Ergebniskrise[25] eintritt, werden die Auswirkungen der negativen Entwicklung direkt messbar, z. B. durch das Verfehlen von Gewinn- und Rentabilitätszielen. Die Bilanzkennzahlen im gesellschaftlichen Rechnungswesen verschlechtern sich und das Eigenkapital droht nach und nach aufgebraucht zu werden[26]. Der Handlungsspielraum – etwa für künftige Investitionen - sinkt spürbar und häufig reagieren Unternehmer in dieser Phase nur mit kurzfristigen, nicht perspektivisch ausgelegten Maßnahmen (z. B. die Auflösung von Rückstellungen)[27]. Die eigentliche strategische Problematik bleibt ungelöst.

An der Schnittstelle zwischen strategischer Krise und Ergebniskrise besteht die Besonderheit bei Sportbetrieben mit Teamsport (seien es Vereine oder Kapitalgesellschaften) darin, dass der für wirtschaftliche Ergebnisse regelmäßig entscheidende Faktor „sportlicher Erfolg" auch von Komponenten abhängt, die selbst bei strategisch optimalen Entscheidungen im Vorfeld letztlich nicht von den Verantwortlichen beeinflussbar sind. Denn ob z. B. der Klassenerhalt, der Aufstieg in die höhere Spielliga oder das Erreichen der nächsten Spielrunde in einem internationalen Wettbewerb gelingt, hängt oft maßgeblich auch von den Faktoren „Zufall" oder „Glück" ab. Gleichwohl und gerade weil dieser Befund bei Mannschaftssportarten bekannt ist, sind auch diese Faktoren - als eben nicht beeinflussbar – auch bei den zu treffenden strategischen Entscheidungen zu berücksichtigen.

3.3 Die Liquiditätskrise

In der Praxis beginnen typische Sanierungsmaßnahmen oftmals erst in der letzten Phase der krisenhaften Entwicklung. In diesem Stadium der Liquiditätskrise ist der Handlungsspielraum für die Verantwortlichen stark reduziert. Die Eigenkapitalreserven sind aufgezehrt und Fremdkapitalquellen stehen dem Unternehmen kaum mehr zur Verfügung. Fällige Verbindlichkeiten – vor allem Löhne

---

[24] Vgl. hierzu auch Tabelle 1 (unter 1.4) von *Wadsack* in diesem Band: Misserfolgssegmente und –ursachen für Unternehmenskrisen.
[25] Im Schrifttum wird diese Phase oftmals auch als „Erfolgskrise" bezeichnet, so z. B. *Holzer*, NZI 2005, 308 (311).
[26] *K. Schmidt/Uhlenbruck*, a.a.O., Rz. 35.
[27] Vgl. *Salm*, Krisenmanagement, 2005, S. 13.

und Sozialversicherungsbeiträge – können nicht mehr beglichen und anderweitige vertragliche Verpflichtungen nicht länger korrekt abgewickelt werden. Bei Liquiditätskrisen handelt es sich um die unmittelbare Vorstufe der Insolvenz[28], die mangels weiterer Handlungsspielräume häufig jedoch nicht mehr abgewendet werden kann[29]. Weil in dieser Phase die Krise nach außen deutlich erkennbar ist, kommen Gläubiger dem Unternehmen bei Stellung des Insolvenzantrages oft zuvor[30]. *Salm*[31] weist darauf hin, dass in dieser Endphase einer Unternehmenskrise zum einen auch die Verhandlungsbereitschaft wichtiger Partner wie Banken oder Lieferanten nicht mehr vorhanden sei[32]. Zum anderen schlage die angespannte Lage im Unternehmen auch auf die persönliche Situation des Inhabers und seiner Familie durch. Diese zusätzliche Belastung führe häufig zu panikartigen, unüberlegten Reaktionen, die den Zusammenbruch des Unternehmens noch beschleunigen.

4 Intensität der Krise

Wann eine „Krise" beginnt und wann sie endet, lässt sich nicht trennscharf abgrenzen[33]. Will man sich aber der Beantwortung der Fragen nähern, ob eine Insolvenz des Sportbetriebes noch vermieden werden kann und welcher Handlungsspielraum den Verantwortlichen noch verbleibt, ist neben den oben (3.) aufgezeigten Krisenphasen (die zugleich auch unterschiedliche Krisenarten abbilden) auch die jeweilige Intensität der Krise zu betrachten, weil dies Rückschlüsse auf ihren Schweregrad zulässt[34]. *Holzer*[35] hat hierzu vier Intensitätsstufen herausgestellt und wie folgt beschrieben:
- Normalzustand: Dieser bildet den Ausgangspunkt für jede Unternehmenskrise. Krisensymptome sind hier noch nicht erkennbar.
- Latente Bedrohung: Die Krise ist entweder im Entstehen begriffen oder ihr Ausbruch steht unmittelbar bevor. Für die Unternehmensführung besteht noch ausreichend Entscheidungsspielraum, während die sich ausbreitende Krise für die Gläubiger noch schwer erkennbar ist.

---

[28] *Holzer*, NZI 2005, 308 (311).
[29] *Bickhoff/Blatz/Eilenberger/Haghani/Kraus*, a. a. O., S. 44.
[30] *Holzer*, NZI 2005, 308 (311).
[31] *Salm*, Krisenmanagement, 2005, S. 14.
[32] Für die in dieser Krisenphase zumindest noch denkbaren externen Sanierungsmaßnahmen ist dieser Befund natürlich fatal.
[33] So auch *Reuter*, BB 2003, 1797 (1797).
[34] Vgl. *Holzer*, NZI 2005, 308 (311).
[35] *Holzer*, NZI 2005, 308 (311).

- Existenzbedrohung: Die Krisensymptome verstärken sich bei gleichzeitiger Verringerung des unternehmerischen Handlungsspielraums. Für fachkundige Außenstehende ist die Krisensituation nun erkennbar. Der Zeitpunkt für notwendige Sanierungen ist erreicht; auch die Stellung eines Insolvenzantrages wegen drohender Zahlungsunfähigkeit (§ 18 InsO) ist nun möglich.
- Existenzvernichtung: Für die Unternehmensführung bestehen nun keine Handlungsalternativen mehr. Auch für externe Beobachter ist die Krise jetzt unschwer ersichtlich, da das Unternehmen seinen fälligen Verpflichtungen aufgrund der eingetretenen Zahlungsunfähigkeit nicht mehr nachkommen kann.

Abb. 2:   Krisenarten / Ursachen / Intensität[36]

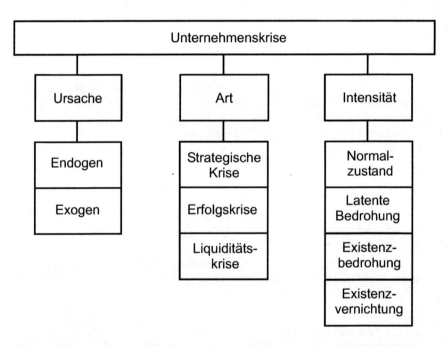

Für Außenstehende (wie z. B. potenzielle Insolvenzgläubiger) ist die Krise, worauf *Holzer*[37] ergänzend hinweist, umso leichter erkennbar, je stärker ihre Intensität und die damit verbundene Verengung der Handlungsspielräume der Unternehmensführung ausgeprägt sind.

---

[36] Quelle: *Holzer*, NZI 2005, 308 (311).
[37] *Holzer*, NZI 2005, 308 (311 f.).

Die nachfolgende Abbildung fasst die Krisenarten und ihre Entstehung nach der zeitlichen Reihenfolge zusammen. Neben den oben (3.) bereits besprochenen, regelmäßig aufeinander folgenden drei Krisenphasen (oder: Krisenarten) ist als zusätzlicher Parameter die Intensität der Krise in Beziehung gebracht (siehe Abbildung 2).

5 Krisenursachen

Die erfolgreiche Abwendung oder Bewältigung einer Krise setzt eine systematische Analyse des vielfältigen Spektrums von Krisenursachen und Ursachenzusammenhängen voraus[38]. Denn Krisenfrüherkennung setzt an den Krisenursachen an[39].

5.1 Allgemeine Krisenursachen

In der betriebswirtschaftlichen Krisenursachenforschung[40] wurde zusammenfassend herausgearbeitet, dass
- Krisen meist aus mehreren quantitativen und qualitativen Ursachen resultieren, die in einem zum Teil komplexen Gefüge zusammenwirken,
- Krisen sowohl durch endogene (unternehmensinterne) als auch exogene (unternehmensexterne) Ursachen veranlasst sein können.

Buth/Hermanns[41] fassen häufige Krisenursachen, die – einzeln oder gebündelt – auch im hiesigen Kontext der Sportbetriebe Geltung haben können, beispielhaft wie folgt zusammen:
- Endogene Krisenursachen:
- Managementfehler,
- mangelhafte Strategiekonzepte,
- schlechte Produkte oder Produktionsverhältnisse,
- fehlende Markt- und Wettbewerbsbeobachtung,
- unzureichende Eigenmittelausstattung.

Exogene Krisenursachen, resultierend aus:
- Konjunkturschwankungen,
- technischer Fortschritt,
- Rohstoffverknappungen,

---

[38] *Schreyögg* in Heintzen/Kruschwitz (Hrsg.), Unternehmen in der Krise, 2004, S. 22.
[39] Vgl. *Buth/Hermanns*, Restrukturierung, Sanierung, Insolvenz, 2004, § 1 Rz. 6.
[40] Vgl. *Krystek*, Unternehmenskrisen, 1987, S. 67 ff.; *Bea/Haas*, WiST 1994, 486 (487). Zu Krisenursachen und Krisentheorien vgl. ferner *Schreyögg* in Heintzen/ Kruschwitz (Hrsg.), a.a.O., S. 22 ff.
[41] *Buth/Hermanns*, a.a.O., § 1 Rz. 6.

- geändertem Wettbewerberverhalten,
- allgemeinem Wertewandel,

die naturgemäß nur begrenzt von den betroffenen Unternehmen beeinflussbar sind. Deutlich wird auch anhand dieser beispielhaften Aufzählung von Krisensymptomen, dass Situationen, die in die oben beschriebene Liquiditätskrise führen, nur ganz selten kurzfristig in Erscheinung treten. Regelmäßig lassen sich Symptome frühzeitig identifizieren, was – bei richtiger Analyse – das „Umkippen" von der strategischen Krise zur Erfolgs- oder Liquiditätskrise verhindern kann[42].

5.2 Sportbetriebsspezifische Krisenursachen

Zu den spezifischen Krisenursachen in Sportbetrieben sei auf die Ausführungen von *Wadsack*[43] verwiesen, der insoweit drei Bereiche der Krisenursachen herausstellt und in seinem Beitrag systematisiert:
- „Die Ressourcen des Sportbetriebes (Finanzen, Mitarbeiter, Sachgüter/ Vermögen und zusätzlich für Vereine/Verbände: Mitglieder),
- das Führungsverständnis mit Zielsetzung, Organisationsstruktur und Leitbild des Sportbetriebes und
- externe Einflüsse".

Die oben (3.2) bereits angesprochene sportliche Entwicklung einer Mannschaft wird von *Wadsack*[44], auch unter Hinweis auf die bloß begrenzten Einflussmöglichkeit auf die aktuelle Leistungsdarbietung der einzelnen Akteure, als externe (potentielle) Krisenursache eingeordnet.

Dem Selbstverständnis und der Selbstverantwortung der Führungskräfte kommt nach *Wadsack*[45] die „absolut zentrale Bedeutung" zu, weil letztlich alle Krisenursachen auf das Führungshandeln zurückzuführen seien. Von Bedeutung ist diese Einordnung auch für den hiesigen juristischen Kontext. Denn die persönliche Verantwortung der handelnden (oder besser unterlassenden) Führungskräfte ist – wie noch weiter unten (6.2) zu zeigen sein wird – auch Anknüpfungspunkt für zentrale Rechtspflichten im hier zu beleuchtenden Zeitraum zwischen Krise und Insolvenz.

---

[42] Siehe hierzu weiter unten 6.2 („Frühwarnsystem").
[43] *Wadsack*, in diesem Band, 3.2.
[44] *Wadsack*, in diesem Band, 3.2.2.
[45] *Wadsack*, in diesem Band, 3.2.2.

6 Krisenprävention

Die Früherkennung von Krisen ist ein zentraler Bestandteil des Krisenmanagements und von grundlegender Bedeutung für die Vermeidung von akuten Krisen und Insolvenzgefahren. *Buth/Hermanns*[46] weisen auf den kausalen Zusammenhang hin, demzufolge Unternehmenskrisen aufgrund ihres zeitlichen Vorlaufs „umso effizienter und schneller beseitigt werden können, je frühzeitiger sie erkannt werden."

6.1 Bedeutung der Krisenfrüherkennung

Das Thema Krisenprävention ist zunächst der Betriebswirtschaftslehre zuzuordnen. Es handelt sich um den geordneten Versuch, „schwache Signale" frühzeitig aufzufangen und Bedrohungen für die Strategie und die Ziele des Unternehmens rechzeitig zu erkennen[47]. Im Mittelpunkt steht die Implementierung langfristiger Strategien statt kurzfristiger Reaktion, die bei krisenhafter Entwicklung nämlich nur selten weiterhilft. Zur Prävention von Krisen sind eine Reihe von Systemen und Modellen entwickelt worden[48], die – wegen ihres spezifisch betriebswirtschaftlichen Ansatzes – an dieser Stelle nicht vertieft werden sollen[49]. Es genügt in diesem Kontext, die von *Wellensiek*[50] vorgenommene sachliche Untergliederung des Themas Krisenprävention in zwei Bereiche herauszustellen:

Der erste Bereich umfasst die Krisenprävention im engeren Sinn. Nach *Wellensiek*[51] werden hiervon „alle Voraussetzungen unspezifischer Natur" umfasst, die generell dazu geeignet sind, die Krisenanfälligkeit des Unternehmens „an sich" zu vermindern.

Der zweite Bereich beinhaltet dagegen „alle Maßnahmen zur Abwehr einer bereits eingetretenen sog. latenten Unternehmenskrise. Sie sollen nach

---

[46] *Buth/Hermanns*, Restrukturierung, Sanierung, Insolvenz, 2004, § 1 Rz. 5.
[47] *Schreyögg* in Heintzen/Kruschwitz (Hrsg.), Unternehmen in der Krise, 2004, S. 31.
[48] Vgl. *Schreyögg* in Heintzen/Kruschwitz (Hrsg.), Unternehmen in der Krise, 2004, S. 31 mit zahlreichen Nachweisen zur Krisenpräventionsliteratur. Vgl. hierzu ferner: *Gleißner/Füser*, DB 2000, 933 ff. sowie schon *D. Schneider*, DB 1985, 1489 ff.; *Bea/Kötzle*, DB 1983, 565 f. jeweils m.w.N. Eine aktuelle Übersicht zu ausgewählten Methoden der Krisenfrüherkennung findet sich ferner bei *Buth/Hermanns*, Restrukturierung, Sanierung, Insolvenz, 2004, § 1 Rz. 17 ff..
[49] Verwiesen sei deshalb auf die Ausführungen von Wadsack in diesem Band (1.4 „Früherkennung als Gegenmaßnahme").
[50] *Wellensiek* in: K. Schmidt/Uhlenbruck, Die GmbH in Krise, Sanierung und Insolvenz, 3. Aufl. 2003, Rz. 33.
[51] *Wellensiek* in: K. Schmidt/Uhlenbruck, Die GmbH in Krise, Sanierung und Insolvenz, 3. Aufl. 2003, Rz. 33.

Wellensiek[52] verhindern, „dass sich beim Unternehmen eine latente Krisensituation zur akuten Existenzbedrohung zuspitzt, in der die Handlungsalternativen zur Rettung des Unternehmens gegen Null gehen."[53]

Entscheidend dafür, ob es den Verantwortlichen durch effektive Sanierungsbemühungen gelingt, eine wirtschaftliche Schieflage, die in die Insolvenz führen kann, zu vermeiden, ist – in jedem Krisenstadium - die frühzeitige Erfassung und Verarbeitung von Informationen/Signalen, die in ein betriebliches Frühwarnsystem eingebettet sein sollten[54].

6.2 Die (rechtliche) Pflicht zur Einführung eines Frühwarnsystems

Neben der oben erörterten betriebswirtschaftlichen Notwendigkeit zur Implementierung eines sog. Frühwarnsystems ist an der hier zu betrachtenden Schnittstelle zwischen Krise und Insolvenz die zentrale Frage zu untersuchen, ob und ggf. weshalb für Führungskräfte von Sportbetrieben auch rechtliche Pflichten zur Einführung einer unternehmerischen Selbstkontrolle (Frühwarnsystem) bestehen.

Sollte im Ergebnis nämlich feststehen, dass die verantwortlich Handelnden schon im Vorfeld des Eintritts einer Krise[55] (rechtlich) verpflichtet sind, sich einen Überblick über die wirtschaftliche Lage des Sportbetriebs zu verschaffen und – auch mit Blick auf etwaige Insolvenzantragspflichten – die „richtigen" Maßnahmen zu ergreifen, kommt bei schuldhafter Verletzung einer solchen Pflicht eine persönliche Haftung der Organe (Vorstand, Geschäftsführer) der jeweiligen juristischen Personen (e. V.; AG; GmbH) in Betracht[56]. Diese Gefahr ist auch keineswegs nur theoretischer Natur. Denn in der Praxis stellt die persönliche Inanspruchnahme von Organen juristischer Personen für den Insolvenzverwalter eine wichtige Maßnahme zur Generierung von Insolvenzmasse dar[57].

---

[52] *Wellensiek* in: K. Schmidt/Uhlenbruck, Die GmbH in Krise, Sanierung und Insolvenz, 3. Aufl. 2003, Rz. 33. m. w. N.
[53] Zu den Intensitätsstufen „latente Bedrohung" und „Existenzbedrohung" siehe schon oben 5.
[54] vgl. *Holzer*, NZI 2005, 308 (309).
[55] Zur Spezifizierung des hier maßgeblichen Begriffs der Krise s. o. 2.
[56] Im Rahmen der Haftung von Führungskräften ist – gerade auch im Kontext der wirtschaftlichen Krise - zwischen Innen- und Außenhaftung zu unterscheiden. Die Innenhaftung betrifft Pflichtverletzungen von Vereins- oder Unternehmensorganen, die zu einem Schaden bei dem Verein oder Unternehmen selbst führen. Anspruchsberechtigt ist in diesen Fällen der Verein oder die Gesellschaft (z. B. AG oder GmbH). Die Außenhaftung bezieht sich hingegen auf Schäden, die durch fehlerhaftes Handeln der Organe bei Dritten eingetreten sind. Siehe hierzu vertiefend *Thümmel*, BB 2002, 1105 (1105).
[57] Vgl. *Passarge*, ZInsO 2005, 176 (177).

Für die weitere Untersuchung ist danach zu differenzieren, ob es sich bei dem Sportbetrieb um eine Kapitalgesellschaft (z. B. AG oder GmbH) oder einen Verein handelt. Zu Beginn der nachfolgenden Ausführungen stehen die Kapitalgesellschaften, weil die dort gesetzlich fixierten Pflichten - bei Regelungslücken - möglicherweise auch für die Konkretisierung des Pflichtenkatalogs des Vereinsvorstandes herangezogen werden können.

6.2.1 *Pflichten des Vorstandes einer Aktiengesellschaft*

Im Vorfeld der Insolvenz treffen den Vorstand einer Aktiengesellschaft gesetzlich fixierte Pflichten. Im hiesigen Kontext sind die nachfolgenden Vorgaben von besonderem Interesse[58].

6.2.1.1 Allgemeine Pflicht zur ordnungsgemäßen Geschäftsführung – §§ 76, 93 Abs. 1. S. 1 AktG

§§ 76, 93 Abs. 1. S. 1 AktG enthalten die Pflicht des Vorstandes zur ordnungsgemäßen Geschäftsführung. Diese Grundpflicht gilt sowohl in als auch außerhalb der Unternehmenskrise[59]. Gemäß § 93 Abs. 1 S. 1 AktG haben die Vorstandsmitglieder bei ihrer Geschäftsführung die „Sorgfalt eines ordentlichen und gewissenhaften Geschäftsleiters" anzuwenden. Bei Verletzung dieser Pflicht droht (ebenso, wie bei der Verletzung anderer Pflichten) eine persönliche Haftung des Vorstandes gegenüber der Gesellschaft (§ 93 Abs. 2 AktG). Die Sorgfaltsanforderung des § 93 Abs. 1 S. 1 AktG hängt dabei von den konkreten Umständen des Einzelfalls und der jeweiligen Verkehrsauffassung ab. *Reuter*[60] hat diese Generalpflicht auf die Phase der Unternehmenskrise projiziert und festgehalten, dass sich die Arbeit des Vorstandes in der Krise auf deren Überwindung konzentrieren muss[61]. Dazu gehöre in jeder Phase die Prüfung der Frage, ob eine Krisenüberwindung überhaupt möglich ist, „sei es im Alleingang, sei es durch Zusammenführung mit anderen unternehmerischen Einheiten"[62]. Der Maßstab für die Sanierungsfähigkeitsprüfung ergebe sich unmittelbar aus dem

---

[58] Weitergehende Pflichten des Vorstandes, die ggf. auch im Vorfeld der Insolvenz einer AG Bedeutung erlangen können (z. B. Pflicht zur Bilanzkorrektheit - §§ 238, 264 ff. HGB; Auskunftspflichten gegenüber Banken und Anleihegläubigern - § 18 KWG; Pflicht zur Beachtung des Insider-Verbots - § 14 WpHG; Pflicht zu Ad-hoc-Mitteilungen - § 15 Abs. 1 WpHG) können an dieser Stelle des Beitrags unberücksichtigt bleiben. Zur Vertiefung dieser Pflichten sei verwiesen auf *Reuter*, BB 2003, 1797 (1798 ff.).
[59] *Reuter*, BB 2003, 1797 (1798).
[60] *Reuter*, BB 2003, 1797 (1798) m. w. N. zur Literatur.
[61] So auch *Thümmel*, BB 2002, 1105.
[62] *Reuter*, BB 2003, 1797 (1798).

Ziel der Krisenüberwindung, auf das der Vorstand nach §§ 73, 93 AktG verpflichtet sei: „Das Unternehmen ist sanierungsfähig, wenn es nach Durchführung von Sanierungsmaßnahmen nachhaltig Erträge (oder zumindest Liquiditätsüberschüsse bei Vermeidung einer Überschuldung) erwirtschaften kann. Zu dieser Prüfung gehören neben der Erfassung der Unternehmensdaten sowie der Analyse von Krisenursachen und –symptomen insbesondere eine Chancen- und Schwächenanalyse."[63] Falls sich dann herausstelle, dass die AG sanierungsfähig ist, habe der Vorstand Sanierungsmaßnahmen zu prüfen, ein Sanierungskonzept zu erstellen und umzusetzen.

Sowohl *Thümmel*[64] als auch *Reuter*[65] weisen darauf hin, dass der Vorstand einer Aktiengesellschaft demgemäß durchweg darauf bedacht sein muss, sich hinreichende Informationen zu beschaffen, um seine Entscheidung auf eine möglichst breite Grundlage zu legen[66]; hierzu kann ggf. auch die Hinzuziehung externer Berater notwendig sein.

6.2.1.2 Die Verpflichtung des Vorstandes aus § 91 Abs. 2 AktG

Bedingt durch spektakuläre Zusammenbrüche und Schieflagen von Großunternehmen verstärkten sich in Politik und Wirtschaft Mitte der neunziger Jahre die Stimmen, die eine bessere Risikovorsorge und Überwachung von Unternehmen forderten[67]. Der Gesetzgeber hat hierauf reagiert und den Vorständen von Aktiengesellschaften mit dem Inkrafttreten des Gesetzes zur Kontrolle und Transparenz im Unternehmensbereich (KonTraG) zum 01.05.1998 gem. § 91 Abs. 2 AktG auferlegt „geeignete Maßnahmen zu treffen, insbesondere ein Überwachungssystem einzurichten, damit den Fortbestand der Gesellschaft gefährdende Entwicklungen frühzeitig erkannt werden."

Für den Vorstand der Aktiengesellschaft bedeutet diese – allerdings nicht näher erfolgte – Konkretisierung der Vorstandsaufgaben nach *Jäger*[68] die Verpflichtung zur Implementierung
- eines Risikomanagementsystems,
- eines internen Überwachungssystems mit interner Revision,
- eines Controllings

---

[63] *Reuter*, BB 2003, 1797 (1798).
[64] *Thümmel*, BB 2002, 1105 (1105), der zur Verdeutlichung den Begriff „informierte Entscheidung" formuliert.
[65] *Reuter*, BB 2003, 1797 (1798).
[66] Zur betriebswirtschaftlichen Notwendigkeit der systematischen und frühzeitigen Informationsbeschaffung siehe oben 6.1.
[67] *Steffan* in: Oppenländer/Trölitzsch, Praxishandbuch der GmbH-Geschäftsführung, 2004, § 36 Rz. 11.
[68] *Jäger*, NZG 1999, 238 (243).

sowie eines nicht näher spezifizierten Frühwarnsystems, „mit dessen Hilfe Unregelmäßigkeiten in der Unternehmensentwicklung rechtzeitig erkannt werden sollen".

Im jüngeren Schrifttum haben auch *Preußner/Becker*[69] die Frage der Ausgestaltung eines solchen, auch den Anforderungen des § 91 Abs. 2 AktG gerecht werdenden Systems untersucht und auf der umfangreichen Literatur der letzten Jahre aufbauend eine Konkretisierung der Organisationspflicht vorgenommen; diese wird von *Meyke*[70] wie folgt zusammenfasst:

„Danach ist zum Aufbau eines Frühwarnsystems zunächst eine *Risikoinventur* vorzunehmen; dann sind die Risiken nach ihrer Eintrittswahrscheinlichkeit zu *analysieren*. Es ist ein *Berichtswesen* zu institutionalisieren, das die Geschäftsleitung über die Risiken unterrichtet; dazu bedarf es der *Dokumentation*. Strategien zur *Risikovermeidung, Risikoverminderung, Risikoüberwälzung (Versicherung) und zur Risikokompensation*, etwa durch Bildung bilanzieller Rückstellungen. Das Risikomanagementsystem bedarf der Überwachung. Und für den Fall, dass sich das Risiko verwirklicht, bedarf es der Vorsorge für ein Krisenmanagement."

Ähnlich bewertet *Hüffer*[71] die gesetzliche Vorgabe aus § 91 Abs. 2 AktG, der ihr die Verpflichtung des Vorstandes entnimmt, ein schlüssiges, unternehmensweites System zur Früherkennung wirtschaftlicher Risiken einzurichten, welches ein planmäßiges Vorgehen bei der Erkennung, Bewertung und Weitermeldung von Risiken und die Überwachung entsprechender Gegenmaßnahmen durch eine interne Revision voraussetzt. Eine rechtsverbindliche Festlegung der Details zur Ausgestaltung des Risikomanagementsystems existiert – auch mangels weitergehender Differenzierungen in § 91 Abs. 2 AktG - nicht[72], zumal der Umfang und die Intensität des im Einzelfall gebotenen Risikomanagements ganz entscheidend von Größe, Struktur und Branche des betroffenen Unternehmens abhängen[73]. *Reuter*[74] formuliert in Bezug auf die Anforderungen an das Überwachungssystem plastisch, „dass das Risikomanagementsystem auf die individuellen Verhältnisse des Unternehmens zugeschnitten sein und in seiner Aktualität mit der Geschwindigkeit Schritt halten muss, mit der sich die betreffenden Risiken verändern."

---

[69] *Preußner/Becker*, NZG 2002, 846.
[70] *Meyke*, Die Haftung des GmbH-Geschäftsführers, 4. Aufl. 2004, Rz. 65.
[71] *Hüffer*, Kommentar zum Aktiengesetz, 7. Aufl. 2006, § 91 Rz. 8 ebenso *Kreißig*, Der Sportverein in Krise und Insolvenz, 2004, S. 33.
[72] *Hüffer*, Kommentar zum Aktiengesetz, 7. Aufl. 2006, § 91 Rz. 6 ff.; *Reuter*, BB 2003, 1797 (1798).
[73] *Jäger*, NZG 1999, 238 (243).
[74] *Reuter*, BB 2003, 1797 (1798).

Mit Blick auf die Abwehr ggf. auch hier denkbarer Schadensersatzansprüche der Gesellschaft aus § 93 Abs. 2 AktG empfiehlt *Jäger*[75] jedem Vorstand, die Elemente „seines" Risikomanagements zu dokumentieren. Dem ist beizupflichten, zumal das Vorstandsmitglied gem. § 93 Abs. 2 S. 2 AktG im Streitfall die Beweislast dafür trifft, dass es die Sorgfalt eines ordentlichen und gewissenhaften Geschäftsleiters angewandt hat.

6.2.2 Pflichten des Geschäftsführers einer GmbH

Auch den Geschäftsführer einer GmbH treffen in der Krise und vor Eintritt der Insolvenzlage des Unternehmens Pflichten, die nachfolgend betrachtet werden sollen.

6.2.2.1 Allgemeine Pflicht zur ordnungsgemäßen Geschäftsführung - § 43 Abs. 1 GmbHG

Die wesentliche Pflicht des Geschäftsführers einer GmbH liegt darin, in Angelegenheiten der Gesellschaft die Sorgfalt eines „ordentlichen Geschäftsmannes" anzuwenden, § 43 Abs. 1 GmbHG. Verletzt er die sich daraus ergebenden Pflichten, so ist er (ggf. solidarisch mit anderen Geschäftsführern) der Gesellschaft für den dadurch entstandenen Schaden ersatzpflichtig (Innenhaftung). Die Haftung des Geschäftsführers beruht nicht auf dem Anstellungsvertrag, den er im Regelfall mit der Gesellschaft abgeschlossen hat, sondern auf der Verletzung der Pflichten, die ihn als Organ der Gesellschaft treffen[76].

Neben der Einhaltung aller rechtlicher Vorgaben impliziert § 43 Abs. 1 GmbHG auch die Pflicht zur Sicherung langfristiger Ertragskraft des Unternehmens. Wie dies erreicht wird, liegt im pflichtgemäßen Ermessen des Geschäftsführers, dessen unternehmerischer Gestaltungsspielraum sich in der Krisensituation allerdings reduziert[77]. Weil in der Situation der Krise des Unternehmens langfristige Ertragskraft nur durch eine Überwindung des aktuellen (kurzfristigen) Problems wiederhergestellt werden könne, habe sich – so *Thümmel*[78] – die Arbeit des Geschäftsführers auf das Ziel der Sanierung zu konzentrieren. Hieraus aber lasse sich nach *Thümmel*[79] ohne weiteres die Pflicht des Geschäftsführers zur Sanierung des Unternehmens ableiten, „die so lange verfolgt werden muss,

---

[75] *Jäger*, NZG 1999, 238 (243).
[76] *Koppensteiner* in Rowedder/Schmidt-Leithoff, Kommentar zum GmbHG, 4. Aufl. 2002, § 43 Rz. 1.
[77] *Thümmel*, BB 2002, 1105 (1105). Zum sinkenden Handlungsspielraum bei fortschreitender Krisenentwicklung siehe schon oben 3.
[78] *Thümmel*, BB 2002, 1105 (1105).
[79] *Thümmel*, BB 2002, 1105 (1105).

als Erfolgsaussichten bestehen und nicht die sonstigen rechtlichen Rahmenbedingungen (insbesondere Insolvenzantragspflicht) zur Aufgabe zwingen".

Aus der Pflicht zur ordnungsgemäßen Geschäftsführung folgt ferner, dass sich der Geschäftsführer der sich in der Krise befindlichen GmbH – ebenso wie bei der Aktiengesellschaft der Vorstand – auf dem Hintergrund der gerade in der wirtschaftlichen Schieflage komplexen und oftmals undurchsichtigen Zusammenhänge eine „ausreichend breite Entscheidungsgrundlage"[80] zu schaffen hat, oftmals unter Einbeziehung externer Fachleute. Nach der Rechtsprechung des Bundesgerichtshofs[81] ist der ordnungsgemäß handelnde Geschäftsführer des weiteren dazu verpflichtet, die Unternehmenskrise fortlaufend zu beobachten und sich einen Überblick über die Vermögensverhältnisse bzw. die Schuldendeckungsquote des in die Krise geratenen Unternehmens zu verschaffen.

Auch *Steffan*[82] knüpft an die sich aus der Pflicht zur ordnungsgemäßen Geschäftsführung abzuleitende Sanierungspflicht des Geschäftsführers in der Unternehmenskrise an. In dieser Phase habe der Geschäftsführer zunächst die herausragende Pflicht, eine Bestandsgefährdung des Unternehmens durch die Einleitung geeigneter Maßnahmen „zu vermeiden oder zu überwinden". Offenkundig und zutreffend stellt *Steffan* für die beschriebenen Handlungspflichten des Geschäftsführers also bereits auf die zeitlich noch frühe Phase der „strategischen Krise"[83] ab, in der noch nicht einmal der Zustand der „latenten Bedrohung"[84] des Unternehmens erreicht sein muss.

Festzuhalten bleibt, dass sich schon aus der allgemeinen Pflicht zur ordnungsgemäßen Geschäftsführung (§ 43 Abs. 1 GmbHG) die Verpflichtung zur beständigen wirtschaftlichen Selbstprüfung ableiten lässt, also die Pflicht des Geschäftsführers, „die wirtschaftliche Situation der Gesellschaft beständig zu überprüfen und zu kontrollieren"[85]. Es handelt sich hierbei um einen Teilaspekt eines mehrgliedrigen gesellschaftsrechtlichen Risikomanagement- bzw. Frühwarnsystems im Vorfeld der Insolvenz[86], auf das im folgenden einzugehen ist.

---

[80] *Thümmel*, BB 2002, 1105 (1105).
[81] BGH GmbHR 1995, 299; ebenso *Steffan* in: Oppenländer/Trölitzsch, Praxishandbuch der GmbH-Geschäftsführung, 2004, § 36 Rz. 89.
[82] *Steffan* in: Oppenländer/Trölitzsch, Praxishandbuch der GmbH-Geschäftsführung, 2004, § 36 Rz. 88.
[83] Dazu siehe oben 3.1
[84] Dazu siehe oben 4.
[85] *Haas* in: Gottwald, Insolvenzrechtshandbuch, 2. Aufl. 2001, § 92 Rz. 6 unter Bezugnahme u. a. auf BGH GmbHR 1994, 539 (545); OLG Düsseldorf GmbHR 1993, 159 (160); LG Aachen ZIP 1995, 1837 (1838); vgl. ferner BGH NJW-RR 1995, 669.
[86] *Haas* in: Gottwald, Insolvenzrechtshandbuch, 2. Aufl. 2001, § 92 Rz. 6.

6.2.2.2 Das „gesellschaftsrechtliche Frühwarnsystem" nach *Haas*

Haas[87] konkretisiert für die Phase im Vorfeld der Insolvenz einer GmbH diverse, in ein „gesellschaftsrechtliches Frühwarnsystem" mit verschiedenen Schutzrichtungen eingebettete Pflichten des Geschäftsführers, die er als „gesellschaftsinternes Pflichtensystem" überschreibt. Primär sei das Frühwarnsystem dem Schutz der Gesellschaft, reflexartig aber auch dem Schutz der Gläubigerinteressen bestimmt. Es wird von *Haas* [88] eingeteilt in

- gesteigerte Sorgfaltspflichten im Umgang mit dem Gesellschaftsvermögen (vor allem bei Eintritt einer Unterbilanz)[89],
- gesteigerte Informationspflichten der Geschäftsleitung gegenüber den Gesellschaftern

und in eine gesteigerte Pflicht zur beständigen wirtschaftlichen Selbstprüfung.

So ist der Geschäftsführer bei Verlust der Hälfte des Stammkapitals verpflichtet, die Gesellschafterversammlung unverzüglich einzuberufen (§ 49 Abs. 3 GmbHG). Ziel dieser Bestimmung ist es, den Gesellschaftern auf der Grundlage dieser Information noch rechtzeitig die Möglichkeit zu geben, eigenständig Sanierungsmaßnahmen einzuleiten[90], zumindest aber den Gesellschaftern eine grundsätzliche Diskussion über die weitere Geschäftspolitik zu ermöglichen[91].

Teil dieses gesellschaftsrechtlichen Frühwarnsystems sei nach *Haas* schließlich auch die oben (6.2.2.1) schon angeführte Pflicht zur beständigen Überprüfung und Kontrolle der wirtschaftlichen Situation der GmbH, die – anders als bei der Aktiengesellschaft (§ 91 Abs. 2 AktG)[92] – zwar nicht ausdrücklich gesetzlich normiert ist, sich aber „aus dem Zusammenhang der Vorschriften im GmbHG" ergebe[93]. Denn erst diese von der Rechtsprechung[94] entwickelte wirtschaftliche Selbstprüfungspflicht gestatte es dem Geschäftsführer, eine Un-

---

[87] *Haas* in: Gottwald, Insolvenzrechtshandbuch, 2. Aufl. 2001, § 92 Rz. 3 ff.
[88] *Haas* in: Gottwald, Insolvenzrechtshandbuch, 2. Aufl. 2001, § 92 Rz. 3.
[89] In Ergänzung zu §§ 43 Abs. 1 u. 2 GmbHG legen die §§ 43 Abs. 3 u. § 43a GmbHG dem Geschäftsführer besondere Pflichten in Bezug auf das Gesellschaftsvermögen auf (vgl. §§ 30 Abs. 1, 33, 43 a GmbHG), deren Sinn und Zweck darin besteht, das Stammkapital der Gesellschaft zu sichern (Haas, in: Gottwald, Insolvenzrechtshandbuch, 2. Aufl. 2001, § 92 Rz. 4 m. w. N.).
[90] *Thümmel*, BB 2002, 1105 (1105), der als insoweit z. B. denkbare Sanierungsmaßnahmen einen Kapitalschnitt, die Leistung weiterer Einlagen sowie die Auswechslung des Geschäftsführers nennt.
[91] *Koppensteiner* in Rowedder/Schmidt-Leithoff, Kommentar zum GmbHG, 4. Aufl. 2002, § 49 Rz. 1 m. w. N.
[92] Dazu siehe oben 6.2.1.2.
[93] *Haas* in: Gottwald, Insolvenzrechtshandbuch, 2. Aufl. 2001, § 92 Rz. 6.
[94] Siehe dazu die Nachweise in Fußnote 82.

terbilanz, den Verlust des Stammkapitals oder den Eintritt der Insolvenz zu erkennen und somit auch den beschriebenen Sorgfalts- und Informationspflichten nachzukommen[95]. Weil der Geschäftsführer nach der Rechtsprechung[96] bei Anzeichen einer krisenhaften Entwicklung verpflichtet sei, sich einen Überblick über den Vermögensstand des Unternehmens zu verschaffen, obliege es dem Geschäftsführer auch, sich hierbei erforderlichenfalls fachkundig beraten zu lassen[97]. *Haas*[98] verweist ferner auf die noch weitergehendere Rechtsprechung des Bundesgerichtshofs, der zufolge der Geschäftsführer für eine Organisation sorgen muss, die ihm jederzeit nicht nur einen Überblick über die augenblickliche, sondern auch über die künftige wirtschaftliche Situation der Gesellschaft. ermöglicht. Von dem Geschäftsführer ist ab dem Zeitpunkt der Krise deshalb m. E. auch die wahrscheinliche weitere wirtschaftliche Entwicklung des Unternehmens beständig im Blick zu halten und zu bewerten[99]. Auch hierzu wird der Geschäftsführer, will er sich nicht pflichtwidrig verhalten, ggf. fachkundige Dritte hinzuziehen müssen.

Schließlich weist *Haas*[100] darauf hin, dass der Anlass zur wirtschaftlichen Selbstprüfung für den Geschäftsführer nicht erst z. B. dann besteht, wenn aus der Handelsbilanz ersichtlich wird, dass diese einen durch Eigenkapital nicht mehr gedeckten Fehlbetrag ausweist oder dass das zur Erhaltung des Stammkapitals erforderliche Vermögen nicht mehr vorhanden ist. Vielmehr müssten für eine wirtschaftliche Selbstprüfung „auch unterjährig auftretende Indikatoren einer krisenhaften Entwicklung" zum Anlass genommen werden. Dem ist beizupflichten, und zwar auch unter Berücksichtigung der Tatsache, dass der Handlungsspielraum für die Einleitung von Sanierungsmaßnahmen umso größer ist, je frühzeitiger diese mit Erkennen der krisenhaften Situation in Angriff genommen werden[101].

---

[95] *Haas* in: Gottwald, Insolvenzrechtshandbuch, 2. Aufl. 2001, § 92 Rz. 6.
[96] BGH NJW-RR 1995, 669; GmbHR 1994, 539 (545).
[97] *Haas* in: Gottwald, Insolvenzrechtshandbuch, 2. Aufl. 2001, § 92 Rz. 6.
[98] *Haas* in: Gottwald, Insolvenzrechtshandbuch, 2. Aufl. 2001, § 92 Rz. 6 unter Verweis auf BGH NJW-RR 1995, 669 (670).
[99] Bedeutung erlangt diese Pflicht auch im Zusammenhang mit der Entscheidung der Frage, ob bei dem Unternehmen der insolvenzrechtliche Überschuldungstatbestand (§ 19 Abs. 2 InsO) gegeben ist, weil auch hierzu eine „Fortführungsprognose" gestellt werden muss; dazu siehe noch unten 7.1.2.
[100] *Haas* in: Gottwald, Insolvenzrechtshandbuch, 2. Aufl. 2001, § 92 Rz. 6.
[101] Zu der mit fortschreitender Krisenentwicklung einhergehenden Verringerung des Handlungsspielraums siehe schon oben 3. Zur Früherkennung von Krisen als zentraler Bestandteil des Krisenmanagements siehe oben 6.

Ob sich außerdem aus der aktienrechtlichen Regelung des § 91 Abs. 2 AktG die Pflicht des GmbH-Geschäftsführers zum Aufbau eines solchen Frühwarnsystems ableiten lässt, wird nachfolgend betrachtet.

6.2.2.3 Pflicht des GmbH-Geschäftsführers zur Einrichtung eines Frühwarnsystems als Ausstrahlungswirkung des § 91 Abs. 2 AktG

In der Begründung zum Regierungsentwurf zum KonTraG[102] wird ausgeführt, dass davon auszugehen sei, dass die oben (6.2.1.2) bereits besprochene Regelung des § 91 Abs. 2 AktG „Ausstrahlungswirkung auf den Pflichtenrahmen der Geschäftsführer auch anderer Gesellschaftsformen habe". Die GmbH wird in der Begründung des Regierungsentwurfs[103] in diesem Zusammenhang explizit benannt, und zwar insofern, als „davon auszugehen (sei), dass für die GmbH je nach ihrer Größe, Komplexität ihrer Struktur usw. nichts anderes gilt."

Es ist deshalb - auch nach einhelliger Auffassung in der Literatur[104] - davon auszugehen, dass jedenfalls für größere Gesellschaften, namentlich bei großen GmbHs i. S. d. § 267 HGB, die Implementierung eines Frühwarnsystems mit einem Risikomanagement verlangt werden wird. *Steffan*[105] weist auf die sich andernfalls ergebende Haftungsfolge für den Geschäftsführer hin, der zwar letztendlich frei über Notwendigkeit und Umfang der internen Überwachung entscheide[106], bei Eintritt einer wirtschaftlichen Schieflage, die in die Insolvenz mündet, aber darzulegen habe, „dass ein Verzicht auf die Einrichtung eines derartigen Systems angesichts der Risikolage seines Unternehmens keinen Verstoß gegen die gesetzlichen Sorgfaltspflichten darstellt bzw. die Grenzen verantwortlichen Handelns eines gewissenhaften Unternehmensleiters nicht überschritten wurden." Auch vor dem Hintergrund der oben bereits angesprochenen, sich verschärfenden Rechtsprechung des Bundesgerichtshofs[107] sei es dem Geschäftsführer einer großen GmbH i. S. d. § 267 HGB nicht nur aus betriebswirtschaftli-

---

[102] BT-Drucksache 13/9712, S. 27.
[103] BT-Drucksache 13/9712, S. 27.
[104] Vgl. *Altmeppen*, ZGR 1999, 291; *Drygala/Drygala*, ZIP 2000, 297 (298); *Menzer* GmbHR 2001, 506 (512), *Scharpf*, DB 1997, 397; *Meyke*, Die Haftung des GmbH-Geschäftsführers, 4. Aufl. 2004, Rz. 64, *Steffan* in: Oppenländer/Trölitzsch, Praxishandbuch der GmbH-Geschäftsführung, 2004, § 36 Rz. 14.
[105] *Steffan* in: Oppenländer/Trölitzsch, Praxishandbuch der GmbH-Geschäftsführung, 2004, § 36 Rz. 14.
[106] Ebenso wie der Vorstand der Aktiengesellschaft, siehe oben 6.2.1.2.
[107] Siehe oben 6.2.2.2: BGH NJW-RR 1995, 669.

chen, sondern auch aus haftungsrechtlichen Gründen geraten, ein „adäquates" Früherkennungssystem einzurichten[108].

Bei kleineren und mittleren GmbHs im Sinne von § 267 HGB ist nach zutreffender Ansicht im Schrifttum[109] davon auszugehen, dass deren Größe und Komplexität so deutlich von der typischen Akteingesellschaft abweichen, dass der Geschäftsführer bei dem Unterlassen des Aufbaus eines solchen komplexen Systems nicht pflichtwidrig handelt. Es verbleibt aber bei den oben[110] dargestellten Pflichten des Geschäftsführers.

6.2.3 Pflichten des Vorstandes eines Vereins
In der wirtschaftlichen Krise eines Vereins trifft die Organe, namentlich den Vorstand, eine besondere Verantwortung. Welche haftungsrelevanten Pflichten dies konkret sind und woraus diese sich ableiten lassen, wird nachfolgend betrachtet.

6.2.3.1 Pflicht zur ordnungsgemäßen Vereinsvermögensverwaltung
Die Bestellung zum Vereinvorstand begründet das Recht und die Pflicht zur eigenverantwortlichen Führung der Vereinsgeschäfte. Sofern die Satzung keine abweichende Regelung trifft (§ 40 BGB), bestimmt sich das Rechtsverhältnis des Vorstandes zum Verein und umgekehrt nach den für den Auftrag geltenden §§ 664-670 BGB[111].

Die Pflicht des Vorstands zur Geschäftsführung verpflichtet vor allem auch zur ordnungsgemäßen Vermögensverwaltung[112]. Der Vorstand ist gehalten, darauf zu achten, dass das von ihm treuhänderisch verwaltete Vermögen des Vereins erhalten bleibt und es nach Möglichkeit sogar, falls der Satzungszweck nicht entgegensteht, zu vermehren[113]. Zwar findet sich im Vereinsrecht keine Vorschrift, die den Vorstand explizit dazu verpflichten würde, eine unternehmerische Selbstkontrolle vorzunehmen oder ein System zur Früherkennung von

---

[108] *Steffan* in: Oppenländer/Trölitzsch, Praxishandbuch der GmbH-Geschäftsführung, 2004, § 36 Rz. 14.
[109] *Steffan* in: Oppenländer/Trölitzsch, Praxishandbuch der GmbH-Geschäftsführung, 2004, § 36 Rz. 13; *Drygala/Drygala*, ZIP 2000, 297 (298).
[110] 6.2.2.1 und 6.2.2.2.
[111] *Stöber*, Handbuch zum Vereinsrecht, 9. Aufl. 2004, Rz. 287.
[112] *Stöber*, Handbuch zum Vereinsrecht, 9. Aufl. 2004, Rz. 292; *Reichert*, Handbuch des Vereins- und Verbandsrechts, 10. Aufl. 2005, Rz. 1508.
[113] *Reichert*, Handbuch des Vereins- und Verbandsrechts, 10. Aufl. 2005, Rz. 1508.

Risiken aufzubauen[114]. Zur ordnungsgemäßen Vereinsvermögensverwaltung gehört aber neben der Erhaltungspflicht des Vermögens auch die Pflicht des Vorstandes, dafür Sorge zu tragen, dass Vereinsverbindlichkeiten rechtzeitig befriedigt werden[115]. Schon diese Verpflichtung setzt m. E. per se voraus, dass sich der Vorstand über die wirtschaftliche Lage des Vereins laufend unterrichtet hält und im gebotenen Umfang (vorbeugende) Liquiditätssicherungsmaßnahmen trifft (z. B. die Bildung von – zulässigen – Rücklagen[116]).

Es ist ferner allgemein anerkannt, dass jedes Mitglied des Vorstandes schon im Vorfeld einer Krise und im Hinblick auf seine bei Eintritt der Überschuldung oder Zahlungsunfähigkeit bestehenden gesetzlichen Pflichten (§ 42 Abs. 2 BGB)[117], gehalten ist, sich laufend einen Überblick über die wirtschaftliche Lage des Vereins zu verschaffen und die Solvenz desselben beständig zu überprüfen[118]. Nach *Kreißig*[119] müsse ein solches Frühwarnsystem[120] zumindest im Sinne eines vereinsinternen Pflichtensystems zum Schutz des Vereinsvermögens bestehen. Bei ersten Anzeichen einer Krise hat sich der Vorstand durch die Aufstellung eines Vermögensstatus einen Überblick über die Vermögensverhältnisse des Vereins zu verschaffen[121].

Ist die oben geschilderte Pflicht zur wirtschaftlichen Selbstprüfung dem Ressort eines bestimmten Vorstandsmitgliedes (z. B. dem Schatzmeister) zugewiesen, entbindet dies die übrigen Vorstandsmitglieder nicht von ihrer Verpflichtung. Der Gesamtvorstand hat bei einer krisenhaften Entwicklung nach *Haas*[122] dann vielmehr die Pflicht, „die wirtschaftliche Selbstprüfung in die Gesamtverantwortung zurückzuholen."

---

[114] *Lutter*, BB 1988, 490 ff.; *Kreißig*, Der Sportverein in Krise und Insolvenz, 2004, S. 33 u. 38; *Reichert*, Handbuch des Vereins- und Verbandsrechts, 10. Aufl. 2005, Rz. 1517.
[115] *Stöber*, Handbuch zum Vereinsrecht, 9. Aufl. 2004, Rz. 292.
[116] Zu den Möglichkeiten und Grenzen der Bildung von Rücklagen bei Vereinen siehe *Reichert*, Handbuch des Vereins- und Verbandsrechts, 10. Aufl. 2005, Rz. 3260 ff.
[117] Siehe dazu weiter unten 7.2.2.
[118] Haas, SpuRt 1999, 1 (3), der diese Obliegenheit als „Pflicht zur wirtschaftlichen Selbstprüfung" bezeichnet; Kreißig, Der Sportverein in Krise und Insolvenz, 2004, S. 38; Reichert, Handbuch des Vereins- und Verbandsrechts, 10. Aufl. 2005, Rz. 1944; Passarge, ZInsO 2005, 176 (176); Wadsack/ Cherkeh, Krisenmanagement, in: Geckle, Der Verein, Loseblatt-Sammlung, 2005, Lieferung 6/2005, Gruppe 6.1.1, S. 16 ff.
[119] *Kreißig*, Der Sportverein in Krise und Insolvenz, 2004, S. 38
[120] Auch *Haas*, SpuRt 1999, 1 (3) verwendet in diesem Zusammenhang den Begriff „Frühwarnsystem".
[121] *Kreißig*, Der Sportverein in Krise und Insolvenz, 2004, S. 38 f.
[122] *Haas*, SpuRt 1999, 1 (3), zustimmend: *Kreißig*, Der Sportverein in Krise und Insolvenz, 2004, S. 39; *Reichert*, Handbuch des Vereins- und Verbandsrechts, 10. Aufl.

6.2.3.2 Pflicht des Vereinsvorstandes zur Einrichtung eines Frühwarnsystems als Ausstrahlungswirkung des § 91 Abs. 2 AktG

Kreißig[123] diskutiert, ob sich aus der Regelung des § 91 Abs. 2 AktG – ähnlich wie für den Geschäftsführer bei der GmbH[124] – für den Vereinsvorstand eine unmittelbare Pflicht zur unternehmerischen Selbstkontrolle, mithin also auch zur Einführung eines Systems zur Früherkennung wirtschaftlicher Risiken (Frühwarnsystem) ergibt.

Dass und in welchem Umfang diese aktienrechtliche Norm Ausstrahlungswirkung auf den Pflichtenrahmen des GmbH-Geschäftsführers hat, wurde oben (6.2.2.3.) aufgezeigt. *Kreißig* nähert sich der Beantwortung der Frage, ob sich aus § 91 Abs. 2 AktG auch eine Pflicht für den Vereinsvorstand ergibt, indem er zunächst den in der Regierungsbegründung zum KonTraG[125] explizit angesprochenen Begriff der „Ausstrahlungswirkung" konkretisiert[126]. Er fasst zusammen, dass die Ausstrahlungswirkung einen methodischen Vorgang unterhalb der Analogiebildung bezeichnet, der letztlich die systematische Geschlossenheit des Rechts im Blick habe. Unter dem Aspekt der systematischen Geschlossenheit des Rechts werde versucht, die etwa allein durch Umwandlungen der Rechtsform von Gesellschaften entstehende Unstimmigkeiten (Hinzukommen oder Wegfallen von Pflichten der beteiligten Personen) zu vermeiden.

Dieses vorangestellt projiziert *Kreißig*[127] sodann die Vorgaben des § 91 Abs. 2 AktG auf die Situation des Vereins und arbeitet zur Bestimmung der Reichweite der Ausstrahlungswirkung zunächst die unterschiedlichen Organisationsverfassungen von AG und Verein heraus. Im Mittelpunkt steht dabei zum einen die Feststellung, dass der von der Mitgliederversammlung gewählte Vorstand eines Vereins, anders als bei dem eigenverantwortlichen, von den Aktionären weitgehend unabhängigen Vorstand der AG (§ 76 AktG), grundsätzlich dem Weisungsrecht der Mitgliederversammlung unterliegt, namentlich beim Abschluss von risikobehafteten oder besonders bedeutsamen Geschäften[128]. Zum anderen führt *Kreißig* an, dass die Vereinsmitglieder – anders als die Aktionäre bei einer AG - nicht am Wirtschaftsbetrieb des Vereins beteiligt sind. Wie bei

---

2005, Rz. 1944; *Passarge*, ZInsO 2005, 176 (178); *Wadsack/Cherkeh*, Krisenmanagement, in: Geckle, Der Verein, Loseblatt-Sammlung, 2005, Lieferung 6/2005, Gruppe 6.1.1, S. 18.

[123] *Kreißig*, Der Sportverein in Krise und Insolvenz, 2004, S. 33 ff.
[124] Dazu siehe oben 6.2.2.3.
[125] Dazu siehe oben 6.2.2.3.
[126] *Kreißig*, Der Sportverein in Krise und Insolvenz, 2004, S. 34.
[127] *Kreißig*, Der Sportverein in Krise und Insolvenz, 2004, S. 34 ff.
[128] Vgl. hierzu auch *Reichert*, Handbuch des Vereins- und Verbandsrechts, 10. Aufl. 2005, Rz. 1928.

der AG zu schützende Anlegerinteressen scheiden beim Verein also aus. Kreißig[129] schlussfolgert deshalb zutreffend: „Aufgrund der strukturellen Unterschiede ist daher eine Ausstrahlungswirkung im Sinne einer generellen Übertragbarkeit der Pflicht zur Installation eines Risikokontrollsystems auf den Vereinsvorstand eines wirtschaftlich tätigen Vereins abzulehnen." Auch erfordere das „in der Regel begrenzte und leicht überschaubare Geschäftsfeld eines Sportvereins kein institutionalisiertes Risikokontrollsystem."

Anders bewertet Kreißig[130] die Ausstrahlungswirkung des § 91 Abs 2 AktG allerdings für die Fälle, in denen sich die Organisationsstruktur des Vereins der AG angenähert hat, etwa durch die satzungsmäßige Implementierung eines Aufsichtsorgans zur Kontrolle des in diesen Konstellationen wiederum eigenverantwortlich handelnden Vereinsvorstandes. Wenn dann als Kompensation zu der beim Verein fehlenden Notwendigkeit eines Anlegerschutzes auch noch eine „gesamtwirtschaftliche Bedeutung" des Vereins hinzukomme, sei – in diesen begrenzten Fällen – eine Ausstrahlungswirkung des § 91 Abs. 2 AktG auf den Vereinsvorstand nach Kreißig[131] vertretbar. Als Maßstab für das Bestehen einer „gesamtwirtschaftlichen Bedeutung" des Vereins will Kreißig die im HGB vorhandenen Kriterien zur Bestimmung einer großen Kapitalgesellschaft heranziehen (§§ 267 Abs. 3 S. 1 i. V. m. § 267 Abs. 2 HGB). Die Sportwirklichkeit, insbesondere im Profi-Fußball, sei ein wichtiges Indiz für die Richtigkeit dieses Ansatzes. Hier sind die Vereine, worauf Kreißig hinweist, schon aufgrund der verbandsseitig aufgegebenen Lizenzierungsbestimmungen dazu verpflichtet, vereinsintern ein Organisationsmodell einzuführen, das jenem der AG nahe komme[132].

Kreißig ist in der Argumentation und Schlussfolgerung grundsätzlich beizupflichten. Allerdings dürfte im Hinblick auf die bezweckte Risikoabsicherung die Schwelle zur Bejahung der „gesamtwirtschaftlichen Bedeutung" des Vereins niedriger anzusetzen sein. Auch mit Blick auf die schon bei „kleineren" Vereinen im Profiteamsport agierenden Clubs, erscheint es m. E. sachgerechter, hierzu die HGB-Kriterien zur Bestimmung einer mittelgroßen Kapitalgesellschaft heranzuziehen.

Hinsichtlich der Rechtsfolgen der Ausstrahlungswirkung des § 91 Abs. 2 AktG für Vorstände von Vereinen sei für die Pflichtenseite auf die obigen Ausführungen zur AG und GmbH verwiesen[133], die an dieser Stelle entsprechend

---

[129] Kreißig, Der Sportverein in Krise und Insolvenz, 2004, S. 35.
[130] Kreißig, Der Sportverein in Krise und Insolvenz, 2004, S. 36.
[131] Kreißig, Der Sportverein in Krise und Insolvenz, 2004, S. 36.
[132] Zum Lizenzierungsverfahren der DFL vgl. Straub in: Kontrollmaßnahmen, 2003, S. 65.
[133] Siehe oben 6.2.1.2 und 6.2.2.3.

Geltung haben. *Kreißig*[134] formuliert hierzu, dass der Vorstand „damit nicht mehr allein der allgemeinen Verpflichtung (unterliegt), Schäden für den Verein zu vermeiden", sondern zudem die zusätzliche Pflicht habe, „konkrete Maßnahmen im Hinblick auf die Risikoabsicherung der wirtschaftlichen Betätigung des Vereins zu treffen." Eine derartige „vorbeugende" Sorgfaltspflicht könne man – so *Kreißig*[135] - dem allgemeinen Pflichtenrahmen des Vorstands eines Vereins bislang nicht entnehmen.

Letzterem ist allerdings zu widersprechen. Zwar ist einzuräumen, dass der Schwerpunkt der Ausstrahlungswirkung des § 91 Abs. 2 AktG – schon seinem Wortlaut nach – in der Ergreifung von Maßnahmen zur Früherkennung wirtschaftlicher Schieflagen des Unternehmens besteht. Solche „vorbeugenden" Sorgfaltspflichten ergeben sich aber auch, zumindest in abgeschwächter Form, ohne weiteres aus der oben (6.2.3.1) besprochenen allgemeinen Pflicht jedes Vereinsvorstands zur ordnungsgemäßen Vermögensverwaltung. Denn auch diese erfordert – wie oben dargelegt – schon im Vorfeld einer Krise die Beachtung von in jedem Einzelfall zu konkretisierenden - aber jedenfalls auch - vorbeugenden Pflichten, die im übrigen für Frühwarnsysteme doch gerade kennzeichnend sind.

7 Pflichten bei Vorliegen eines Insolvenzgrundes

In den vorangegangenen Abschnitten sind die Pflichten für die in Sportbetrieben verantwortlich Handelnden im Vorfeld und während der wirtschaftlichen Krise - insbesondere die Pflicht zur Einführung eines Frühwarnsystems – untersucht worden. Thema dieses Beitrages ist das „Krisenrecht" im *Vorfeld* der Insolvenz. Insolvent ist ein Unternehmen, wenn ein sog. Insolvenzgrund vorliegt, der zugleich das Endstadium der Krise darstellt. Streng genommen kann der Beitrag deshalb also an dieser Stelle abschließen, weil die „Insolvenz" des Unternehmens – bei Vorliegen eines Antrages beim Insolvenzgericht – in das Eröffnungsverfahren[136] führt, die Phase des Vorfeldes der Insolvenz dann mithin verlassen ist.

Dennoch soll noch im weiteren die mit dem Vorliegen eines Insolvenzgrundes einhergehende Pflicht der betroffenen Personenkreise zur fristgerechten Insolvenzantragstellung betrachtet werden, weil die Antragstellung nämlich

---

[134] *Kreißig*, Der Sportverein in Krise und Insolvenz, 2004, S. 37.
[135] *Kreißig*, Der Sportverein in Krise und Insolvenz, 2004, S. 38.
[136] Zum Eröffnungsverfahren – im Gegensatz zum eröffneten Verfahren –, das durch jeden Insolvenzantrag eingeleitet wird, vgl. *Kirchhof* in Heidelberger Kommentar zur InsO, 3. Aufl. 2003, § 13 Rz. 10 u. § 14 Rz. 31.

ebenso verspätet wie verfrüht – und dann wiederum im Vorfeld der Insolvenz – erfolgen kann.

7.1 Insolvenzgründe
Um das Insolvenzverfahren zu eröffnen, muss bei dem Sportbetrieb ein Eröffnungsgrund (§ 16 InsO) gegeben sein. Maßgebliche Eröffnungsgründe sind die Insolvenztatbestände der §§ 17-19 InsO.

7.1.1 Zahlungsunfähigkeit
Zahlungsunfähigkeit ist nach § 17 Abs. 2 S. 1 InsO dann gegeben, wenn der Schuldner nicht mehr in der Lage ist, die fälligen Zahlungspflichten zu erfüllen, er also illiquide ist[137]. Zur Bejahung der Zahlungsunfähigkeit genügt es bereits, wenn der Schuldner zwischen 5% und 10% seiner fälligen – und nicht gestundeten[138] – Verbindlichkeiten nicht begleichen kann[139]. Zahlungsunfähigkeit ist nach der (widerleglichen) gesetzlichen Vermutung des § 17 Abs. 2 S. 2 InsO in der Regel anzunehmen, wenn der Schuldner seine Zahlungen nicht nur willkürlich[140] eingestellt hat. Der Mangel an Zahlungsmitteln darf nicht nur kurzfristig andauern. Allerdings ist der Zeitraum der noch zulässigen Zahlungsstockung nach der noch divergierenden Rechtsprechung auf zwei bis drei Wochen beschränkt[141].

7.1.2 Überschuldung
Eine Überschuldung liegt dann vor, wenn das Vermögen des Schuldners die bestehenden Verbindlichkeiten nicht mehr deckt (§ 19 Abs. 2 S. 1 InsO). Bei der Bewertung des Vermögens ist nach § 19 Abs. 2 S. 2 InsO die Fortführung des Unternehmens zugrunde zu legen. Hierzu ist eine Fortführungsprognose[142] vor-

---

[137] In der Insolvenzpraxis werden Insolvenzanträge beinahe ausnahmslos wegen dieses Eröffnungsgrundes gestellt (*Steffan* in: Oppenländer/Trölitzsch, Praxishandbuch der GmbH-Geschäftsführung, 2004, § 37 Rz. 1).
[138] *Kirchhof* in Heidelberger Kommentar zur InsO, 3. Aufl. 2003, § 17 Rz. 9.
[139] Die Höhe der noch unschädlichen Anteile nicht bedienbarer, fälliger Verbindlichkeiten zu den Gesamtverbindlichkeiten werden in Rechtsprechung und Literatur unterschiedlich bewertet. Zum Meinungstand siehe *Steffan* in: Oppenländer/Trölitzsch, Praxishandbuch der GmbH-Geschäftsführung, 2004, § 37 Rz. 2 dort Fußnote 9 sowie *Kirchof* in Heidelberger Kommentar zur InsO, 3. Aufl. 2003, § 17 Rz. 20 jeweils mit Nachweisen zur Literatur u. Rechtsprechung.
[140] *Kirchhof* in Heidelberger Kommentar zur InsO, 3. Aufl. 2003, § 17 Rz. 45.
[141] *Kirchhof* in Heidelberger Kommentar zur InsO, 3. Aufl. 2003, § 17 Rz. 18 mit Nachweisen zum Streitstand in Literatur und Rechtsprechung.
[142] Aus Platzgründen sei an dieser Stelle auf die umfassende insolvenzrechtliche Literatur zu den Bewertungsgrundsätzen und Methoden zur Überschuldungsprüfung verwiesen;

zunehmen, mit der beurteilt wird, ob das bestehende oder künftige Konzept des Unternehmens geeignet ist, dessen finanzielles Gleichgewicht in der näheren Zukunft[143] zu sichern. Die zentrale Frage ist hierbei, ob das Unternehmen unter den gegebenen Rahmenbedingungen und aufgrund möglicher Sanierungsmaßnahmen in der Lage sein wird, seinen finanziellen Verpflichtungen nachzukommen. Weil die Fortbestehensprognose auf die Finanzkraft des Unternehmens gerichtet ist, liegt eine positive Fortbestehensprognose dann vor, wenn mit „überwiegender Wahrscheinlichkeit" die Einzahlungen in dem zu Grunde liegenden Prognosezeitraum die Auszahlungen decken[144]. Sofern im Ergebnis eine positive Fortführungsprognose vorliegt, sind die Fortführungswerte in dem Überschuldungsstatus anzusetzen[145]. Ist die Fortführungsprognose negativ, so sind die Liquidationswerte maßgebend. Bei beiden Varianten ist zwischen Aktiva und Passiva des Unternehmens zu unterscheiden, ferner sind die stillen Reserven zu berücksichtigen.

Die an anderer Stelle[146] bereits angesprochene und sportbetriebsspezifische Problematik der bloß begrenzten Einflussmöglichkeit auf die sportliche Entwicklung erlangt auch im Rahmen der Erstellung der oben aufgezeigten Fortführungsprognose Bedeutung. Mit Blick auf die Situation des betroffenen Vereines führt *Kreißig*[147] hierzu aus: „Die Beurteilung des sportlichen Erfolges, der letztlich ausschlaggebend für mögliche Einkünfte aus Fernsehübertragungen oder Sponsoren- sowie Zuschauereinnahmen sein wird, oder die Einschätzung hinsichtlich der Erzielung von Transfererlösen bei Spielerverkäufen etc. lassen dem Vorstand erhebliche Beurteilungsspielräume, die die Gefahr begründen, dass diese Punkte zu positiv eingeschätzt werden." *Kreißig*[148] empfiehlt deshalb, solche Punkte bei der Fortführungsprognose des Vereins „eher zurückhaltend" einfließen zu lassen.

---

[143] vgl. hierzu mit jeweils zahlreichen weiterführenden Nachweisen *Kirchhof* in Heidelberger Kommentar zur InsO, 3. Aufl. 2003, § 19 Rz. 7 ff. sowie *Steffan* in: Oppenländer/ Trölitzsch, Praxishandbuch der GmbH-Geschäftsführung, 2004, § 37 Rz. 8 ff. Nach herrschender Auffassung umfasst der für die Fortbestehensprognose maßgebliche Zeitraum neben dem laufenden Geschäftsjahr auch noch das darauf folgende Geschäftsjahr, *Steffan* in: Oppenländer/Trölitzsch, Praxishandbuch der GmbH-Geschäftsführung, 2004, § 37 Rz. 19 m. w. N.

[144] *Steffan* in: Oppenländer/Trölitzsch, Praxishandbuch der GmbH-Geschäftsführung, 2004, § 37 Rz. 19.

[145] *Kirchhof* in Heidelberger Kommentar zur InsO, 3. Aufl. 2003, § 19 Rz. 14.

[146] Siehe oben 3.2 sowie 5.2.

[147] *Kreißig*, Der Sportverein in Krise und Insolvenz, 2004, S. 90.

[148] *Kreißig*, Der Sportverein in Krise und Insolvenz, 2004, S. 90

Dem ist beizupflichten, gleichwohl es noch einer Konkretisierung bedarf: Bezogen auf die Prognoselage ist die Situation des Sportvereins - zumindest im Ansatz - vergleichbar mit dem von *Steffan*[149] besprochenen Fall, in dem bei einem Unternehmen notwendige Restrukturierungsaufwendungen zur Herstellung der Sanierungsfähigkeit fremdfinanziert werden müssen und die Zusage weiterer Kredite seitens der Banken an die Sanierungsfähigkeit des Unternehmens geknüpft ist. Nach *Steffan*[150] erscheint eine Einbeziehung solcher Finanzierungsmöglichkeiten in die Fortführungsprognose nur dann möglich, wenn hierzu „gefestigte Realisierungschancen" bestehen[151].

Das Kriterium der „gefestigten Realisierungschancen" ist – wegen der parallelen Ausgangslage - auch bei der Fortführungsprognose des Vereins hinsichtlich der oben beschriebenen potentiellen, jedoch vagen Einkünfte des Sportvereins heranzuziehen. Potentielle Einkünfte, die maßgeblich von der weiteren sportlichen Entwicklung des Sportbetriebes abhängen, sind deshalb nur in dem Umfang in die Fortführungsprognose einzubeziehen, wie ihre Realisierung im Zeitpunkt der Prognoseentscheidung „gefestigt" erscheint[152].

7.1.3 Drohende Zahlungsunfähigkeit

Mit Einführung der Insolvenzordnung wurde der in der Konkursordnung noch unbekannte Eröffnungsgrund der drohenden Zahlungsunfähigkeit (§ 18 Abs. 1 InsO) aufgeführt. Die drohende Zahlungsunfähigkeit eröffnet dem Schuldner die Möglichkeit, das Unternehmen frühzeitig unter den Schutz eines Insolvenzverfahrens zu stellen. Eine Verpflichtung zur Insolvenzantragstellung bei drohender Zahlungsunfähigkeit besteht in keinem Fall[153]. Der Schuldner bzw. dessen Ver-

---

[149] *Steffan* in: Oppenländer/Trölitzsch, Praxishandbuch der GmbH-Geschäftsführung, 2004, § 37 Rz. 19.

[150] *Steffan* in: Oppenländer/Trölitzsch, Praxishandbuch der GmbH-Geschäftsführung, 2004, § 37 Rz. 19.

[151] Was in der Praxis „erfahrungsgemäß eher kaum" der Fall sei (*Steffan* in: Oppenländer/Trölitzsch, Praxishandbuch der GmbH-Geschäftsführung, 2004, § 37 Rz. 19).

[152] Die Diskussion ist sowohl vom Sachverhalt her als auch hinsichtlich der hier zu bewertenden Frage durchaus vergleichbar mit der bereits vom Bundesgerichtshof (BGH NJW 1975, 1234) im sog. „Bundesligaskandal-Fall" erörterten Problematik, ob nämlich durch die Expektanz (Gewinnaussicht) „Bundesligazugehörigkeit" und den damit zu erwartenden Vermögensgewinnen des Vereins im Zeitpunkt der Untreuehandlung bereits ein die Vermögensminderung kompensierender Vermögenswert zufließt. Nach richtiger Ansicht ist dies bei einer Expektanz nur bei „hoher bzw. großer Wahrscheinlichkeit" des Vermögenszuwachses der Fall. Vgl. hierzu *Cherkeh*, Betrug (§ 263 StGB), verübt durch Doping im Sport, 2000, S. 217 ff. m. w. N.

[153] *Kirchhof* in Heidelberger Kommentar zur InsO, 3. Aufl. 2003, § 18 Rz. 3.

tretungsorgan (Vorstand der AG, Geschäftsführer der GmbH, Vorstandsmitglied des Vereins) hat allein das Recht zur Antragstellung. Die Gläubiger bleiben von der Antragstellung ausgeschlossen.

Nach § 18 Abs. 2 InsO droht der Schuldner zahlungsunfähig zu werden, wenn er voraussichtlich nicht in der Lage sein wird, die bestehenden Zahlungspflichten zum Fälligkeitszeitpunkt zu erfüllen. Erforderlich ist deshalb eine Prognose, in die die Finanzlage des Unternehmens bis zum Zeitpunkt der Fälligkeit der bestehenden Verbindlichkeiten einzubeziehen ist. Das Abstellen auf „voraussichtlich" ist so zu verstehen, dass der Eintritt der Zahlungsunfähigkeit für den maßgeblichen Zeitpunkt wahrscheinlicher – jedenfalls mehr als 50 % - sein muss, als ihre Vermeidung[154].

7.2 Pflicht zur fristgerechten Insolvenzantragstellung
7.2.1 Insolvenzantragspflicht bei der Kapitalgesellschaft (AG oder GmbH)

Bei Überschuldung oder Zahlungsunfähigkeit der AG oder der GmbH muss der Vorstand bzw. der Geschäftsführer gemäß § 92 Abs. 2 AktG bzw. § 64 Abs. 1 GmbHG ohne schuldhaftes Zögern, spätestens aber innerhalb von drei Wochen, die Eröffnung des Insolvenzverfahrens beantragen. Fristbeginn ist der objektive Eintritt der Insolvenz (Zahlungsunfähigkeit oder Überschuldung) sowie die offensichtliche Erkennbarkeit des Insolvenzgrundes[155].

Der Vorstand bzw. der Geschäftsführer ist nach Eintritt der Zahlungsunfähigkeit und/oder Überschuldung zunächst verpflichtet, binnen der Drei-Wochenfrist sämtliche in Betracht kommenden Sanierungsmöglichkeiten nach den oben[156] dargelegten Grundsätzen einer ordnungsgemäßen Geschäftsführung zu prüfen und ggf. einzuleiten[157]. Spätestens nach Ablauf dieser Drei-Wochenfrist muss, soweit der Insolvenzgrund nicht beseitigt ist, ohne schuldhaftes Zögern ein Antrag auf Eröffnung eines Insolvenzverfahrens gestellt werden. Wird diese Frist versäumt, liegt eine Pflichtverletzung i.S.d. § 92 Abs. 2 AktG bzw. § 64 Abs. 1 GmbHG vor. Ausgeschöpft werden darf die Frist nur dann, wenn dies kein „schuldhaftes Zögern" darstellt. Demgemäß muss schon vor Ablauf der Frist ein Insolvenzantrag gestellt werden, wenn keine Aussicht be-

---

[154] *Kirchhof* in Heidelberger Kommentar zur InsO, 3. Aufl. 2003, § 19 Rz. 13.
[155] BGH NJW 2000, 668 (669) zur GmbH; *Schmidt-Leithoff* in Rowedder/Schmidt-Leithoff, Kommentar zum GmbHG, 4. Aufl. 2002, § 64 Rz. 15 m. w. N. auch zum Streitstand, ob für den Beginn der Frist die positive Kenntnis der Geschäftsführer vom Insolvenzgrund maßgeblich ist.
[156] Zur AG s. o. 6.2.1.1; zur GmbH s. o. 6.2.2.1.
[157] Zur AG: *Reuter*, BB 2003, 1797 (1803); zur GmbH: *K. Schmidt/Uhlenbruck*, Die GmbH in Krise, Sanierung und Insolvenz, 3. Aufl. 2003, Rz. 1863.

steht, innerhalb der Frist einen Sanierungserfolg zu erzielen und damit den Insolvenzgrund entfallen zu lassen[158].

§ 92 Abs. 2 AktG und § 64 Abs. 1 GmbHG sind Schutzgesetze zugunsten der Gesellschaftsgläubiger[159]. Verletzt der Vorstand oder Geschäftsführer seine Insolvenzantragspflicht, indem er den Antrag schuldhaft nicht rechtzeitig stellt, macht er sich deshalb unmittelbar den Gläubigern der Gesellschaft gegenüber schadensersatzpflichtig[160].

Ist der Vorstand oder Geschäftsführer mangels eigenen Know-hows nicht in der Lage, das Bestehen der Insolvenzantragspflicht zu bewerten, hat er geeignete Fachkundige hinzuziehen[161]. Bei einer fehlerhaften Beratung kann das Verschulden des Vorstandes oder Geschäftsführers dann entfallen, wenn dieser sich in einem entschuldbaren Rechtsirrtum befindet, wofür allerdings ein strenger Maßstab anzusetzen ist[162].

7.2.2 Insolvenzantragspflicht beim Verein

Gemäß § 42 Abs. 2 S. 1 BGB hat der Vorstand im Falle der Zahlungsunfähigkeit oder der Überschuldung des Vereins die Eröffnung des Insolvenzverfahrens zu beantragen. Wird die Stellung des Antrags verzögert, so sind die Vorstandsmitglieder, denen ein Verschulden zur Last fällt, den Gläubigern für den daraus entstehenden Schaden verantwortlich; sie haften als Gesamtschuldner (§ 42 Abs. 2 S. 2 BGB).

Adressat der Insolvenzantragspflicht ist der Vorstand des Vereins. Sind mehrere Vorstände vorhanden, trifft die Antragspflicht jeden einzelnen, und zwar unabhängig davon, welche Aufgabenverteilung im Vorstand satzungsgemäß oder durch Vorstandsbeschluss vorgesehen ist[163]. Selbst in den Fällen, in denen die Vereinssatzung die Vertretungsmacht des einzelnen Vorstandsmitgliedes beschränkt oder z. B. die Mitgliederversammlung den Vorstand rechtswidrig

---

[158] Vgl. *Haas*, NZG 1999, 373 (374); *Steffan* in: Oppenländer/Trölitzsch, Praxishandbuch der GmbH-Geschäftsführung, 2004, § 37 Rz. 55; *Thümmel*, BB 2002, 1105 (1106).
[159] Vgl. *Thümmel*, BB 2002, 1105 (1107) m. w. N.
[160] Zum Umfang u. zu den Details der Schadensersatzpflicht bei Insolvenzverschleppungshaftung, auf die an dieser Stelle nicht einzugehen ist, sei verwiesen auf Haas, NZG 1999, 373 (375 ff.) sowie Thümmel, BB 2002, 1105 (1107) jeweils m. w. N.
[161] So auch *Meyke*, Die Haftung des GmbH-Geschäftsführers, 4. Aufl. 2004, Rz. 103.
[162] Haas, NZG 1999, 373 (374)
[163] *Haas*, SpuRt 1999, 1 (2); *Reichert*, Handbuch des Vereins- und Verbandsrechts, 10. Aufl. 2005, Rz. 1547; 1944.

anhält, den Insolvenzantrag nicht zu stellen, steht diesem das Antragsrecht bzw. die Antragspflicht zu[164].

Die Antragspflicht trifft auch den sog. faktischen Vorstand, der noch nicht gültig als Vorstand bestellt ist, jedoch tatsächlich (faktisch) wie ein Vorstand agiert und den Verein vertritt[165]. Auch eine Amtsniederlegung nach Feststellung eines Insolvenzgrundes befreit nicht unmittelbar von der Antragspflicht, da dies rechtsmissbräuchlich sein kann; zumindest ist ein solches Vorstandsmitglied, will es seine persönliche Haftung vermeiden, verpflichtet, seinen Amtsnachfolger zur Antragstellung zu veranlassen[166].

Anders, als bei der AG und der GmbH, für die zur Insolvenzantragstellung eine Dreiwöchige Höchstfrist vorgesehen ist (s. o. 7.2.1), legt das Gesetz dem Vorstand des Vereins keine konkrete Frist zur Einreichung des Insolvenzantrages auf. § 42 Abs. S. 1 BGB bestimmt lediglich, dass der Vorstand im Falle des Vorliegens einer der genannten Insolvenzgründe überhaupt die Eröffnung des Insolvenzverfahrens zu beantragen hat.

Ebenso wie es dem Vorstand der AG oder dem Geschäftsführer der GmbH obliegt, nach Eintritt des Insolvenzgrundes der Zahlungsunfähigkeit und/ oder Überschuldung zunächst sämtliche in Betracht kommenden Sanierungsmöglichkeiten nach den Grundsätzen einer ordnungsgemäßen Geschäftsführung zu prüfen und ggf. einzuleiten, wird auch von dem Vorstand des Vereins verlangt, vorab die Möglichkeiten einer „freien" Sanierung ausreichend geprüft zu haben. Der Vereinsvorstand steht also vor den Handlungsalternativen, den Antrag auf Eröffnung des Insolvenzverfahrens zu stellen oder aber die Sanierungsverhandlungen mit den Gläubigern zu führen[167]. Die Entscheidung hat der Vorstand unter Beachtung seiner Pflicht zur ordnungsgemäßen Vereinsvermögensverwaltung[168] zu treffen.

Kommt der Vorstand dann zu dem Ergebnis, dass der Verein nicht mehr sanierungsfähig ist, so muss unverzüglich der Antrag auf Insolvenzeröffnung

---

[164] *Haas*, SpuRt 1999, 1 (2); *Kreißig*, Der Sportverein in Krise und Insolvenz, 2004, S. 105.
[165] *Kreißig*, Der Sportverein in Krise und Insolvenz, 2004, S. 106 m. w. N.
[166] *Reichert*, Handbuch des Vereins- und Verbandsrechts, 10. Aufl. 2005, Rz. 1547.
[167] *Haas*, SpuRt 1999, 1 (2); *Reichert*, Handbuch des Vereins- und Verbandsrechts, 10. Aufl. 2005, Rz. 1547; 1944; so auch *Wischemeyer*, DZWIR 2005, 230 (231); *Wadsack/ Cherkeh*, Krisenmanagement, in: Geckle, Der Verein, Loseblatt-Sammlung, 2005, Lieferung 6/2005, Gruppe 6.1.1, S. 18 f.
[168] Dazu siehe oben 6.2.3.1.

gestellt werden[169], andernfalls eine Pflichtverletzung i. S. d. § 42 Abs. 2 BGB vorliegt (verspätete Antragstellung). Sind allerdings Sanierungsmöglichkeiten objektiv gegeben, so ist dem Vereinsvorstand ein dem Vorstand der AG oder dem Geschäftsführer einer GmbH entsprechender Handlungsspielraum von drei Wochen, der allerdings nicht überschritten werden darf, einzuräumen[170].

Um die mit Eintritt der Überschuldung oder Zahlungsunfähigkeit aufgezeigte Prüfungspflicht des Vorstandes (Sanierung oder Insolvenzantragstellung) dann auch ordnungsgemäß sowie rechtzeitig erfüllen zu können, obliegt es – wie schon oben[171] ausgeführt - jedem einzelnen Vorstandsmitglied, sich stets über die wirtschaftliche Lage des Vereins unterrichtet zu halten und ebenso stetig die Solvenz des Vereins zu überprüfen. Die Geschäftsführung ist deshalb so zu organisieren, dass der Gesamtvorstand jederzeit Einblick in die dem anderen Vorstandsmitglied zugewiesene Vermögensverwaltung nehmen kann. Dies gilt auch und gerade mit Blick auf die sich bei verspäteter Antragstellung aus § 42 Abs. 2 S. 2 BGB im Verschuldensfall ergebende persönliche Haftung des Vorstandsmitgliedes gegenüber den Gläubigern des Vereins. Als geschädigte Gläubiger, zu denen auch Vereinsangestellte (z. B. Spieler, Trainer, Geschäftsstelle, sonstige Mitarbeiter im Anstellungsverhältnis) gehören können, kommen Altgläubiger (d.h. diejenigen Gläubiger, die bei Eintritt der Insolvenzreife bereits Forderungen gegen den Verein haben) und Neugläubiger (d.h. diejenigen Gläubiger, die nach Eintritt der Insolvenzreife hinzugekommen sind) des Vereins in Betracht[172].

Ist der Vorstand mangels eigenen Know-hows nicht in der Lage, das Bestehen der Insolvenzantragspflicht zu bewerten, muss er geeignete und ggf. vereinsfremde Fachkundige hinzuziehen. Im Falle einer fehlerhaften Beratung kann

---

[169] *Haas*, SpuRt 1999, 1 (2); *Kreißig*, Der Sportverein in Krise und Insolvenz, 2004, S. 109. *Reichert*, Handbuch des Vereins- und Verbandsrechts, 10. Aufl. 2005, Rz. 1547; 1944; so auch *Wischemeyer*, DZWIR 2005, 230 (231).

[170] *Haas*, SpuRt 1999, 1 (2); *Kreißig*, Der Sportverein in Krise und Insolvenz, 2004, S. 110.

[171] 6.2.3.1 m. w. N.

[172] *Reichert*, Handbuch des Vereins- und Verbandsrechts, 10. Aufl. 2005, Rz. 1942 ff.; Zu dem Umfang u. zu Details der Schadensersatzpflicht bei Insolvenzverschleppungshaftung des Vereinsvorstandes, auf die an dieser Stelle nicht einzugehen ist, sei verwiesen auf *Haas*, SpuRt 1999, 1 (3 f.) sowie *Kreißig*, Der Sportverein in Krise und Insolvenz, 2004, S. 123 ff. jeweils m. w. N. Vgl. hierzu ferner *Wadsack/ Cherkeh*, Krisenmanagement, in: Geckle, Der Verein, Loseblatt-Sammlung, 2005, Lieferung 6/2005, Gruppe 6.1.1, S. 19 f.

das Verschulden des Vorstandes ausnahmsweise entfallen, wenn dieser sich in einem entschuldbaren Rechtsirrtum befindet[173].

Will man schließlich dem Umstand Rechnung tragen, dass Vereinsvorstände regelmäßig ehrenamtlich tätig sind, eine verspätete Insolvenzantragstellung aber existentielle Haftungsrisiken in sich birgt, ist die Frage aufzuwerfen, ob dem ehrenamtlich tätigen Vereinsvorstand zumindest die für den Arbeitnehmer geltende Haftungserleichterung im Verhältnis zum Verein zu Gute kommt[174]. Da die Insolvenzantragspflicht jedoch dem Schutz der Gläubigerinteressen, nicht aber dem Schutz der Vereinsinteressen dient, besteht hier eine solche Haftungserleichterung, die bei anderen schadensträchtigen Aufgaben des Vorstands in der Rechtsprechung angenommen wird, nicht[175].

7.2.3 Verfrühter Insolvenzantrag

Sowohl im Vorfeld der Überschulung und/oder Zahlungsunfähigkeit als auch bei Vorliegen eines Insolvenzgrundes befinden sich die Verantwortlichen wegen der – wie oben aufgezeigt – ggf. einzuleitenden Sanierungsmaßnahmen insofern in einer heiklen Lage, als sie den Insolvenzantrag nicht nur zu spät, sondern auch zu früh stellen können.

Goette[176] hat zu diesem Dilemma der Verantwortlichen trefflich und verbunden mit einem Appell an die Rechtsprechung ausgeführt: „Bei der Ermessensbetätigung hat das Leitungsorgan sein Augenmerk darauf zu richten, ob sich die Krise mit weniger einschneidenden Maßnahmen als der Stellung eines Insolvenzantrages vermeiden lässt. Dies erfordert eine besonders sorgfältige Abwägung der Risiken unter Einbeziehung aller Umstände, nämlich des Interesses der Gesellschaft und ihrer Mitglieder, der Arbeitnehmer und der Kunden sowie der allgemeinwirtschaftlichen belange. Da für die Meinungsbildung und die Entscheidungsfindung nur die Höchstfrist von drei Wochen zur Verfügung steht, hat das Leitungsorgan nicht nur mit aller gebotenen Beschleunigung zu handeln, der Zeitdruck wirkt sich andererseits zu seinen Gunsten aus, als bei der gebotenen ex ante Betrachtung nur der unter solchen Umständen mögliche Grad an Richtigkeit der Entscheidung gefordert werden kann; m. a. W. hat die Rechtsprechung – unabhängig von der im Lichte der späteren Entwicklung gewonnenen Erkenntnisse – sicherzustellen, dass dem Geschäftsführer nicht die Erfolglosigkeit des Sanierungsversuchs angelastet wird, auch wenn das Absehen von dem Konkurs-

---

[173] *Haas*, SpuRt 1999, 1 (3); *Kreißig*, Der Sportverein in Krise und Insolvenz, 2004, S. 120.
[174] Hierzu *Reichert*, Handbuch des Vereins- und Verbandsrechts, 10. Aufl. 2005, Rz. 1964.
[175] *Haas*, SpuRt 1999, 1 (3).
[176] *Goette*, in: FS 50 Jahre Bundesgerichtshof, S. 123 (S. 137).

antrag seinerzeit als „unternehmerisch vertretbar", der Sanierungsversuch als „lohnend" angesehen werden konnte."

Da die Verantwortlichen, sei es der Vorstand der AG, der Geschäftsführer der GmbH oder das Vorstandsmitglied des Vereins aus dem Gesichtspunkt der ihnen jeweils obliegenden ordnungsgemäßen Geschäftsführung einerseits gehalten sind, Sanierungsmöglichkeiten zu prüfen, andererseits mit der Antragsstellung nicht „schuldhaft zögern" dürfen, kann die Bestimmung des „richtigen Zeitpunktes" zur Antragstellung erhebliche Schwierigkeiten bereiten[177]. Dies gilt umso mehr, als eine pflichtwidrig und schuldhaft verfrühte Antragstellung wegen der dann verfehlten „ordnungsgemäßen Geschäftsführung"[178] ebenfalls zu einer persönlichen Haftung des Leitungsorgans gegenüber dem Unternehmen/ Verein führen kann[179]. Schöpft der Verantwortliche etwaige Sanierungsmöglichkeiten innerhalb der Drei-Wochenfrist nicht aus und ist hierin eine objektive Pflichtverletzung zu sehen, kommen mitunter erhebliche Schadensersatzansprüche des Sportbetriebs gegen den Handelnden in Betracht, weil die verfrühte Insolvenztragstellung auch dazu führen kann, dass es überhaupt zu einer Insolvenz kommt[180].

Gerade für Sportbetriebe kann die verfrühte Antragstellung bedeutende Nachteile mit sich bringen. *Kreißig*[181] verweist darauf, dass Sportvereine generell unter einer größeren Beobachtung der Medien stehen[182], so dass die Wahrscheinlichkeit, dass die Insolvenzantragstellung frühzeitig an die Öffentlichkeit gerät, sehr hoch ist. Ferner kann die nach Insolvenzantragstellung regelmäßig durch das Insolvenzgericht erfolgende Anordnung von Sicherungsmaßnahmen (§ 21 InsO) zur „unerwünschten Publizität" des Insolvenzantrages führen, was – worauf *Kreißig*[183] richtig hinweist - zu der Konsequenz führen könne, dass sich Sponsoren oder Kreditgeber genötigt sehen, ihr finanzielles Engagement zurück-

---

[177] Zum Verein vgl. *Wadsack/Cherkeh*, Krisenmanagement, in: Geckle, Der Verein, Loseblatt-Sammlung, 2005, Lieferung 6/2005, Gruppe 6.1.1, S. 19.
[178] Hierzu siehe oben 6.2.1.1 (AG), 6.2.2.1 (GmbH), 6.2.3.1 (Verein).
[179] Zur Haftung der Leitungsorgane in den Fällen der unzureichenden Prüfung von Sanierungschancen: *Meyke*, Die Haftung des GmbH-Geschäftsführers, 4. Aufl. 2004, Rz. 103; *Haas*, SpuRt 1999, 1 (3); *Steffan* in: Oppenländer/Trölitzsch, Praxishandbuch der GmbH-Geschäftsführung, 2004, § 37 Rz. 55, *Kreißig*, Der Sportverein in Krise und Insolvenz, 2004, S. 132 ff. m.w.N. Zur Verantwortlichkeit und Schadensersatzpflicht des Vorstandes eines Vereins vgl. ferner *Stöber*, Handbuch zum Vereinsrecht, 9. Aufl. 2004, Rz. 314.
[180] Vgl. *Meyke*, Die Haftung des GmbH-Geschäftsführers, 4. Aufl. 2004, Rz. 103.
[181] *Kreißig*, Der Sportverein in Krise und Insolvenz, 2004, S. 133.
[182] Zu dem Thema Sport und Medien siehe auch *Wadsack*, in diesem Band, 3.4.
[183] *Kreißig*, Der Sportverein in Krise und Insolvenz, 2004, S. 133.

zuziehen etc., was den Erfolg einer geplanten Sanierung wiederum in Frage stellen würde.

Neben den von *Kreißig* angesprochenen Aspekten können sich besondere und weit reichende Reflexe – auch aus Schadenssicht –schließlich ferner aus den Folgen der Insolvenz eines lizenzierten Vereines für dessen Spielbetrieb/ Teilnahmelizenz ergeben (Zwangsabstieg etc.)[184].

Die Abgrenzung - Sanierung oder Insolvenzantragstellung - ist schwierig und hängt stets von den Besonderheiten des Einzelfalls ab, die ggf. unter Hinzuziehung von Fachleuten ermittelt und bewertet werden müssen. Als Faustformel kann daher nur gelten, dass das Leitungsorgan jedenfalls dann tätig werden muss, wenn es nach gewissenhafter und zügiger Prüfung – erforderlichenfalls unter Einbindung externer Fachleute - erkennt, dass eine Sanierung[185] des Sportbetriebes nicht mehr möglich ist[186].

8 Zusammenfassung

Die Früherkennung von Krisen ist ein zentraler Bestandteil des Krisenmanagements von Sportbetrieben und von grundlegender Bedeutung für die Vermeidung von akuten Krisen und Insolvenzgefahren. Die frühzeitige Identifizierung und Analyse von Krisensymptome ist entscheidend dafür, dass es den verantwortlichen Leitungsorganen gelingt, das „Umkippen" von der strategischen Krise zur Erfolgs- oder Liquiditätskrise und somit eine drohende Insolvenz des Sportbetriebes zu verhindern.

Die verantwortlich Handelnden haben sich schon im Vorfeld des Eintritts einer Krise einen Überblick über die wirtschaftliche Lage des Sportbetriebs zu verschaffen und die „richtigen" Maßnahmen zu ergreifen. Die frühzeitige Erfassung und Verarbeitung von Informationen/Signalen ist hierzu in ein betriebliches Frühwarnsystem einzubetten.

---

[184] Vgl. hierzu *Englisch*, in: Kontrollmaßnahmen, 2003, S. 25 ff.; *Walker,* in; ebenda, S. 45 ff.; *Wellensiek,* in: ebenda, S. 18 ff.; *Adolphsen*, in: Lizenzentzug, 2005, S. 65 ff. m. w. N.

[185] Zu den denkbaren Reaktionsmechanismen bei Vorliegen einer Krise im Sportverein sei verwiesen auf *Kreißig*, Der Sportverein in Krise und Insolvenz, 2004, S. 41 ff., der nach internen (vereinseigenen) und externen Sanierungsmaßnahmen differenziert. Ferner für Sportbetriebe: *Wadsack*, in diesem Band, 3.3 sowie *Wadsack/ Cherkeh*, Krisenmanagement, in: Geckle, Der Verein, Loseblatt-Sammlung, 2005, Lieferung 6/2005, Gruppe 6.1.1, S. 20 ff.

[186] Vgl. *Wadsack/Cherkeh*, Krisenmanagement, in: Geckle, Der Verein, Loseblatt-Sammlung, 2005, Lieferung 6/2005, Gruppe 6.1.1, S. 19.

Dies ist nicht nur eine betriebswirtschaftliche Notwendigkeit, sondern stellt für die verantwortlichen Leitungsorgane eine bereits aus dem Gesichtspunkt der ordnungsgemäßen Geschäftsführung resultierende Rechtspflicht dar. Daneben lässt sich diese Pflicht zur Einrichtung eines Frühwarnsystems für den Vorstand der AG unmittelbar aus der gesetzlichen Bestimmung des § 91 Abs. 2 AktG entnehmen, die für den Geschäftsführer der GmbH und für das Vorstandsmitglied des Vereins entsprechende Ausstrahlungswirkung hat.

Ist das Leitungsorgan mangels eigenen Know-hows nicht in der Lage, das Bestehen einer Insolvenzantragspflicht zu bewerten, muss es geeignete und ggf. sportbetriebsfremde Fachkundige hinzuziehen.

Bei schuldhafter Verletzung der genannten Pflichten kommt eine persönliche Haftung der Organe (Vorstand, Geschäftsführer) der jeweiligen juristischen Personen (e. V.; AG; GmbH) des Sportbetriebs in Betracht.

Carolin von Büdingen & Rüdiger Hamel

Risikomanagement bei Sportevents

1 Sportevents als Managementaufgabe

„And the winner is....". Kaum hat sich die erste Freude über den Zuschlag zur Austragung eines Sportevents gelegt, wird schnell ein Verantwortlicher damit beauftragt, ein Organisationskomitee ins Leben zu rufen. Diesem Zuschlag geht ein immenser Aufwand und Einsatz von Energie für die Protagonisten der Bewerbung voraus. Mit dem Zuschlag beginnt für das Team jedoch erst die eigentliche Arbeit. Ein Organisationskomitee wird gebildet, Verantwortlichkeiten werden zugeordnet und die Vorbereitungen beginnen.

Neben der Präsentation einer oder mehrerer Sportarten und eines spannenden Wettkampfes stecken hinter der Austragung von einem Sportevent ökonomische Prozesse und Interessen von beachtlichem Ausmaß. Es werden positive Effekte in den Bereichen Wirtschaft und Politik aber auch eine positive Entwicklung ideeller Werte erwartet. Städtebauliche Maßnahmen sollen vorangetrieben und die positiven Auswirkungen der Veranstaltung auf die Region übertragen werden.[1]

Die Austragung eines großen Sportevents wie Welt- und Europameisterschaften bzw. Olympischen Spiele bieten für den Austragungsort und das Austragungsland interessante Effekte, welche neben einem erwirtschafteten Gewinn des Organisationskomitees und des Veranstalters[2] auch direkt oder indirekt positive Multiplikatoreffekte auslösen können.[3] Hierfür seien beispielhaft genannt:
- Imagegewinn einer Stadt, einer Region, eines Landes durch eine gelungene Austragung.
- Damit eng zusammenhängendes wirtschaftliches Potenzial durch gesteigerten Tourismus.
- Mittel- und langfristige Schaffung von Arbeitsplätzen.

---

[1] Vgl. Schollmeier 2001, 49ff.
[2] Dieser positive Effekt ist nicht selbstverständlich, wie das zum Jahresbeginn 2006 veröffentlichte wirtschaftliche Endergebnis der WorldGames 2005 in Duisburg mit einem Minus von 1,5 Mill. € beispielhaft zeigt. Vgl. dpa-Meldung vom 20.03.2006 14:16 Uhr.
[3] Vgl. Heinemann 1995, 259.

- Möglichkeiten zur Verbesserung der Infrastruktur und eine Förderung durch den Staatshaushalt sind weitere Gründe, die den wirtschaftlichen Nutzen einer Akquise eines Sportevents unterstreichen.

Ein anschauliches Beispiel für Multiplikatoreffekte ist die Rad-Weltmeisterschaft 2006 in Salzburg. Der Stadt Salzburg wurden 16 Millionen Euro an direkter Wertschöpfung aus der Weltmeisterschaft prognostiziert. Es sei angemerkt, dass dennoch bis September 2005 alle Bemühungen, Sponsoren für die damals noch fehlenden rund 2,4 Millionen Euro des 6-Millionen-Euro-Budgets zu finden, fehlgeschlagen waren.[4]

Auch der Erfolg vergangener Sportevents dokumentiert den ökonomischen Nutzen von Sportevents und erklärt den immer größer werdenden Wettbewerb um die Austragung von entsprechenden Sportveranstaltungen. Doch schon das aufmerksame Lesen aktueller Pressemeldungen zeigt, dass auch nach dem Erhalt eines Zuschlags viele unvorhersehbare Ereignisse oder gar das finanzielle Fiasko die Organisatoren von Sportevents in schwere Nöte bringen können. Schlagzeilen wie
- „Rad-WM 2006 steuert auf Finanzdebakel zu"[5],
- „Deutsche America's-Cup-Kampagne – Management-Chaos"[6] oder
- „Turin verliert an Boden"[7]

schaden dem Sportevent schon im Vorfeld der eigentlichen Veranstaltung. Die folgenden Beispiele verdeutlichen, dass auch der Blick hinter die Schlagzeilen zeigt, dass Sportevents von verschiedensten Gefahren bedroht werden:
- 11. Schwimm-Weltmeisterschaften in Montreal 2005

Nachdem bereits 23 Millionen Euro öffentlicher Gelder für die WM ausgegeben wurden und dennoch große Löcher im Etat klafften (Hauptgrund waren fehlende Sponsoreneinnahmen), lehnte die kanadische Regierung ein halbes Jahr vor Eröffnung der WM eine weitere finanzielle Unterstützung ab. Daraufhin wurde Montreal vom Welt-Schwimm-Verband FINA die Austragung zunächst entzogen. Einen Monat später waren nach großen Anstrengungen die Probleme so weit gelöst, dass Montreal die Austragung wieder zugeteilt wurde.[8]

---

[4] Vgl. „Rad-WM 2006 steuert auf Finanzdebakel zu" (*WirtschaftsBlatt* 22.09.2005).
[5] *WirtschaftsBlatt* 22.09.2005.
[6] „Deutsche America's-Cup-Kampagne – Management-Chaos" (*Süddeutsche Zeitung* 04.10.2005).
[7] „Turin verliert an Boden" (*Handelsblatt* 02.02.2006).
[8] Vgl. „Schwimm-WM in Montreal abgesagt" (*Sport-Informations-Dienst* 19.1.2005).

- Taekwondo-EM 2005 in Lettland
  Wegen Mängeln in der Stromversorgung und Ausfall der Anzeigetafeln konnte die EM erst mit Verspätung starten und musste komprimiert an einem Wochenende durchgeführt werden.[9]
- Sommer-Grand-Prix 2005 der nordischen Kombinierer in Oberstdorf
  Aufgrund eines extremen Hochwassers in Bayern musste diese Auftaktveranstaltung zum Sommer-Grand-Prix 2005 ersatzlos gestrichen werden.[10]
- Ski-WM 2005 in Bormio
  Erstmals in der WM-Geschichte fiel mit dem Herren-Riesenslalom ein Rennen aus, da die TV-Übertragung nicht sichergestellt werden konnte. Grund war ein Streik beim italienischen Fernsehsender RAI. Eine Durchführung ohne TV-Übertragung hätte durch Regressansprüche schwerwiegende finanzielle Folgen haben können. Es kam zu Tumulten und Protesten im Zielraum und zu zahlreichen negativen Pressemeldungen.[11]

Diese Beispiele belegen, dass der Druck auf die Verantwortlichen bei Sportevents groß ist und sie hohen Erwartungen gerecht werden müssen. Die Adaption von klassischen betriebswirtschaftlichen Managementtools scheint hier eine gute Hilfe, um Probleme in den Griff zu bekommen und bestenfalls zu eliminieren. Ein Risikomanagementsystem für Sportveranstaltungen kann als Kontrollinstrument und Organisationsunterstützung in den Planungsprozess integriert werden und so die Projektplanung und -durchführung positiv beeinflussen. Ein entsprechendes Managementtool kann jedoch nur erfolgreich eingesetzt werden, wenn die Besonderheiten von Sportevents berücksichtigt werden.

Der Erfolg von Sportevents ist sehr abhängig von einem schnell agierenden und flexiblen Team. Das hier vorgestellte Modell unterstützt dieses Team in seiner Arbeit und ist in die schnelle Welt des Eventmanagements gut zu integrieren.

2 Generelle Aspekte von Risikomanagement bei Sportevents

2.1 Die Sportveranstaltung als Dienstleistung und Produkt

Sportveranstaltungen können auf Grund ihrer Einzigartigkeit und der fehlenden Reproduktionsmöglichkeiten als eine Dienstleistung angesehen werden. So wird das Sportevent, der Veranstalter sowie das Organisationskomitee zur Produkti-

---

[9] Vgl. „Die Taekwondo-EM in Lettlands Hauptstadt Riga startet mit Verspätung" (*Süddeutsche Zeitung* 08.10.2005).
[10] Vgl. „Sommer-Grand-Prix der Kombinierer abgesagt" (*Frankfurter Rundschau* 25.08.2005).
[11] Vgl. „WM-Riesenslalom fällt TV-Streik zum Opfer" (*Handelsblatt* 10.02.2005).

onsstätte bzw. zum Produzent für professionellen Sport, welches zu einem vermarktungsfähigen Produkt transferiert. Konsumiert werden die erstellten Leistungen von Sportlern, Zuschauern, Medienvertretern und Sponsoren. Ein klassisches Risikomanagement-System ist hier auf Grund der Kurzlebigkeit der Organisationsstrukturen kaum denkbar und wird häufig auch aus Kosten- und Zeitgründen vernachlässigt.

Die besonderen Charakteristika eines Sportevents, die Einzigartigkeit des Ereignisses, das große Gemeinschaftsgefühl, das „Dabei sein" sowie die Unvorhersehbarkeit des Ausganges und die damit zusammenhängende Spannung und die geringe Planbarkeit, versprechen ein einmaliges, nicht reproduzierbares Produkt.

Ein ausgeglichenes Budget zu erreichen oder gar einen Gewinn zu erzielen ist für viele Veranstalter von Events eine große Herausforderung – gerade auch im Hinblick auf limitierte Budgets und strikte Auflagen der öffentlichen Hand. Sportveranstaltungen entwickeln sich mehr und mehr zu komplexen Produkten. Sie beinhalten wirtschaftliche Möglichkeiten, die vor einigen Jahren noch weit unterschätzt wurden. Doch gerade diese Professionalisierung erfordert eine gut funktionierende Organisationsstruktur. Wendet man die klassischen Managementprozesse „Planung", „Organisation", „Umsetzung" und „Kontrolle" auf Sportveranstaltungen an, so fällt auf, dass diese in ihren einzelnen Phasen unterschiedliche Gewichtungen haben. So hat auch ein Risikomanagement-System im Hinblick auf die Komplexität des Produktes eine besondere Aufgabe: zum Einen sollen selbstverständlich unnötige Kosten vermieden werden, zum Anderen sollen heikle Situationen im Hinblick auf jegliche Art von Schaden oder Verlust besser eingeschätzt werden können.

2.2 Argumente für Risikomanagement bei Sportveranstaltungen

Wie in „klassischen" Unternehmen, so gibt es auch bei Sportevents eine Vielzahl von Argumenten, die für den Einsatz von Risikomanagement sprechen und den nötigen Mehraufwand (z. B. Geld, Material, Zeit) rechtfertigen.

Die Anzahl der beteiligten Personen – Zuschauer, Sportler, Medienvertreter, Mitarbeiter, Sponsoren, öffentliche Hand – steigt, je näher das Event kommt. Damit eng verknüpft steigt auch die Anzahl der unterschiedlichen Interessensvertreter. Je größer die Sportveranstaltung, desto größer ist auch das öffentliche Interesse und somit die Bedeutung des Images von Veranstalter, ausrichtender Stadt oder Sportart. Die Implementierung von Risikomanagementmaßnahmen bei Sportgroßveranstaltungen ermöglicht es, Versicherungspolicen auf ein realistisches und angemessenes Minimum zu reduzieren. Es erhöht die Sicherheit der beteiligten Personen, ermöglicht eine bessere Argumentationsgrundlage bei Vertragsverhandlungen mit Dritten und wirkt sich langfristig gesehen positiv auf das Image und die finanzielle Situation des Veranstalters, der ausrichtenden Stadt oder des Landes aus.

Es gibt eine Vielzahl weiterer Argumente, die für den Einsatz von Risikomanagement bei Sportevents sprechen. Beispielhaft seien genannt:
- Der Managementprozess von Sportevents hat eine deutlich längere Planungs- als Umsetzungsphase. Fehler in der Planungsphase können in der folgenden Umsetzungsphase nur schwer korrigiert werden. Zudem müssen für Krisen in der Umsetzungsphase bereits Lösungskonzepte und entsprechende Strukturen vorhanden sein.
- Das große öffentliche und mediale Interesse an Sportevents beinhaltet zwar große Chancen für das Event, zugleich werden jedoch auch Krisen schnell publik und führen zu einem negativen Veranstaltungsimage.
- Das begrenzte Budget von Sportevents, verlangt einen bewussten Umgang bezüglich Einnahmen und Ausgaben. Risiken und Krisen können das schmale Budget eines Sportevents schnell sprengen.
- Bei Sportevents gehen Ausgaben den Einnahmen voraus. Liegen die Ausgaben über bzw. die Einnahmen unter den Erwartungen, ist ein finanzieller Verlust unvermeidbar.
- Sportevents können nur auf eine begrenzte Mitarbeiterzahl zurückgreifen. Diese Mitarbeiter haben meist ohnehin großen Stress und eine hohe Arbeitsbelastung. Durch zusätzliche Schwierigkeiten wird die Arbeit der Mitarbeiter weiter erschwert.
- Spätestens seit den Terroranschlägen von New York hat sich die Weltsicherheitslage entscheidend verändert. Große Sportevents stellen für Terroristen stets ein mögliches Ziel dar, weshalb die Organisatoren alles tun müssen, um diese Gefahr zu minimieren.
- Sportevents stehen vor der Herausforderung, große Menschenmengen sicher kontrollieren zu müssen (u. a. Sicherheit bezüglich Menschenbewegungen, Verkehr, Alkohol, Panik).
- Die Rahmenbedingungen sind bei Sportevents oft vorgegeben (z. B. Verbände, Sportler, Sportstätten, Stadt). Das bedeutet, dass bei Problemen ein Ausweichen nur begrenzt möglich ist. Das Sportevent muss unter den gegeben Bedingungen erfolgreich durchgeführt werden.

Zusammenfassend sollte Eventmanagern stets bewusst sein, dass Risiken zu Schwierigkeiten während der Eventvorbereitung und –durchführung führen können. Imageverluste, finanzielle Einbußen oder im Extremfall Verletzte und Tote können die weiter reichenden Folgen sein.

2.3 Was beinhaltet Risikomanagement bei Sportevents?

Risikomanagement bei Sportgroßveranstaltungen hat verschiedene Facetten, welche in einem einheitlichen Prozess berücksichtigt und vergleichbar gemacht werden müssen:
- Finanzielle (Planungs)Sicherheit
- Sicherheit der beteiligten Personengruppen
- Einschätzung äußerer Einflüsse
- Umsetzung der verschiedenen Interessen unterschiedlicher Gruppen
- Unterstützung der planmäßigen Organisation und Umsetzung des Events

Um erfolgreich zu sein, muss Risikomanagement ein leicht anwendbares Managementinstrument sein[12], ohne die Bearbeitung der Thematik „Risiko" durch zu große Vereinfachungen oder Verkürzungen oberflächlich werden zu lassen. Die speziellen Charakteristika von Sportevents und ihre Rahmenbedingungen müssen angemessen berücksichtigt werden.

Insbesondere die Risikoidentifizierung ist eine sehr spezielle Aufgabe. Die Organisation von Events ist stets ein sehr dynamischer Prozess, der in einer sich täglich verändernden Umgebung abläuft und auch mit unvorhersehbaren Ereignissen wie Wetter oder Wettkampfergebnissen konfrontiert wird.

Ein Risikomanagement-Modell für Sportevents muss daher ein schnelles Berichtswesen ermöglichen, um in der Lage zu sein, Entscheidungsbedarf zu erkennen und die Entscheidungen zu unterstützen.[13]

Risiken bei Sportevents können ständig, auch in deutlich kürzeren Perioden als bei klassischen Unternehmen, auftreten. Dies beruht u. a. auf dem temporären Charakter von Organisationskomitees, deren Erfahrungswerte für das gemeinsame Handeln erst mit der Zeit entstehen. Ebenfalls entsteht im Zuge der Vorbereitung und Durchführung eines Sportevents ein Netzwerk von Partnerorganisationen, welche in jeweils unterschiedlicher Form auf das Geschehen Einfluss nehmen. Der Durchlauf eines Risikomanagement-Kreislaufes[14] geschieht daher bei Sportevents wesentlich dynamischer. Um diesen Prozess nicht zu behindern, empfiehlt sich die Einführung von drei verschiedenen, aufeinander aufbauenden Stufen:
- Identifikation
- Bewertung
- Kontrolle

---

[12] Ein leicht anwendbares Managementinstrument beinhaltet verschiedene Aspekte, wie z. B. Kosteneffizienz und die Möglichkeit der problemlosen Integration in die täglichen Arbeitsabläufe, ohne Strukturen zwangsläufig verändern zu müssen.
[13] Vgl. Diederichs 2004, 240.
[14] Vgl. Abbildung 1.

Die Risikoidentifizierung bei Sportevents ist ein kontinuierlicher Prozess. Ein parallel laufendes, permanentes Monitoring wird jede neue Situation sowie jede Situationsveränderung wahrnehmen. Dadurch können neue Risiken direkt erkannt, bewertet und gehandhabt werden. Ein Durchgang des Kreislaufs kann in sehr kurzer Zeit, angepasst an die jeweiligen Erfordernisse, erfolgen:
In einem ersten Schritt werden die möglichen Risiken identifiziert und in Kategorien eingeteilt. Jedes Risiko unterliegt in einem kontinuierlichen Kreislauf der Bewertung und Kontrolle. Die Risikoentwicklung steht dabei unter einer permanenten Beobachtung (Monitoring). So können Maßnahmen, die zur Verringerung des Risikos getroffen werden, schnell auf ihre Wirksamkeit untersucht werden und es kann zügig auf mögliche Veränderungen der Risikolage reagiert werden.

Abb. 1: Kreislauf des Risikomanagements

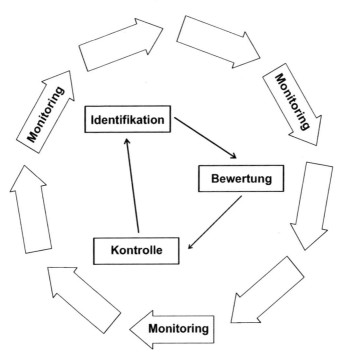

2.4 Risikomanagement im Arbeitsprozess
2.4.1 Risikokultur

Es kann viel Geld in Risikomanagementsysteme investiert werden, ohne den gewünschten Erfolg zu erzielen. Effektives Risikomanagement ist eng verknüpft mit der generellen Risikokultur, welche eine Organisation pflegt. Es muss gut durchdacht werden, wie Risiken nach innen und außen kommuniziert und behandelt werden. Die Einführung und Umsetzung von Risikomanagement muss von den Verantwortlichen zum Einen angetrieben, zum Anderen aber auch gelebt werden. Erfolgreiches Risikomanagement ist Teil der Unternehmensphilosophie und wird so an die Mitarbeiter weitergegeben, welche das Risikomanagement in ihre täglichen Arbeitsabläufe integrieren sollen.

Schulungen und Workshops sind geeignete Maßnahmen, um die Mitarbeiter mit der Risikokultur vertraut zu machen. Hierbei geht es neben der Vermittlung von Arbeitsprozessen auch um die Verdeutlichung von Verantwortungsbereichen und Verhaltensmodi. Toleranzgrenzen können hier diskutiert und festgelegt werden. So wird das Risikomanagement komplet in die Abläufe der Organisation integriert und kann effektiv von allen Mitarbeitern genutzt werden.

2.4.2 Implementierung eines Risikomanagement-Systems in die Organisationsstruktur

Auch wenn auf den ersten Blick die diversen Sportveranstaltungen sehr ähnlich scheinen, so können sie nicht gleichgestellt werden. Zu unterschiedlich sind bestehende Rahmenbedingungen wie beispielsweise die finanzielle Ausstattung, die Sportstätten und die Infrastruktur, sowie der Erfolg und die Popularität der jeweiligen Sportart. Aufgrund der Einzigartigkeit von Sportevents, werden sie nie ein zweites Mal mit exakt identischen Rahmenbedingungen stattfinden. So hat jedes Event – selbst wenn es sich um Events in derselben Sportart handelt – eine eigene, individuelle Risikoliste. Auch wenn viele Risiken bei Sportevents ähnlich sein mögen, unterscheiden sie sich doch bezüglich des möglichen Schadensausmaßes oder der möglichen Eintrittswahrscheinlichkeit.

Selbst wenn gewisse Rahmenbedingungen unverändert sein mögen (zwei Events werden beispielsweise in derselben Stadt ausgetragen), kann dennoch die finanzielle oder politische Situation unterschiedlich sein. Auch politische Konflikte und die potentielle Bedrohung durch Terror können größer oder geringer sein, je nachdem welche Nationen das Event ausrichten oder an dem Event teilnehmen. Des Weiteren müssen in der Regel neue Organisationsteams gebildet werden. Dies ist eine enorme Herausforderung an die Mitarbeiter im Bezug auf die Team- und Kommunikationsfähigkeit.

Um den positiven Effekt eines Risikomanagement-Systems jedoch ausschöpfen zu können, müssen die an dem Prozess beteiligten Personen von den

Vorteilen überzeugt sein und die Weitsicht besitzen, einen temporären Mehraufwand während der Planungsphase in Kauf zu nehmen. Gegen Ende der Planungsphase und in der Umsetzungsphase wird dann ein Zeitgewinn und eine Entlastung der Arbeitskraft erreicht werden.

Grundsätzlich sollte die übergeordnete Koordination des Risikomanagement-Prozesses bei (mindestens) einer Person (z. B. Risikomanager oder Risikomanagementabteilung) des Organisationskomitees liegen. Deren Aufgabe ist es
- den Prozess am Laufen zu halten,
- Verbindungen und Überschneidungen von Risiken in verschiedenen Bereichen zu identifizieren und auf Korrelationen hinweisen,
- aktuelle und wichtige Informationen aus dem Prozess aufzuarbeiten und an alle Mitarbeiter zu kommunizieren sowie
- den Vorsitz des Organisationskomitees zu informieren und Einschätzungen über die Entwicklung der Risiken abzugeben.

Abb. 2:   Implementierung von Risikomanagement in die Organisationsstruktur

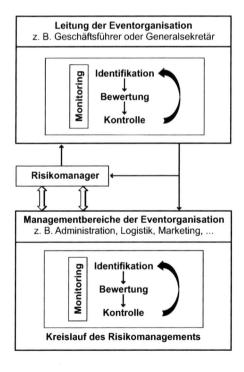

Die so geschaffene Stabs- und Schnittstelle hat den Vorteil, dass
- stets alle Informationen an einer Stelle verfügbar sind,
- ein Ansprechpartner für alle Beteiligten vorhanden ist,
- ein oder mehrere Mitarbeiter hauptverantwortlich für den Prozess des Risikomanagements verantwortlich ist / sind und
- ein übergeordneter Blick auf die Situation gegeben ist.

Abbildung 2 verdeutlicht die Einbindung dieser Stabstelle in die Organisationsstruktur und den Prozess des Risikomanagements. Die Verantwortung für Risiken übernehmen jeweils die Verantwortlichen der Organisationsbereiche. Da diese den besten Überblick und das größte Know-how in ihrem Gebiet haben, wird von ihnen auch die Planung und Umsetzung von möglichen Maßnahmen zur Verringerung / Kontrolle der Risiken vorgenommen, welche in Absprache mit der übergeordneten Koordination (z. B. Risikomanager) und gegebenenfalls mit dem Vorsitz des Organisationskomitees durchgeführt werden.

Vorteil der Einrichtung eines übergeordneten Koordinationsbereiches ist das Zusammenlaufen aller Informationen an einer Stelle. So werden negative Beeinflussungen vermieden und Abhängigkeiten zwischen einzelnen Organisationsbereichen im Hinblick auf die Entwicklung eines Risikos erkannt.

Alle genannten Aspekte verdeutlichen, dass auch ein Risikomanagement-Modell an die Bedürfnisse eines jeden Events angepasst werden muss. Als Grundgerüst ist das im folgenden Kapitel vorgestellte Modell jedoch auf jedes Event übertragbar.

3   Ein Risikomanagement-Modell für Sportevents

3.1   Risikoidentifikation

Die Risikoidentifikation stellt den ersten Schritt und die Basis für den Risikomanagement-Kreislauf dar. Es werden so viele Informationen wie möglich gesammelt. Dabei sollen durch Nutzung verschiedener Methoden die Risiken, die bereits bestehen oder noch entstehen können, identifiziert werden. Da Risiken in allen Bereichen der Organisation bestehen, ist es von großer Bedeutung, während der Identifikation keinen Bereich der Organisation außer Acht zu lassen. Selbst wenn manche Managementbereiche bereits erste Maßnahmen zur Risikokontrolle getroffen haben, müssen diese Risiken dennoch aufgeführt werden. Andernfalls besteht die Gefahr, dass mögliche Risiken nicht beachtet oder vergessen werden.[15] Alles, was möglicherweise passieren kann, ist ein Risiko, welches die Eventorganisation beachten muss – inklusive der Schritte, um diese

---

[15]   Vgl. Seidel 2002, 62.

Risiken zu reduzieren. Die Risikoidentifizierung sollte möglichst realistisch durchgeführt werden. Doch auch Phantasie und Vorstellungsvermögen sind dabei hilfreich.[16]

3.1.1 *Identifikationsmethoden*

Da es stets eine große Herausforderung ist, die benötigten und richtigen Informationen zu sammeln, müssen die richtigen Methoden der Identifikation gewählt werden.[17] Die Risikoanalyse ist eine theoretische und komplexe Aufgabe, die oft nur schwer in die täglichen Arbeitsabläufe zu integrieren ist.

Um dennoch ein realistisches und aussagekräftiges Ergebnis zu erhalten, müssen zunächst so viele Informationen wie möglich über das Event und die verschiedenen Interessen der Event-Stakeholder eingeholt werden.[18] Dem Risikomanager sollte stets bewusst sein, welche Ziele die verschiedenen beteiligten Parteien verfolgen.[19] Es empfiehlt sich, die Risikoidentifikation mithilfe von Dokumentenanalysen, Interviews und Workshops vorzunehmen. Zudem ist es unbedingt notwendig, unterschiedliche Identifikationsmethoden anzuwenden und sich nicht nur auf eine Methode zu verlassen, so werden die Risiken aus unterschiedlichen Blickwinkeln betrachtet und die Auswertung mehrerer subjektiver Risikoeinschätzungen führt zu mehr Objektivität.

3.1.1.1 Brainstorming

Brainstorming sollte bereits in einer möglichst frühen Phase der Identifikation durchgeführt werden, da zu einem frühen Zeitpunkt noch größere Objektivität vorhanden ist und eine Betrachtung „von außen" leichter möglich ist.

Ein zu detailliertes Wissen über das Event und mögliche Risiken beinhaltet die Gefahr, dass einige Risiken übersehen bzw. nicht als „echtes" Risiko eingeschätzt oder aber in einer Momentaufnahme überbewertet werden, da sie in diesem Augenblick ein akutes Problem für die Organisatoren darstellen.

Das Brainstorming sollte in einer positiven und inspirierenden Umgebung abgehalten werden, um einen offenen Umgang mit Ideen und Gedanken zu gewährleisten. Dabei kann als Frage vorgegeben werden: „Welche Risiken könnten möglicherweise bei der Vorbereitung und Durchführung des Events bestehen?". Innerhalb eines vorgegebenen Zeitrahmens (je nach Eventgröße auch in zwei oder drei Sitzungen) sollen hierzu Ideen gesammelt werden. Es darf noch keine Unterscheidung von „wichtigen" und „unwichtigen" Risiken erfolgen. Die iden-

---

[16] Vgl. Seidel 2002, 190.
[17] Vgl. Benner 1992, 138.
[18] Vgl. Tarlow 2002, 19.
[19] Vgl. Tarlow 2002, 33.

tifizierten Risiken werden anschließend gesammelt. Mit einem Brainstorming ist der erste Schritt in dem langwierigen Identifizierungsprozess getan.[20] Um einen besseren Überblick über die verschiedenen Risiken zu erhalten, können diese – ohne bereits eine Bewertung vorzunehmen – sortiert werden (z.B. nach Bereichen / Abteilungen oder Themen).

3.1.1.2 Dokumentation / Masterpläne

Üblicherweise werden bei Events von jedem und für jeden Managementbereich Masterpläne oder ähnliche Dokumentationspapiere erstellt, anhand derer die Planung und Vorbereitung des Events erfolgt. Eine Masterplan-Gliederung ist in Abbildung 3 aufgeführt.

Masterpläne beinhalten eine komplette Projektbeschreibung mit einzelnen Phasen und Zeitvorgaben. Sie können als die strategische Basis für die operative Planung und Durchführung eines Events angesehen werden und stellen eine wertvolle Hilfe bei der Suche nach Risiken dar.[21]

Abb. 3: Beispielhafte Struktur von Masterplänen eines Sportevents

Managementbereich	Masterplan
Administration	Personalverwaltung
	Finanzen
	Versicherungen
	Rechtsunterstützung
	Dokumentation
Zeremonien	Eröffnungszeremonie
	Schlusszeremonie
	Siegerehrungen
Wettkampf	Medizinische Versorgung
	Umsetzung der Wettkampfbestimmungen
	Dopingkontrollen
Anlagen / Gebäude	Technologiebereitstellung und -umsetzung
	Elektrizität- und Wasserversorgung
	Sicherheit
	Bauten (permanent und temporär)
Logistik	VIP Hospitality / Offizielles Protokoll
	Catering
	Koordination von Ankunft / Abreise
	Transport
	Akkreditierung
	Unterkunft
	Kommunikations-Ausstattung

---

[20] Vgl. Clark 1972, 41ff.
[21] Vgl. Zell 2003, 61.

Managementbereich	Masterplan
Marketing	Sponsoring-Rechte
	Sponsoren-Service
	Merchandising
	Unterstützung betriebswirtschaftlicher Abläufe
Promotion	Ticketing
	PR & Kommunikation
	Corporate Identity
TV / Medien	Service für TV
	Service für schreibende Presse und Fotografen

Das „Durchforsten" der Masterpläne auf mögliche Risiken ist eine hervorragende Methode, um die Kernrisiken jedes einzelnen Managementbereiches herauszufinden. Dies setzt voraus, dass die Bereichsmanager ihre Masterpläne sorgfältig und vollständig erstellt haben. Es ist dabei jedoch schwer, komplexere Risiken, die verschiedene Managementbereiche betreffen, zu erkennen. Die Masterpläne müssen daher alle auf dieselbe Art untersucht und die identifizierten Risiken festgehalten werden. Dabei findet noch keine Bewertung statt.

3.1.1.3 Dokumente

Um auch die rechtlichen Aspekte und Bestimmungen des Events zu erfassen, sollten ebenfalls die internen Dokumente untersucht werden. Zur Untersuchung bieten sich beispielsweise folgende Dokumente an:
- Verträge
- Organisations-Manual
- Budget.

Hierbei ist die Chance groß, auch versteckte Risiken zu erkennen. Zudem geben diese Dokumente den Verantwortlichen eine breitere Übersicht über die Eventstruktur und Rahmenbedingungen, was zugleich für die spätere Bewertung der Risiken wertvolles Hintergrundwissen liefert.

3.1.1.4 Interviews

Interviews sind eine weitere Möglichkeit, Risiken zu identifizieren. Bei der Bewertung und Auswertung der Antworten ist jedoch zu beachten, dass es sich um subjektive Antworten der einzelnen Interview-Partner handelt. Es bietet sich an, Interviews mit den einzelnen Bereichsmanagern, wie beispielsweise Marketingmanager, Personalmanager oder Wettkampfmanager, durchzuführen.

Um konkrete Antworten auf die Frage nach potentiellen Risiken zu erhalten, empfiehlt sich die Methode der offenen Interviews. Diese Form der Fragestellung erlaubt den Interviewten frei zu antworten, was wiederum den Interviewer in die Lage versetzt, zusätzliche und vertiefende Nachfragen zu stellen. Um vergleichbare Informationen zu erhalten, sollte allerdings anhand eines Fragebogens vorgegangen werden. Ein gut vorbereiteter Fragebogen ist eine wichtige Hilfe, um das eigentliche Thema des Interviews nicht zu verlassen und verhindert thematische Sprünge.[22] Die Auswertung der Interviews kann dann durch den Vergleich der Antworten auf die jeweiligen Fragen geschehen. Folgende, allgemein formulierte Fragen stellen einen Anhaltspunkt für den Aufbau des Fragebogens dar:

- Was sind die größten Risiken, mit denen Sie in Ihrem Bereich konfrontiert werden?
- Werden Sie Ihr Budget derzeit (und künftig) einhalten können?
- Können Sie die in Ihrem Bereich gesetzten Milestones derzeit (und künftig) einhalten? Falls nicht: wie werden diese verschoben?
- Wie wissen Sie, mit wem Sie bei den verschiedenen Projekten gemeinsam Verantwortung tragen (v. a. bei bereichsübergreifenden Projekten)?
- Wie organisieren Sie diese (bereichsübergreifenden) Arbeitsprozesse?
- Wie und wann geschieht eine Aktualisierung Ihres Masterplans?
- Was geschieht mit noch offenen Stellen in Ihrem Masterplan (z. B. Milestones, Verantwortlichkeiten)?

Zusätzlich zu diesen allgemeinen Fragen empfiehlt es sich, für jeden Bereichsmanager einen weiteren, individuellen Fragebogen zu erstellen, der konkret auf den jeweiligen Bereich zugeschnitten ist (z. B. konkreter Verantwortungsbereich und Vorgehensweise). Die dadurch gewonnen Informationen dienen dem Prozess des Risikomanagements als weiteres Hintergrundwissen und können Unklarheiten beseitigen. Zudem kann der jeweilige Bereichsmanager die Antworten nutzen, um seinen Masterplan zu aktualisieren und die Planung positiv zu beeinflussen.

Ergänzend ist ein gemeinsamer Workshop mit allen Bereichsmanagern sinnvoll, in dem die unterschiedlichen Sichtweisen und bereichsübergreifende Risiken diskutiert werden können.

Um ein besseres Verständnis für Risikomanagement und seine Notwendigkeit zu erzielen, sollten die Interviews auch dazu genutzt werden, allen Beteiligten das Risikomanagement mit seinen Zielen und Vorteilen zu erläutern.

3.1.1.5 Literatur

Einschlägige Literatur kann wichtige Hinweise auf potentielle Risiken geben. Oft werden hier Erfahrungen geschildert oder theoretische Fragen erörtert. Ob die dargestellten Risiken auch auf das jeweilige Event zutreffen können ist dabei zwar stets zu klären, dennoch erweitert die Literaturrecherche die Chance, keine

---

[22] Vgl. Mayer 2002, 36.

wichtigen Risiken zu vergessen und liefert zudem Hintergrundwissen über Risikomanagement.

3.1.1.6 Erfahrungen von anderen Events

Die Erfahrungen vorangegangener (ähnlicher) Events sind als Informationsquelle sehr wertvoll. Auch wenn jedes Sportevent letztendlich einzigartig ist, sind sie von vielen ähnlichen Risiken betroffen. Erfahrungen früherer Events helfen, Fehler nicht zu wiederholen und erweitern die realistische Vorstellungskraft.

Problematisch ist, dass Abschlussberichte von Events oft nur von mäßiger Aussagekraft sind, da die Organisatoren in einem solchen Bericht ihr Event der Öffentlichkeit oder den Stakeholdern stets in einem positiven Licht präsentieren möchten. Eine kritische Reflexion findet in diesen Berichten oft nicht statt. Interne Dokumente (sofern zugänglich) und Interviews mit den damals Verantwortlichen sind daher unerlässlich, um wirklich nutzbare Informationen zu erhalten.

3.1.1.7 Allgemeine Aspekte der Datenanalyse

Keine der genannten Methoden differenziert die Risiken bezüglich Ausmaß und Wahrscheinlichkeit. In der Identifikationsphase sind alle Risiken gleich zu behandeln und die erstellte Liste wird eine große Anzahl von Risiken umfassen. Welche Methoden dabei auch immer angewendet werden, zwei der wichtigsten Aufgaben der Risikomanager dürfen nicht außer Acht gelassen werden: gutes Zuhören und aufmerksames Beobachten.[23]

3.1.2 Risikodokumentation

Die durch die unterschiedlichen Methoden identifizierten Risiken müssen nun einheitlich dokumentiert werden, um im weiteren Verlauf möglichst auf gleicher Ebene bewertet werden zu können. Um mit der großen Anzahl ermittelter Risiken weiterarbeiten zu können, ist die Art der Dokumentation von großer Bedeutung. Sie soll auch helfen, mehrfach aufgeführte Risiken herauszufiltern und Zusammenhänge zwischen Risiken zu erkennen. Die Risiken werden dafür in Risikokategorien und -gruppen eingeteilt.[24] Doppelte Risiken werden zusammengefasst, so lässt sich leicht feststellen, bei welchem dokumentierten Sachverhalt es sich um ein Risiko handelt und bei welchem lediglich um einen Indikator eines anderen Risikos. Auf diese Weise kann eine originäre Liste mit beispielsweise mehr als 1000 identifizierten Risikosachverhalten auf handhabbare 100 Risiken mit dazugehörigen Indikatoren verkleinert werden.

---

[23] Vgl. Tarlow 2002, 53.
[24] Siehe auch 3.1.2.2.

Die in Anhang 1 abgebildeten Beispieltabellen verdeutlichen die Vorgehensweise und stellen eine wertvolle Hilfe für das Verständnis der folgenden Punkte dar. Es empfiehlt sich daher, diese Tabellen begleitend zum Text zu lesen. Im weiteren Verlauf dieses Kapitels wird stets die in Abbildung 4 dargestellte Kopfzeile der Rankingtabelle den Kapiteln vorangestellt, um zu einer weiteren Verdeutlichung der Arbeitsschritte beizutragen:

Abb. 4: Tabellenkopf der Rankingliste der Risiken

Nr.	Risiko-kategorie	Risiko-gruppe	Risiko	Indikatoren	ADM	ZER	WET	ANL	LOG	MAR	PRO	TVM	GS	S	W	O	A	E
1																		

Legende	
ADM = Administration	TVM = TV & Medien GS = Generalsekretär
ZER = Zeremonien	
WET = Wettkampf	S= Schadensausmaß
ANL = Anlagen (Facilities)	W = Eintrittswahrscheinlichkeit
LOG = Logistik	O = interner operativer Einfluss
MAR = Marketing	A = Abhängigkeit von Dritten
PRO = Promotion	E = Ergebnis

Die dargestellte Rankingtabelle der Risiken bietet eine hervorragende Arbeitsgrundlage für den gesamten Risikomanagement-Prozess, da sie alle wichtigen Informationen in einem Dokument bereit hält und problemlos aktualisiert werden kann. Nachfolgend werden die einzelnen Rubriken dieser Tabelle näher erläutert.

3.1.2.1 Risikosortierung

Nr.	Risiko-kategorie	Risiko-gruppe	Risiko	Indikatoren	ADM	ZER	WET	ANL	LOG	MAR	PRO	TVM	GS	S	W	O	A	E

Die erste Spalte „Nr." (siehe Hervorhebung) bleibt während des Identifikationsprozesses leer und wird erst bei der späteren Risikobewertung genutzt. Dann kann anhand der Nummer die Position eines jeden Risikos im Ranking erkannt werden. Das Risiko mit der Nummer 1 wird somit das wichtigste Risiko darstellen (= Risiko mit dem höchsten Wert nach erfolgter Bewertung).

3.1.2.2 Risikokategorien und –gruppen

Nr.	**Risiko-kategorie**	**Risiko-gruppe**	Risiko	Indikatoren	ADM	ZER	WET	ANL	LOG	MAR	PRO	TVM	GS	S	W	O	A	E

Die Einteilung in Risikokategorien und –gruppen hat neben der dadurch erreichten größeren Übersichtlichkeit die weiteren Vorteile, dass die später folgende Bewertung sowie das Monitoring einfacher durchzuführen sind. Zudem liefert diese Einteilung Informationen zu Herkunft und Charakteristika der Risiken.

Abb. 5: Risikokategorien und -gruppen

Risikokategorie	Risikogruppe
Externe Risiken	Vorschriften und Vorgaben
	Katastrophen
	Rahmenbedingungen
Event Risiken	Event Produktion
	Sport / Wettkampf Produktion
	Sicherheit und Security
Risiken in der Organisationsführung	Organisation
	Kommunikation
	Führung
Direkte finanzielle Risiken	Einnahmen
	Haftung / Ausgaben

Die in Abbildung 5 aufgeführte Struktur berücksichtigt die Besonderheiten von Sportevents und orientiert sich am Management-Prozess eines Sportevents.

3.1.2.2.1 Externe Risiken

Die externen Risiken sind abhängig von äußeren Einflüssen, welche als Auslöser oder Beeinflussung für die Gefahrsituation wirken. Diese externen Einflüsse sind Vorgänge, die außerhalb der Eventorganisation ablaufen und dennoch Risiken auslösen, die sich auf das Event auswirken. Es ist von besonderer Schwierigkeit bzw. teilweise nicht möglich, diese Risiken vorherzusehen bzw. Einfluss auf sie auszuüben.

Die Risikogruppe „Vorschriften und Vorgaben" beschreibt Risiken, die durch Verträge oder Regularien mit Partnern und Dachorganisationen entstehen. Werden z. B. von einem Dachverband nicht genügend / unattraktive Sponsorkategorien an den Veranstalter zu dessen eigener Verwertung frei gegeben, so birgt dies die Gefahren für die Deckung des Veranstaltungsbudgets.

Der Risikogruppe „Katastrophen" sind Risiken zuzurechnen, die während oder nach einem Vorfall entstehen, der von den Organisatoren nicht beeinflusst werden kann (z. B. Wetterkapriolen).

Unter „Rahmenbedingungen" werden die Risiken gelistet, die durch bereits bestehende Situationen entstehen. Auch diese können von den Organisatoren nicht beeinflusst werden, wie z. B. vorhandene Sportstätten in der jeweiligen Stadt.

3.1.2.2.2 Event Risiken

Event Risiken sind Risiken, die direkt mit dem Produkt (dem Event) selbst zusammenhängen. Diese Risiken sind eng mit operativen Vorgängen während der Vorbereitung und Durchführung des Events verbunden.

Risiken, die das eigentliche „Hauptthema" eines Sportevents betreffen, also insbesondere den Wettkampf (inklusive Siegerehrungen und Zeremonien), werden der Risikogruppe "Sport / Wettkampf Produktion" zugeordnet (z. B. Dopingfälle).

Risiken, die andere (Rahmen-)Aspekte des Sportevents betreffen, also beispielsweise Akkreditierung, Transport oder Unterkunft, werden hingegen der Risikogruppe "Event Produktion" zugeordnet (z. B. ineffektive Transportlösungen).

Risiken, die durch mangelnde Sicherheit und Kontrolle entstehen können, sind von großer Bedeutung und werden daher gesondert unter "Sicherheit und Security" aufgeführt (z. B. Probleme bei der medizinischen Versorgung).

Das Sportevent selbst ist das Produkt, welches die Ansprüche und Interessen der Stakeholder, Medien und Öffentlichkeit befriedigen muss. Eine Unterteillung der Eventrisiken in „Sport / Wettkampf Produktion" einerseits und „Event Produktion" andererseits erscheint sinnvoll, da das Vorhandensein vom Wettkampf als eigentlichem Kernelement einerseits als auch die Begleitumstände (wie Unterbringung und Dienstleistungen) andererseits die Besonderheit des Produkts „Sportevent" ausmachen.

Gerade jüngste Beispiele zeigen immer häufiger, dass die Sicherheit der Besucher und Sportler einen bedeutenden Aspekt der Eventproduktion eingenommen hat.[25] Daher wird als dritte Risikogruppe „Sicherheit und Security" separat in die Risikoklassifizierung aufgenommen.

3.1.2.2.3 Risiken in der Unternehmensführung

Risiken in der Unternehmensführung haben ihren Ursprung innerhalb der Organisation. Sie entstehen durch ungenügende oder falsche interne Kooperation oder Koordination sowie durch Fehler in der Organisationskultur bzw. -struktur.

Risiken innerhalb der Organisationsstruktur werden in der Risikogruppe „Organisation" gesammelt (z. B. fehlendes Back-up-Personal bei Personalausfall durch Krankheit u. ä.).

Die Risikogruppe "Kommunikation" beinhaltet Risiken, die durch schlechte oder mangelnde interne und / oder externe Kommunikation auftreten (z. B. schlechte Informationsverteilung innerhalb des Lokalen Organisationsteams).

Durch schlechte bzw. mangelnde Führung verursachte Risiken werden der Risikogruppe "Führung" zugeordnet (z. B. unklare Verteilung von Aufgaben und Verantwortlichkeiten).

Exzellente Teamarbeit und eine funktionierende Kommunikation sind wichtige Kernkompetenzen für jedes Organisationskomitee. Der Generalsekretär oder Geschäftsführer hat dafür Sorge zu tragen, dass jedes Teammitglied seine Verantwortlichkeiten und Aufgaben genau kennt. Die Art, wie die Führungsmannschaft handelt, ist entscheidend für den Eventerfolg. Der Verantwortungsbereich jedes (Bereichs-)Managers muss klar definiert und kommuniziert werden.[26] Die Risikokategorie „Unternehmensführung" ist somit von zentraler Bedeutung.

---

[25] Vgl. Emerson 2004, 38.
[26] Vgl. Wicher 2003, 73f.

3.1.2.2.4 Direkte finanzielle Risiken

Direkte finanzielle Risiken sind Risiken, die unmittelbar zu finanziellen Schäden führen können. Sie haben ihre Ursache entweder in ausbleibenden Einnahmen oder unerwarteten Haftungen / Ausgaben. Lediglich die Risiken, die direkten Einfluss auf Forderungen und Verbindlichkeiten haben, werden als direkte finanzielle Risiken gelistet.

Sicherlich können viele Risiken letztendlich auch, u. a. durch Kettenreaktionen, zu finanziellen Verlusten bzw. Mehrbelastungen führen (= indirekte finanzielle Risiken), in Abbildung 6 ist ein entsprechendes Beispiel dargestellt. Dieser Sachverhalt liefert jedoch zugleich die Begründung, dass bei den finanziellen Risiken lediglich direkte finanzielle Risiken aufgeführt werden sollten, da ansonsten letztendlich fast alle Risiken auch finanzielle Risiken wären.

Abb. 6: Beispiel für mögliche Kettenreaktionen von Risiken

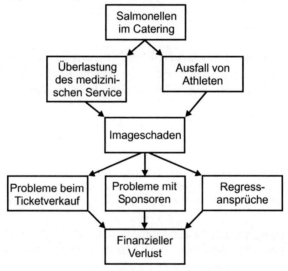

Abbildung 7 verdeutlicht den Zusammenhang und mögliche Kettenreaktionen von Risiken.

Abb. 7: Effekte und mögliche Kettenreaktionen von Risiken

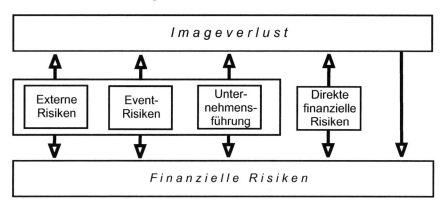

3.1.2.3 Risiken und Indikatoren

Nr.	Risiko-kategorie	Risiko-gruppe	Risiko	Indikatoren	ADM	ZER	WET	ANL	LOG	MAR	PRO	TVM	GS	S	W	O	A	E

Um die Anzahl der Risiken möglichst überschaubar zu halten und eine vergleichbare Ebene von Risiken zu erhalten („Kleinstrisiken" nicht extra aufführen), werden Kleinrisiken, die einem übergeordneten Risiko zugeordnet werden können, in der Indikatoren-Spalte neben dem dazugehörigen Hauptrisiko eingetragen. Der Inhalt dieser Rubrik wird selten vollständig sein, hilft aber wichtige Aspekte nicht zu vergessen und nach und nach das Hauptrisiko genauer zu definieren und zu beschreiben. Neue Aspekte können während des Risikomanagement-Prozesses problemlos hinzugefügt werden.

Eine Vielzahl der identifizierten Risiken weisen Querverbindungen und Abhängigkeiten auf. Indem die identifizierten Risiken in „Hauptrisiken" und „Indikatoren" unterteilt werden, lassen sich Abhängigkeiten darstellen und die Anzahl der Risiken wird übersichtlicher.

Viele der identifizierten Risiken lassen sich nun als Indikatoren für ein Hauptrisiko zuordnen. Zugleich wird auch die Relation zwischen den diversen Risiken realistischer, da z. B. das Risiko „Falsche Einsatzzeiträume des Personals" nicht länger mit dem Risiko „Misskalkulation bezüglich Personalbedarf" gleichgesetzt wird. Stattdessen wird das Risiko „Falsche Einsatzzeiträume des Personals" nun zu einem von mehreren Indikatoren und Auslösern für das Risiko

"Misskalkulation bezüglich Personalbedarf". Thematisch ähnliche Risiken sollten also dahingehend untersucht werden, ob sie mithilfe der Indikatorenrubrik gebündelt erfasst werden können.[27]

Zusammenfassend verdeutlichen die Indikatoren, aufgrund welcher potentieller Geschehnisse das Risiko existiert und wie das Ausmaß des Risikos variieren kann.

3.1.2.4 Zuteilung der Verantwortung

Nr.	Risiko-kategorie	Risiko-gruppe	Risiko	Indikatoren	ADM	ZER	WET	ANL	LOG	MAR	PRO	TVM	GS	S	W	O	A	E

Risikomanagement soll als oberstes Ziel Effektivität und Klarheit gewährleisten. Je nach Fähigkeiten und Teamstärke werden die verschiedenen Managementbereiche für verschiedene Risiken verantwortlich sein. Sie werden in der Risikotabelle durch die Kürzel ADM (Administration) bis GS (Generalsekretär) symbolisiert.[28] Jeder Bereich erhält seine eigene Risikoliste.

Risikomanagement muss in die Struktur der Organisation eingebaut werden. Jeder Bereich der Organisation ist für die Identifikation und Kommunikation seiner Risiken (mit)verantwortlich.[29] Es ist empfehlenswert, die Verantwortung für die jeweiligen Risiken den Managementbereichen zuzuordnen, in denen sie ihren Ursprung haben.[30]

Diese Zuordnung gestaltet sich in der Praxis jedoch schwierig, da oft nicht ersichtlich ist, welcher Bereich die Verantwortung trägt und es eine Vielzahl von bereichsübergreifenden Risiken gibt. Ein Grund hierfür ist die spezielle Charakteristik von Sportevents.

Eine Aufteilung der Verantwortlichkeit in drei verschiedene Ausprägungen soll diese Problematik lösen: Die Primärverantwortung (X), Sekundärverantwortung (O) und untergeordnete Verantwortung wird zugeteilt.[31] Hierdurch werden die Verbindungen und Abhängigkeiten zwischen den Managementbereichen aufgezeigt. Jedes Teammitglied muss in die Lage versetzt werden, die Verantwortlichkeiten auf einen Blick zu erfassen und zu wissen, welche Maßnahmen

---

[27] Siehe auch: Anhang 1, Tabelle 2.
[28] Die vollständige Übersicht befindet sich in Abbildung 4.
[29] Vgl. Diederichs 2004, 45.
[30] Vgl. Seidel 2002, 71.
[31] Siehe auch: 3.1.2.4.1 ff.

zur Risikokontrolle vorzunehmen sind. Da die Rankingtabelle der Risiken auf verschiedene Arten sortiert werden kann (z. B. nach Kategorien und / oder Managementbereichen), gibt sie einen guten Datenüberblick und ist für die Manager ein anwenderfreundliches Instrument, das zudem den Kommunikationsfluss sichert und alle nötigen Informationen liefert.

Um die Verantwortung der einzelnen Bereiche zu stärken, sollte dem Generalsekretär oder Geschäftsführer nur in Ausnahmefällen die Hauptverantwortung für Risiken zugeteilt werden. Seine Aufgabe ist es, an die Managementbereiche Verantwortung zu delegieren und die Manager regelmäßig zu konsultieren. Dennoch hat er letztendlich selbstverständlich die übergeordnete Verantwortung für finanziellen Verlust, Imageprobleme usw. ... Er sollte jedoch nur bei den Risiken als Entscheidungsträger bestimmt werden, bei denen er direkt und als Erster Aktionen durchführen und Entscheidungen treffen muss.

3.1.2.4.1 Primärverantwortung

Primärverantwortung (in der Rankingliste gekennzeichnet mit „X") bedeutet, dass der hauptverantwortliche Managementbereich für die Handhabung dieses Risikos verantwortlich ist und angemessene Maßnahmen treffen muss, um dieses Risiko zu verringern oder zu eliminieren. Auch die Dokumentation der Entwicklung und die Informationsweitergabe an die anderen Bereiche fällt in den Aufgabenbereich des hauptverantwortlichen Managementbereichs. Die anderen Managementbereiche müssen über die momentane Situation informiert und wenn nötig um Unterstützung gebeten werden.

3.1.2.4.2 Sekundärverantwortung

Sekundärverantwortung (in der Rankingliste gekennzeichnet mit „O") bedeutet, dass der Managementbereich stark von dem Risiko betroffen ist und der hauptverantwortliche Managementbereich eventuell aktive oder informative Unterstützung benötigt. Um das Risiko zu reduzieren oder zu eliminieren, werden angeordnete Maßnahmen des hauptverantwortlichen Managementbereichs befolgt und durchgeführt.

3.1.2.4.3 Untergeordnete Verantwortung

Sollte einem Managementbereich kein "X" oder "O" zugeordnet sein, so hat er bei diesem Risiko lediglich eine untergeordnete Verantwortung. Dennoch bedeutet dies nicht, dass der Bereich komplett von diesem Risiko befreit ist. Da Events auf guter Teamarbeit basieren und jedes Risiko letztendlich jeden Involvierten des Events beeinflussen kann, ist es wichtig, dass auch die Risiken mit untergeordneter Verantwortung zumindest bekannt sind. Aktionen oder Maßnahmen zur Risikoreduzierung bzw. –eliminierung werden jedoch bei untergeordneter Verantwortung erst nötig, wenn eine der beiden anderen Verantwortungsbereiche darum bittet.

3.2 Risikobewertung

Im nächsten Schritt geht es darum, das potenzielle Schadensausmaß (S), die Eintrittswahrscheinlichkeit (W), den internen operativen Einfluss (O) und die Abhängigkeit von Dritten (A) zu bestimmen.

Nr.	Risikokategorie	Risikogruppe	Risiko	Indikatoren	ADM	ZER	WET	ANL	LOG	MAR	PRO	TVM	GS	S	W	O	A	E

3.2.1 Generelle Aspekte

Das Resultat des Identifikationsprozesses ist eine große Datenmenge. Dieser Datenbestand muss nun näher untersucht werden. Hier ist insbesondere die Gewichtung der einzelnen Risiken von herausragender Bedeutung. Diese Bewertung soll Prioritäten setzen, welche Risiken vordringlich bearbeitet werden müssen und zugleich aufzeigen, wie gefährlich sie jeweils sind.

Um dieses Ziel zu erreichen, muss die Eventorganisation mittels einer geeigneten Bewertungsmethode in die Lage versetzt werden, alle Risiken miteinander zu vergleichen und ihren Gefährdungsgrad einzuschätzen.[32] Dies ist eine grundlegende Voraussetzung für die später folgende Risikokontrolle.[33]

Um nutzbare Ergebnisse und realistische Einschätzungen zu erreichen, sollte der Bewertungsprozess in Teamarbeit durchgeführt werden. Von Vorteil ist es, wenn es sich hierbei um das gleiche Team handelt, das schon in die Risikoidentifizierung involviert war.[34] Jedes Teammitglied wird dann die Risiken aus seiner persönlichen Sicht bewerten, die natürlich stark auf persönlicher Erfahrung und Intuition basiert.

Die Erstbewertung der Risiken sollte ohne Berücksichtigung der bereits durchgeführten oder geplanten Maßnahmen erfolgen (= Bruttobewertung[35]). Es soll ein neutraler Ausgangspunkt erstellt werden, um der Eventorganisation einen objektiven Überblick über die Risikolage zu ermöglichen. Selbstverständlich können bereits eingeführte oder umgesetzte Maßnahmen nicht ignoriert werden.

---

[32] Vgl. SBC Warburg Dillon Read 1998, 39.
[33] Vgl. Seidel 2002, 65.
[34] Vgl. Seidel 2002, 293f.
[35] Vgl. Diederichs 2004. 139.

Diese werden im weiteren Bewertungsprozess, also bei einer Zweitbewertung (= erste Neubewertung = Nettobewertung[36]), berücksichtigt. Um eine realistische Basis für die weiteren Aktivitäten zu schaffen, sollten die bereits eingeführten Maßnahmen direkt im Kontrollblatt jedes Risikos dokumentiert werden.[37] So kann das noch bestehende Restrisiko bewertet werden.[38] Die Aktualisierung und Neubewertung eines Restrisikos nach durchgeführten zusätzlichen Maßnahmen ist somit Teil des Kontroll-Prozesses.[39]

Mögliche Konsequenzen und Risikoeffekte müssen so objektiv wie möglich ermittelt werden. So können beispielsweise „Terrorismus" und „vergiftete Lebensmittel" dieselben Konsequenzen haben (Verletzungen oder Todesfälle), auch wenn „Terrorismus" zunächst als gefährlicher erscheint.[40]

Am Ende des Bewertungsprozesses müssen Toleranzen festgelegt werden, um sich auf die wichtigsten Risiken konzentrieren zu können. Das bedeutet, dass die Organisation Toleranzen für jedes Risiko definieren und Sicherheitslevel festlegen muss. Diese Entscheidung sollte in Übereinstimmung mit der Risikokultur der Organisation erfolgen. Als Konsequenz werden die beteiligten Mitarbeiter in die Lage versetzt, sich auf die Risiken zu konzentrieren, die als wichtigste und gefährlichste identifiziert und bewertet wurden. Allerdings beinhaltet diese Art der Risikobearbeitung selbst ein Risiko, denn auch vernachlässigte Risiken können zu ernsthaften Konsequenzen führen. Aufgrund der zeitlich begrenzten Möglichkeiten können Eventorganisatoren aber nicht alle Risiken mit der gleichen Priorität behandeln.

3.2.2 Durchführung der Bewertung

Um nutzbare Statistiken für die weiteren Risikomanagement-Prozesse zu erzielen, müssen Kriterien bezüglich der verschiedenen Effekte und Konsequenzen von Risiken (z. B. finanziell, Image) sowie der Eintrittswahrscheinlichkeit festgelegt werden. Die Bewertung der Risiken erfolgt unter Berücksichtigung der Quantität (basierend auf Zahlen und Werten) und Qualität (beschreibend) von Effekten und Konsequenzen.[41] Erfahrung, Expertenrat, Intuition und die Ausgangssituation sind Aspekte, die in diese Bewertung einfließen und dazu beitragen, (zahlenmäßige) Ergebnisse durch die Risikobewertung so genau wie möglich zu ermitteln.

---

[36] Vgl. Diederichs 2004. 139.
[37] Siehe auch: 3.3 und Anlage 2.
[38] Vgl. Diederichs 2004, 140.
[39] Siehe auch 3.3.1.
[40] Vgl. Tarlow 2002, 18.
[41] Vgl. Diederichs 2004, 142.

Als weiteres sinnvolles Instrument kann hier das Instrument „Szenarioplanung" eingesetzt werden. Szenarioplanung erlaubt einen systematischen Blick auf die Risikosituation, sowohl bezogen auf die Risikoidentifikation als auch auf die Bewertung.[42] Als weiterer Vorteil werden bei der Szenarioplanung auch mögliche Veränderungen von Rahmenbedingungen und Situationen mit einbezogen. Auch die Szenarioplanung ist jedoch aufgrund begrenzter zeitlicher und personeller Ressourcen meist nicht oder nur begrenzt einsetzbar.

Die Auswahl und die Gewichtung der Bewertungsparameter hängen von der jeweils individuellen Charakteristik des Events ab. Es gibt keine allgemein gültige Methode der Risikobewertung.[43] Nachfolgend werden zwei allgemeine Ansätze vorgestellt und als Basis für eine sinnvolle Bewertungsmethode bei Sportevents genutzt.

3.2.2.1 Ansatz 1: Bewertung auf Zahlenbasis

Um die Bewertung so leicht und unkompliziert wie möglich zu halten aber dennoch realistisch und effektiv durchzuführen, ist die Anwendung zweier Faktoren üblich:[44]

- Schadensausmaß
- Eintrittswahrscheinlichkeit

So kann eine Matrix gebildet werden, in welche die Risiken entsprechend der Wahrscheinlichkeit und dem Ausmaß eingeordnet werden (siehe Abbildung 8). Da es jedoch nicht möglich ist, die große Anzahl von Risiken in einer solchen Matrix übersichtlich darzustellen, können die verschiedenen Eintrittswahrscheinlichkeiten und Schadensausmaße auch durch Zahlen beschrieben werden.

- Beispiel:
Risiko X hat ein katastrophales Schadensausmaß und eine unwahrscheinliche Eintrittswahrscheinlichkeit:

Schadensausmaß (5) x Eintrittswahrscheinlichkeit (2) = Risikogröße (10)

Das Schadensausmaß eines Risikos beinhaltet sowohl finanzielle Aspekte als auch den Einfluss auf die Reputation einer Organisation. Daneben ist selbstverständlich von Bedeutung, wie viele Menschen und in welchem Maße betroffen sind.[45]

---

[42] Für weitere Informationen siehe Lindgren/ Bandhold 2003.
[43] Vgl. Benner 1992, 127.
[44] Vgl. Seidel 2002, 295.
[45] Vgl. Appenzeller/Seidler 1998, 298.

Die Eintrittswahrscheinlichkeit drückt aus, wie wahrscheinlich der jeweilige Vorfall eintreten wird.

Abb. 8: Risiko-Matrix[46]

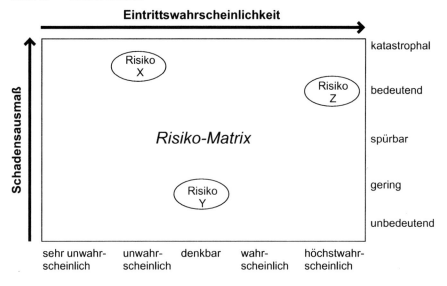

3.2.2.2 Ansatz 2: Einteilung in Groß-, Mittel- und Kleinrisiken
Ein anderer Ansatz zieht es vor, Risiken mit dem Fokus darauf zu bewerten, inwieweit sie das Event wirklich stoppen oder gefährden können bzw. ernsthafte finanzielle Verluste verursachen können. Dabei werden Risiken anstelle von quantitativen Kalkulationen (Ansatz 1) in „Groß-", „Mittel-" und „Kleinrisiken" eingeteilt.[47] So wäre ein Großrisiko beispielsweise die Absage des gesamten Events, während geringe technische Probleme ein Kleinrisiko darstellen würden, welches lediglich zu unbedeutenden Verzögerungen führt.

3.2.2.3 Gegenüberstellung Ansatz 1 und 2
Ansatz 2 bietet den Vorteil, einen großen Datenbestand schnell bearbeiten zu können. Zugleich berücksichtigt er, dass insbesondere die Beeinflussung auf die operativen Vorgänge der Eventorganisation durch ein Risiko beachtet werden muss.[48]

---

[46] In Anlehnung an: Smith 2004.
[47] Vgl. Benner 1992, 168.
[48] Vgl. Benner 1992, 168.

Auch wenn der zweite Ansatz sicher zeitsparender ist, so hat er doch den Nachteil, dass die große Anzahl von Risiken bei Sportevents außer Acht gelassen wird. Mit nur drei Risikoeinteilungen kann leicht der Überblick verloren gehen, da jede dieser Gruppen nach wie vor eine große Anzahl von Risiken beinhaltet und ein Ranking innerhalb der Gruppen nicht vorgesehen ist. Sollte die Gruppe der Großrisiken beispielsweise 30 Risiken beinhalten, so bleibt ihre Ordnung (und damit Priorisierung) untereinander unklar.

Eine Kombination von Ansatz 1 und 2 ist daher bei Sportevents sinnvoll, denn eine Bewertung nach Ansatz 1 mit Faktoren und Zahlen führt ebenfalls zu einem Ergebnis, welches in Groß-, Mittel- und Kleinrisiken aufgeteilt werden kann. Sie können wie in nachfolgender Grafik eingeteilt werden.[49] Risiken mit einem Wert von 0 bis 8 werden als „Kleinrisiko", mit einem Wert von 9 bis 15 als „mittleres Risiko" und bei 16 bis 25 Punkten als „Großrisiko" klassifiziert (siehe Abbildung 9).

Abb. 9: Groß-, Mittel- und Kleinrisiken

Schadens- ausmaß	Eintrittswahrscheinlichkeit				
	Höchstwahr- scheinlich	Wahrschein- lich	denkbar	Unwahr- scheinlich	Sehr un- wahr- scheinlich
Katastrophal	25	24	21	19	17
bedeutend	23	22	20	15	14
spürbar	18	16	13	10	9
gering	12	11	8	5	4
unbedeutend	7	6	3	2	1

Großrisiko	Mittleres Risiko	Kleinrisiko

Der Vorteil einer zahlenmäßigen Berechnung liegt darin, dass sie Ergebnisse liefert, die eine Sortierung und Differenzierung der einzelnen Risiken ermöglicht. Das macht diese Methode der Risikobewertung anwenderfreundlich und übersichtlich. Auch eine ergänzende Einteilung in Groß-, Mittel- und Kleinrisiken ist – falls gewünscht – einfach möglich. Selbstverständlich ist es nicht leicht, eine exakte Berechnung vorzunehmen, doch mit guten Hintergrundinformationen, Erfahrungen von anderen Events sowie gründlichen Recherchen und Überlegungen ist eine realistische Einschätzung der Risiken und eine realistische Zuordnung von Werten für die verschiedenen Faktoren möglich. Ein weiterer Vorteil von exakten Kalkulationen und Faktorenwerten liegt darin, dass die be-

---

[49] Vgl. Seidel 2002, 298.

teiligten Mitarbeiter jedes Risiko intensiver reflektieren müssen – eine Tatsache, die im späteren Verlauf des Risikomanagements von großem Vorteil ist. Der zunächst höhere Zeitaufwand sollte daher – zumindest bei größeren Events – in Kauf genommen werden.

Da das hier beschriebene Risikomanagement-Modell den Idealfall darstellen soll und um ein realistisches und vergleichbares Ergebnis zu erzielen, empfiehlt sich der Einsatz einer mathematischen Formel, die in den gesamten Risikomanagement-Prozess integriert wird. Dabei ist es unerlässlich, die Zuweisung von Werten zu den einzelnen Faktoren ständig zu überprüfen und zu aktualisieren.[50]

Folgende Zusammenfassung verdeutlicht noch einmal die Vorteile einer auf Zahlen basierenden Bewertung und liefert die Begründung für die nachfolgend vorgestellte Bewertungsmethode:
- Zahlen ermöglichen einen leichteren Vergleich zwischen den Risiken.
- Objektivere Einschätzung und genauere Informationen über die Risiken.
- Es ist deutlich einfacher, die Effekte von Risikokontrollmaßnahmen mithilfe von Zahlen darzustellen, während es fast unmöglich ist, diese Effekte bei einer Grobeinteilung ohne Zahlenwerte zu belegen. Der Grund liegt darin, dass bei der Grobeinteilung ein Großrisiko auch nach Durchführung einer Kontrollmaßnahme nach wie vor ein Großrisiko sein kann, wenn der Effekt nicht groß genug war, um eine Herabstufung zu einem mittleren Risiko zu begründen. Bei der mathematischen Vorgehensweise dagegen wird jede Veränderung durch eine neue, aktualisierte Berechnung aufgezeigt und dokumentiert.

3.2.3 Bewertung der Risiken mit vier Bewertungsfaktoren
3.2.3.1 Auswahl von vier Bewertungsfaktoren

Es bieten sich verschiedene Faktoren für die Risikobewertung an. Schadensausmaß sowie Eintrittswahrscheinlichkeit stellen dabei die Hauptcharakteristika bei der Risikoeinschätzung dar.[51] Zusätzliche Faktoren erlauben jedoch eine detailliertere Einschätzung eines jeden Risikos. Insbesondere bei Sportevents bieten sich zwei weitere Faktoren an. Die Vorgehensweise mit insgesamt vier Faktoren erleichtert die Fokussierung und Konzentration auf jedes Risiko und verdeutlicht die speziellen Merkmale der Risiken. Für jedes Risiko werden mehr Informationen verfügbar und dokumentiert. Dies führt zu einer klareren Positionierung der Risiken. Ansonsten besteht die Gefahr, dass Risiken rein auf ihr mögliches Schadensausmaß hin untersucht werden.

---

[50] Vgl. Culp 2002, 201f.
[51] Vgl. Seidel 2002, 287.

Für eine realistische, möglichst objektive und anwenderfreundliche Bewertung von Risiken bei Sportevents empfiehlt sich daher der Einsatz folgender vier Faktoren:
- Schadensausmaß
- Eintrittswahrscheinlichkeit
- Interner operativer Einfluss
- Abhängigkeit von Dritten

Folgende Hauptaspekte unterstützen die Entscheidung, vier anstelle von zwei Faktoren zu wählen:
- Die Arbeit mit vier Faktoren erfordert zwar zunächst einen höheren Arbeitsaufwand und beinhaltet die Problematik einen neutralen, objektiven Ausgangspunkt festzulegen. Diese Problematik besteht jedoch auch beim Einsatz von nur zwei Faktoren. Sie ist ein genereller Nachteil bei der mathematischen Vorgehensweise. Gerade der Aspekt der objektiven Beurteilung ist stets ein kritischer Punkt, da die Gefahr einer falschen Bewertung eines Faktors vorhanden ist. Doch beim Einsatz von vier Faktoren, wird eine derartige falsche Beurteilung eines Faktors nicht die gleichen Konsequenzen auf das Ergebnis haben, da die drei anderen Faktoren für einen gewissen Ausgleich sorgen.
- Je größer ein Sportevent ist, desto mehr Risiken müssen betreut werden. Vier Bewertungsfaktoren erleichtern eine genauere Berechnung als zwei Faktoren und die Risiken können übersichtlicher und informativer aufgeteilt werden.
- Vier Bewertungsfaktoren minimieren eine subjektive und instinktive Risikobewertung. Das Risiko wird objektiver und umfassender betrachtet und der Betrachterblick ist nicht so sehr auf das Schadensausmaß beschränkt. Effekte und Auswirkungen eines Risikos auf andere Risiken können beachtet werden und die Gesamtkalkulation beeinflussen.

Dennoch ist es schwierig, eine geeignete Basis für die Einschätzung von Risiken zu finden und die Zahlenwerte für jeden Faktor zu definieren, die dann für die einzelnen Risiken angewendet werden. Beim klassischen Risikomanagement in Unternehmen wird beispielsweise das Schadensausmaß anhand von Limits gemessen. Die in Abbildung 10 genannten Limits beziehen sich auf den möglichen finanziellen Schaden.

Doch auch wenn diese Zahlenwerte an das jeweilige Sportevent angepasst würden, so ist es dennoch schwierig, diese Art der Bewertung bei Sportevents anzuwenden. Da Eventrisiken größtenteils operativer oder strategischer Natur sind, können sie nur schwer anhand von finanziellen Verlusten gemessen werden. Oft ist es schlicht unmöglich vorherzusehen, inwieweit ein Risiko die finanzielle Situation beeinflussen wird. Dennoch ist eine Skala, welche die verschiedenen Ausmaße eines Faktors beschreibt eine wertvolle Hilfe, um Risiken objektiv zu bewerten. Daher sollte für jeden der vier Faktoren eine eigene Skala erstellt werden, die zugleich die speziellen Charakteristika von Sportevents berücksichtigt.[52]

Abb. 10: Einteilung des Schadensausmaßes[53]

Faktor	Schadensausmaß (finanzieller Verlust)
1	< 50.000 €
2	50.000 – 500.000 €
3	500.000 – 2.500.000 €
4	> 2.500.000 €

3.2.3.2 Schadensausmaß

Wie bereits beschrieben, wird bei der Frage nach der Gefährdung durch ein Risiko meist direkt an das mögliche Schadensausmaß gedacht. Das Schadensausmaß ist die Hauptcharakteristik eines Risikos, der Faktor liefert Informationen zu (negativen) Effekten, auf welche die Eventorganisation vorbereitet sein muss. Er muss daher unbedingt in die Bewertung mit einbezogen werden und spielt eine wichtige Rolle bei der Berechnung der Risiken, da es das Ziel von Risikomanagement ist, negative Ausmaße und Effekte zu kontrollieren.

In diesem Modell beinhaltet das Schadensausmaß die direkten Effekte auf das Sportevent selbst. Die internen Effekte auf die Organisation werden mit dem dritten Faktor – „interner operativer Einfluss" – berücksichtigt.[54]

Der Faktor "Schadensausmaß" bewertet dagegen das Risiko mit Blick auf die allgemeine Planung und Durchführung des Gesamtevents. Er beinhaltet die Frage, welches Ausmaß das Risiko auf das Budget haben kann. Zugleich werden auch nicht-monetäre Negativwirkungen wie Imagebeschädigung oder Verletzungen beachtet. Er ist abhängig von lang anhaltenden Konsequenzen sowie ob und zu welchem Ausmaß externe Partner oder Behörden in die Lösung des Problems einbezogen werden müssen. Eine realistische Einschätzung des Schadensausmaßes kann nur durch sorgfältige Recherchen erreicht werden.

3.2.3.3 Eintrittswahrscheinlichkeit

Dieser Faktor ist unverzichtbar, da er anzeigt, mit welcher Wahrscheinlichkeit ein Risiko überhaupt eintreten kann. Untersuchungen zu empirischen Werten verlangen Basiswissen und Zukunftsprognosen, andernfalls ist es kaum möglich, die Eintrittswahrscheinlichkeit in einer akzeptablen Qualität zu bestimmen. Der

---

[52] Siehe auch 3.2.4.1 ff.
[53] Aus: Seidel 2002, 291.
[54] Siehe auch 3.2.3.3.

Wert der Wahrscheinlichkeit soll anzeigen, ob ein Risiko sehr wahrscheinlich oder eher unwahrscheinlich eintritt. Diese Information ist für die Eventorganisation unverzichtbar, da eine bessere und objektivere Einschätzung gewährleistet wird.

Die Wahrscheinlichkeit wird bestimmt, indem die Situation der Organisation, externe Faktoren und Erfahrungen aus der Vergangenheit berücksichtigt werden. Die Bewertung dieses Faktors ist stark abhängig von der Wahrnehmung der Person, die das Risiko bewerten und deren Erfahrungen von früheren Events oder Arbeitseinsätzen. Die Eintrittswahrscheinlichkeit wird zudem beeinflusst von der gegenwärtigen politischen Lage und anderen externen Einflüssen. Des Weiteren spielen auch die internen Organisations- und Eventstrukturen eine Rolle.

3.2.3.4 Interner operativer Einfluss

Es ist empfehlenswert, das Schadensausmaß eines Risikos aus verschiedenen Perspektiven zu beleuchten und gegebenenfalls unterschiedlich zu werten. Daher sollte ein dritter Faktor eingesetzt werden, der den internen operativen Einfluss auf das gesamte Organisationsteam beschreibt. Die Thematik dieses Faktors wird somit aus dem Faktor „Schadensausmaß" herausgelöst. Der interne operative Einfluss zeigt die internen Effekte eines Risikos; also wie viele Bereiche betroffen sind und mit welchem Ausmaß. Je höher der Effekt und je mehr Bereiche aktiv werden müssen, desto höher wird auch der Wert dieses Faktors sein.

Es ist möglich, dass ein Risiko einen hohen internen operativen Einfluss hat, da viele Projektmitarbeiter und -bereiche betroffen sind und der Faktor „Schadensausmaß" (auf das gesamte Event bezogen) dennoch klein ist. Eine Änderung in Verbandsrichtlinien beispielsweise würde zu einem Mehraufwand und Schwierigkeiten innerhalb des Organisationskomitees führen, muss jedoch nicht zwangsläufig einen großen Effekt auf das Sportevent selbst haben. Der Faktor vermeidet somit Probleme beim Versuch einer realistischen Einschätzung von Risiken, die bei der Einschätzung des Schadensausmaßes bezüglich interner Abläufe („interner operativer Einfluss") bzw. bezogen auf das Gesamtevent („Schadensausmaß") nicht übereinstimmen. Sicher werden die meisten Risiken mit einem hohen Schadensausmaß auch einen hohen Faktor beim internen operativen Einfluss haben, doch sind diese Faktoren nicht zwangsläufig eng miteinander verbunden.

Für den Einsatz dieses Faktors spricht zudem der hohe Anteil projektbezogener Arbeitsprozesse innerhalb eines Organisationskomitees. Sowohl die täglichen Arbeitsabläufe als auch die strategische Eventplanung beruhen stark auf einer guten Zusammenarbeit und Koordination zwischen den verschiedenen Managementbereichen. Diese internen Effekte beeinflussen jedes Risiko positiv oder negativ und können Auswirkungen auf das gesamte Sportevent haben. Der Faktor berücksichtigt die Bedeutung der internen Struktur und Organisationskultur. Darüber hinaus werden externe Einflüsse bewertet, die zu Mehrarbeit in den verschiedenen Bereichen führen können.

3.2.3.5 Abhängigkeit von externen Faktoren

Die Aspekte, die von diesem vierten Faktor berücksichtigt werden, sind in keinem der drei vorherigen Faktoren enthalten. Da Sportevents jedoch stark von Partnerschaften mit externen Organisationen und Beziehungen zu den Behörden abhängig sind, sollte diese Abhängigkeit auch in die Risikobewertung einbezogen werden. So ist beispielsweise das Verhältnis zum Dachverband eines Sportevents (z. B. FIFA bei Fußball Weltmeisterschaften) von herausragender Bedeutung. Sollte der Dachverband in Schwierigkeiten geraten (finanziell, Image,...), wird dies auch nicht selbstverschuldete Auswirkungen auf das Organisationskomitee haben (z. B. im Extremfall finanzieller Verlust auf Grund einer Absage des Events).

Mit einer zunehmenden Abhängigkeit von externen Faktoren nimmt zugleich die Möglichkeit der direkten, eigenen Einflussnahme auf das Risiko ab. Dieser Aspekt führt zu einer Erhöhung des Risikos. Daher soll dieser vierte Faktor zu einer präziseren Risikobewertung führen. Er wird zudem zu einer weiteren Charakterisierung der Risiken beitragen, da er zeigt, zu welchem Ausmaß die Eventorganisation beim jeweiligen Risiko von Dritten abhängig ist. Er gibt somit Auskunft, inwieweit und in welchen Fällen ein enger Kontakt mit externen Partnern nötig bzw. unverzichtbar ist.

Die Übertragung von Verantwortung auf Dritte kann zwar bereits als eine Risikoreduzierungsmaßnahme verstanden werden; dies jedoch nur, wenn dieser Dritte auch komplett für die negativen Effekte und Folgen einsteht. Eine prekäre Situation kann entstehen, wenn die Eventorganisation nur begrenzten oder keinen Einfluss auf den Partner hat aber komplett von den möglichen Konsequenzen betroffen ist.

3.2.4 Bildung einer mathematischen Formel zur Risikobewertung

In vielen (klassischen) Risikomanagement-Ansätzen werden die beiden Faktoren „Schadensausmaß" und „Eintrittswahrscheinlichkeit" zu gleichen Teilen gewichtet. Als Konsequenz würden jedoch Risiken mit geringem Schadensausmaß und hoher Eintrittswahrscheinlichkeit den Risiken mit einem hohen Schadensausmaß und einer geringen Eintrittswahrscheinlichkeit gleichgestellt. Daher sollte eine Formel gefunden werden, welche die verschiedene Bedeutung der Faktoren berücksichtigt. Das Ergebnis ermöglicht so eine realistische Einschätzung / Bewertung der Risiken.

3.2.4.1 Rating von null bis zehn

Es ist üblich, Faktoren auf einer Skala von null oder eins bis fünf zu bewerten.[55] Dennoch empfiehlt sich eine Skala von null bis zehn, da diese zu einer größeren Spannbreite in den Ergebniswerten und zu einer akkurateren Berechnung führt.

3.2.4.1.1 Schadensausmaß

Das Schadensausmaß wird anhand einer 10-stufigen Skala bewertet und drückt die "Konsequenzen bezogen auf die Durchführung und Ziele des Gesamtevents" aus (Abbildung 11).

Abb. 11: Bewertungsskala des Schadensausmaßes

0	keine
1	unbedeutend
2	kaum spürbar
3	gering
4	spürbar
5	deutlich spürbar
6	erheblich
7	groß
8	gefährdend
9	verheerend
10	katastrophal

Der Faktor „Schadensausmaß" wird mit fünf multipliziert und macht damit 50 % des gesamten Bewertungsergebnisses aus. Es handelt sich hierbei um den wichtigsten Aspekt eines Risikos. Die klassische Risikomanagement-Frage „Was wäre wenn...?" bezieht sich auf das Schadensausmaß und es ist ja gerade ein möglicher Schaden, der Risikomanagement überhaupt erst nötig macht.

3.2.4.1.2 Eintrittswahrscheinlichkeit

Die Eintrittswahrscheinlichkeit wird ebenfalls entlang einer 10er-Skala bewertet und drückt die "Wahrscheinlichkeit, dass ein Risiko eintritt" aus (Abbildung 12).

Betrachtet man die verschiedensten Risikotypen bei einem Sportevent, so wird schnell klar, dass eine exakte Berechnung der Eintrittswahrscheinlichkeit nicht möglich ist. Der Faktor kann nur mithilfe von Erfahrung, Rahmenbedingungen und vorliegenden Informationen geschätzt werden.[56] Neben dem Faktor „Schadensausmaß" ist die Eintrittswahrscheinlichkeit einer der klassischen Faktoren und wird, wie bereits erwähnt, meist gleich wie das Schadensausmaß gewichtet. Es sollte jedoch beachtet werden, dass auch ein Risiko mit einem sehr

---

[55] Vgl. Seidel 2002, 291.
[56] Vgl. Benner 1992, 195.

hohen Schadensausmaß näher betrachtet werden muss, selbst wenn die Eintrittswahrscheinlichkeit nicht besonders hoch ist.

Abb. 12: Bewertungsskala der Eintrittswahrscheinlichkeit

0	0%
1	10%
2	20%
3	30%
4	40%
5	50%
6	60%
7	70%
8	80%
9	90%
10	100%

Werden Eintrittswahrscheinlichkeit und Schadensausmaß nicht gleich gewichtet, so wird ausgeschlossen, dass Risiken mit hohen Schadensausmaßen und geringer Wahrscheinlichkeit ein gleiches Ergebnis erzielen, wie Risiken mit geringen Schadensausmaßen aber hoher Eintrittswahrscheinlichkeit. Stattdessen werden

- Beispiel: Schadensausmaß = Eintrittswahrscheinlichkeit

	Schadensausmaß *4	Eintrittswahrscheinlichkeit *4	Ergebnis
Abbruch des Events	10	2	48
Kleinere technische Probleme	2	10	48

bei Risiken mit gleichem Schadensausmaßwert aber unterschiedlichen Eintrittswahrscheinlichkeiten die Risiken mit geringerer Wahrscheinlichkeit im Ranking auch deutlich niedriger eingeordnet als die Risiken, die eine höhere Wahrscheinlichkeit haben.

- Beispiel: Schadensausmaß > Eintrittswahrscheinlichkeit

	Schadensausmaß *5	Eintrittswahrscheinlichkeit *3	Ergebnis
Abbruch des Events	10	2	56
Kleinere technische Probleme	2	10	40

Selbstverständlich dürfen auch Risiken mit großer Eintrittswahrscheinlichkeit und geringerem Schadensausmaß nicht vernachlässigt werden. Daher wird die Eintrittswahrscheinlichkeit mit drei multipliziert. So ist nach wie vor ein relativ hohes Endergebnis sichergestellt, so dass auch diese Risiken nicht vernachlässigt werden können.

3.2.4.1.3 Interner operativer Einfluss
Der interner operative Einfluss wird ebenfalls in 10 Stufen bewertet (Abbildung 13) und drückt den "Einfluss auf die internen operativen Prozesse" aus.

Abb. 13: Bewertungsskala des internen operativen Einflusses

0	keiner
1	unbedeutend
2	kaum spürbar
3	gering
4	spürbar
5	deutlich spürbar
6	groß
7	erheblich
8	sehr stark
9	drastisch
10	verhängnisvoll

Da, wie bereits beschrieben, interne Schwierigkeiten ernsthafte Probleme für die Eventorganisation darstellen, sollte dieser Faktor nicht zu geringe Auswirkungen auf das Ergebnis haben. Er sollte stattdessen einen spürbaren Effekt auf das Risikoergebnis haben, was mit einem Gewichtungsfaktor von 1,5 sichergestellt wird. Risiken mit gleichem Schadensausmaß und gleicher Wahrscheinlichkeit werden dann auf Grund verschiedener interner operativer Einflüsse unterschiedliche Endergebnisse erzielen.

3.2.4.1.4 Abhängigkeit von externen Faktoren
Letztlich wird der Abhängigkeitsfaktor in 10 Stufen als "Grad der Abhängigkeit von externen Faktoren" bewertet (Abbildung 14).

Eine Abhängigkeit von externen Faktoren muss nicht zwangsläufig negativ sein. Es liegt im Interesse aller Stakeholder, dass das Event erfolgreich abläuft. Auch sie können das Organisationskomitee bei der Risikobewältigung unterstützen. Daher sollte dieser Faktor mit einer Multiplikation von 0,5 nur ergänzende Bedeutung haben. Auch wenn das Gesamtergebnis so nur geringfügig beeinflusst wird, liefert der Faktor wertvolle Informationen über ausgegliederte Bereiche und externe Abhängigkeiten und führt zu einer noch realistischeren Risikobewertung.

Abb. 14: Bewertungsskala der externen Abhängigkeit

0	keine
1	unbedeutend
2	kaum spürbar
3	gering
4	spürbar
5	deutlich spürbar
6	groß
7	gravierend
8	sehr stark
9	vollständig abhängig, mit geringer Einflussnahme
10	vollständig abhängig, ohne Einflussnahme

3.2.4.2 Relation zwischen den vier Faktoren

80% des Endergebnisses machen das Schadensausmaß und die Eintrittswahrscheinlichkeit aus, da beide eine übergeordnete Bedeutung haben und die Hauptcharakteristika der Risiken darstellen.

Der interne operative Einfluss und die externen Abhängigkeiten zeigen Tendenzen und berücksichtigen die speziellen Charakteristika von Sportevents. Beide Faktoren sollen zu einer objektiveren und differenzierteren Risikobewertung beitragen. Sie haben mit zusammen 20 % einen korrigierenden Einfluss auf das Ergebnis.

Die Multiplikatorwerte können jedoch je nach Event unterschiedlich bestimmt werden, abhängig davon, welche Kategorie von besonderer Bedeutung ist. So könnte beispielsweise der interne operative Einfluss einen niedrigeren Multiplikatorwert haben, wenn ein erfahrenes Eventteam das Event bereits zum wiederholten Male organisiert.

Selbstverständlich ist es nicht empfehlenswert, bei der Bewertung der einzelnen Faktoren die identischen Werte von früheren Events erneut ungeprüft zu benutzen. Diese können lediglich ein Anhaltspunkt sein, ansonsten muss jedoch immer die aktuelle, gegebene Situation in den Bewertungsprozess einfließen.

3.2.5 Ergebnis

Nr.	Risiko-kategorie	Risiko-gruppe	Risiko	Indikatoren	ADM	ZER	WET	ANL	LOG	MAR	PRO	TVM	GS	S	W	O	A	E

Das Gesamtergebnis ermöglicht einen objektiven Vergleich der Risiken, da mit dem vorliegenden Modell jedes Risiko einen Wert zwischen null und 100 erreichen kann. Die Anzahl der Risiken mit gleichem Endergebnis wird aufgrund der großen Ergebnisspanne gering sein. Dennoch wird das Ergebnis eines Risikos nur dann einen Sinn ergeben, wenn es im Gesamtkontext aller Risiken gesehen wird. Dann kann entschieden werden, welche Risiken primär bearbeitet werden. Diese Entscheidung sollte auf der übergeordneten Führungsebene getroffen werden.

Das Endergebnis basiert auf folgender mathematischen Formel:
 Schadensausmaß * 5
 + Eintrittswahrscheinlichkeit * 3
 + operativer interner Einfluss * 1,5
 + Abhängigkeit von externen Faktoren * 0,5
 = **Ergebnis**

3.3 Risikokontrolle
3.3.1 *Generelle Aspekte zur Risikokontrolle*

Auch wenn Risikomanagement keinen 100%igen Schutz vor dem Eintreten von Risiken gewährleisten kann, so erhöht es zumindest die Aufmerksamkeit gegenüber möglichen Risiken und beinhaltet die Chance, den Risikograd zu verringern. Nachdem Risiken identifiziert und bewertet wurden, müssen daher Methoden entwickelt werden, wie mit ihnen umgegangen wird.

 Organisatoren und Verantwortliche von Sportevents müssen Strategien für den Umgang mit Risiken entwickeln. Hierbei wird die Toleranzgrenze des Risikos in Betracht gezogen und abgewogen. Es müssen Möglichkeiten aufgezeigt werden, wie das Risiko verhindert werden kann und letztendlich müssen auch Wege gefunden werden, wie sich die Organisatoren beziehungsweise Verantwortlichen verhalten, falls das Risiko überhand nimmt. Bei diesen Entscheidungen ist eine enge Zusammenarbeit zwischen allen Beteiligten und betroffenen Bereichen unerlässlich.

 Bei den meisten Risiken, die es bei Sportgroßveranstaltungen zu kontrollieren gilt, müssen jeweils individuelle Maßnahmen beschlossen werden. Um diesen Kontrollvorgang zu unterstützen und zu vereinfachen, können Limits (z. B. finanziell, Risikowert, ...) festgelegt werden, welche nicht über- oder unterschritten werden dürfen. So ist es schnell möglich, eine Risikoveränderung festzustellen und entsprechend zu handeln. Dies gilt gerade und vor allem für quantifizierbare Risiken, die man in einem „maximalen Verlust" ausdrücken kann.

3.3.2 Risikodokument

Das Risikodokument (siehe Anhang 2) stellt neben der Rankingtabelle das Kernstück des Risikomanagement-Prozesses bei Sportveranstaltungen dar. Es vereint die Dokumentation von Prozessen und Teilprojekten mit dem Kontrollprozess durch das Risikomanagement. Für jedes zuvor identifizierte und bewertete Risiko wird ein eigenes Risikodokument angelegt. Die Pflege und Vervollständigung der jeweiligen Risikodokumente obliegt dann den jeweiligen Verantwortlichen. So ist gewährleistet, dass jedes Risiko mit dem nötigen Spezialwissen der einzelnen Verantwortungsbereiche behandelt wird.

Alle Informationen aus den Risikodokumenten laufen dann bei einer verantwortlichen Person (z. B. Risikomanager) zusammen. So ist diese „Stabstelle" permanent im Bilde über die gesamte Risikosituation und kann Einflüsse und Änderungen an die jeweiligen Verantwortlichen und die Organisationsleitung weitergeben.[57]

Im Folgenden wird – wie bereits bei der Beschreibung der Rankingtabelle – die eingefärbte Kopfzeile des Risikodokumentes dem Text vorangestellt.

S	W	O	A	E	Maßnahmen der Risikoreduzierung	Milestone	erledigt	Kommentar	S	W	O	A	Neues Ergebnis

Ausgangspunkt des Dokumentes ist die jeweils zuvor berechnete Einschätzung des Risikos. Zu Beginn der Dokumentation handelt es sich hier also um die Brutto-Bewertung des Risikos. Bei späteren Berechnungen wird jeweils die vorangegangene Netto-Bewertung des Risikos dokumentiert. Das alte Ergebnis dient somit als Anhaltspunkt, um eine spätere, neue Bewertung besser beurteilen und einschätzen zu können.

---

[57] Siehe auch: Abbildung 2.

S	W	O	A	E	Maßnahmen der Risikoreduzierung	Milestone	erledigt	Kommentar	S	W	O	A	Neues Ergebnis

Alle Maßnahmen, die ergriffen werden, um das Risiko zu verringern, werden im Risikodokument festgehalten. Milestones sowie das Datum, an welchem die Maßnahmen umgesetzt wurden, werden vermerkt. Die sorgfältige Dokumentation ermöglicht auch für andere Beteiligte eine schnelle Einschätzung des Status Quo eines gelisteten Risikos. Zudem kann sie als Unterstützung für „to-do-Listen" und operative Prozesse während der Vorbereitungsphase dienen.

S	W	O	A	E	Maßnahmen der Risikoreduzierung	Milestone	erledigt	Kommentar	S	W	O	A	Neues Ergebnis

Des Weiteren bietet das Risikodokument die Möglichkeit, Kommentare zu Maßnahmen, Milestones oder zum Risiko zu notieren. Bezüglich der Masse an eingesetztem Personal bei Sportevents können hier Informationen schnell abgerufen und effizient weitergeleitet werden (beispielsweise bei der Verschiebung von Verantwortungsbereichen, Krankheiten, Aufstockung des Personals). Zudem können hier Erkenntnisse aus dem Monitoring vermerkt werden.[58]

S	W	O	A	E	Maßnahmen der Risikoreduzierung	Milestone	erledigt	Kommentar	S	W	O	A	Neues Ergebnis

Die neue Bewertung des Risikos wird unter Einbeziehung der zuvor dokumentierten Maßnahmen und deren Auswirkungen auf die Risikolage des jeweiligen Risikos durchgeführt. Der Vergleich mit der vorausgegangenen Berechnung ermöglicht, die Bewertung nochmals realistischer einzuschätzen. Es kann auf einen Blick festgestellt werden, ob ergriffene Maßnahmen den gewünschten Nutzen gebracht haben oder nicht.

---

[58] Siehe auch 3.4.

Durch effektive Maßnahmen verringern sich die Werte mit jedem Durchgang und das Risiko verliert an Bedeutung, sinkt somit folglich im Risikoranking. Allerdings können auch nicht umgesetzte oder falsche Maßnahmen sowie eine vorangegangene falsche Einschätzung der Situation oder des Umfeldes zu einem ansteigenden Ergebnis führen. In jedem Fall müssen die aktuellen Werte in die Rankingtabelle der Risiken übernommen werden (möglichst durch einen netzwerkgestützten Automatismus, um den Aufwand gering zu halten), da diese stets auf dem aktuellsten Stand sein muss. Zudem wird in der Regel nur die Rankingtabelle allen am Event Beteiligten zur Einsicht zur Verfügung stehen, während die Risikodokumente hingegen nur durch den zuständigen Managementbereich verwaltet werden und auch nur dort permanent eingesehen werden. So wird eine unnötige Informationsflut für alle Beteiligten vermieden und die Gefahr gemindert, veraltete Dokumente in Entscheidungsprozesse mit einzubeziehen.

Die Dokumentation und die Aktualisierung der Bewertung sollten in periodischen Abständen geschehen, welche von den jeweiligen Verantwortlichen selbst festgelegt werden kann. Es empfiehlt sich, an einem Termin alle Risiken seines Verantwortungsbereiches neu zu bewerten um so auch selber einen guten Überblick über die Risiken zu erhalten. Des Weiteren fördert es die Objektivität der Beurteilung, wenn man schon zuvor fixe Termine festlegt und sich möglichst frei macht von aktuellen Emotionen gegenüber einzelner Vorgänge des Alltages.

3.3.3 Ansätze für Kontrollstrategien

Alle Maßnahmen, ein Risiko zu verringern, setzen entweder daran an, die Wahrscheinlichkeit des Auftretens zu verringern oder das Ausmaß des Vorfalls zu entschärfen. Bei der Risikokontrolle bieten sich unterschiedliche Strategien an, sie sind in Abbildung 15 verzeichnet.

Abb. 15: Risikostrategien[59]

Risikogruppe	*Beschreibung*	*Strategie der Kontrolle*
Risikogruppe 1	Kleinrisiko	Kompensation
Risikogruppe 2	Mittleres Risiko	Reduktion Transfer
Risikogruppe 3	Großrisiko (Existenz gefährdend)	Vermeidung Transfer

Bei Sportevents besitzt die oben genannte Zuteilung von Kontrollstrategien keine Allgemeingültigkeit sondern zeigt Tendenzen auf. So können beispielsweise viele Kleinrisiken auch durch Transfer oder Vermeidung kontrolliert werden.

---

[59] Quelle: Seidel 2002, 301.

3.3.3.1 Kompensation

„Wenn etwas fehlschlägt, wie werden wir dann für den Schaden aufkommen?"[60] Gerade bei geringfügigeren Risiken und Risiken, welche finanzielle Verluste mit sich bringen, ist die Möglichkeit, finanzielle Reserven anzulegen eine gute Strategie, den Schaden, der durch ein eingetretenes Risiko entstanden ist, auszugleichen. Rücklagen helfen, schnell auf auftretende Risiken zu reagieren, bevor diese von einem kleinen Problem zu einem großen werden. Diese Strategie beinhaltet auch die Aufnahme von Krediten oder Sicherheiten sowie Versicherungen gegen geringere Schäden.

3.3.3.2 Risikominderung

Risikominderung bedeutet entweder die Wahrscheinlichkeit des Auftretens oder die Größe des Ausmaßes zu vermindern. Dies geschieht häufig durch die Änderung organisatorischer Vorgehensweisen, durch welche die Wahrscheinlichkeit des Verlustes oder des Schadens verringert werden.

Notfallpläne für eventuellen Feuerausbruch sind beispielsweise solche Maßnahmen, die das Ausmaß des Risikos bei Auftreten abschwächen können und so Menschenleben retten können, da keine Panik ausbricht und das Personal durch die Notfallpläne weiß, was es zu tun hat. Die Angestellten und Helfer selber werden sich durch solche Pläne sicherer fühlen, sind selbstbewusster und eher in der Lage, in kritischen Situationen richtig zu handeln.

Gerade bei Sportgroßveranstaltungen steigen die Risiken häufig durch eine ungenaue Planung und Vorbereitung sowie schlechte Organisationsstrukturen oder falsche / fehlende Kompetenzverteilung. Das Ausmaß eines eintretenden Risikos hängt demnach häufiger vom Handeln der beteiligten Personen (z. B. menschlichem Versagen) ab als bei anderen Unternehmen oder Organisationen. Im Gegensatz zu Angestellten in klassischen Unternehmen müssen die Angestellten und die freiwilligen Helfer bei Sportveranstaltungen häufig sofort auf eintretende Risiken reagieren und Lösungen finden. Ein wichtiger Beitrag zur Verringerung der Risiken ist daher ein gut trainiertes und geschultes Team von Festangestellten, aber auch von freiwilligen Helfern. Das Training der Angestellten und der Freiwilligen ist ein wichtiger Bestandteil beim Risikomanagement von Sportevents.[61]

Die Beteiligten können durch das Aufstellen von Regularien bezüglich der Sicherheit in ihrer Arbeit unterstützt werden. Je klarer Sicherheitsvorschriften formuliert sind, desto leichter können sie verfolgt und umgesetzt werden und ermöglichen so eine Verringerung des Ausmaßes eines eintretenden Risikos.

---

[60] Vgl. O'Connor u. a. 1997, 24.
[61] Vgl. O'Connor u. a. 1997, 43.

Grundsätzlich muss das Team immer für alle möglichen Situationen vorbereitet sein. Auch wenn es ungerecht sein mag: falls etwas (unverschuldet) Unvorhergesehenes eintrifft, wird dennoch der Veranstalter verantwortlich gemacht. Durch eine klare Strukturierung der Maßnahmen zur Risikoverringerung und durch eine fundierte Schulung des Teams können jedoch Sicherheiten entstehen.

3.3.3.3 Risikovermeidung

Die Vermeidung von Risiken und die Eliminierung von möglichen Risikoquellen ist eine weitere Möglichkeit, effektives Risikomanagement zu betreiben. Die absolute Vermeidung von Risiken und das Umgehen von Risikoquellen scheint die effektivste und beste Methode für ein erfolgreiches Risikomanagement darzustellen. Jedoch muss hier abgewogen werden, ob die Kosten oder der Aufwand, um ein Risiko oder eine Gefahrenquelle zu eliminieren, nicht vielleicht höher sind als der (materielle) Schaden, den das Risiko mit sich bringen würde. Falls dem so ist, wäre die absolute Vermeidung eines Risikos aus wirtschaftlichen Aspekten in diesem Fall nicht geeignet.[62]

Das Vermeiden eines Risikos, in diesem Fall die Tatsache kein Risiko auf sich zu nehmen, kann auch zu einer Verringerung der eigenen Möglichkeiten führen. So ist man beispielsweise nicht gewillt, in eine neue Technologie zu investieren, die noch nicht 100% ausgereift ist (z. B. Datenverarbeitung und -aufarbeitung oder Zeitnahme). Ist diese Technologie aber bereits sehr viel versprechend und wird in den nächsten Jahren das „non plus ultra" auf dem Markt werden, könnte dieses nicht eingegangene Investitionsrisiko zu einem anderen, eventuell schwerwiegenderen Risiko führen: der Tatsache, dass man in einigen Jahren nicht mehr wettbewerbsfähig in seiner Branche ist.

3.3.3.4 Risikotransfer

Der Transfer von Risiken bedeutet, die Übernahme des Schadens, der bei Ausbruch eines Risikos entstehen könnte, durch einen Dritten. Risiken können an andere Institutionen übertragen werden. Hierbei ist zwischen Risiken zu unterscheiden, welche auf Versicherungen übertragen werden können, und Risiken, die durch Verträge auf andere Partner übertragen werden.

Risikotransfer ist eine der effektivsten und sichersten Methoden zur Risikovermeidung. Gerade bei Sportveranstaltungen ist der Risikotransfer eine gute Maßnahme, um als Veranstalter einige Risiken aus dem eigenen Verantwortungsbereich entfernen zu können (z. B. Übernahme eines eventuellen Verlustes beim Merchandising durch die beauftragte Merchandisingfirma).

---

[62] Vgl. Reiss 2001, 8.

3.3.3.4.1 Versicherungen

Versicherungen können keine Risiken vorbeugen. Für den Veranstalter einer Sportgroßveranstaltung bedeuten Versicherungen aber, mit einem fixen Rechnungsposten kalkulieren zu können. Die Verantwortung bei Eintreten des Risikos liegt dann bei der Versicherungsanstalt. Bei der Entscheidung „pro" oder „contra" Versicherungen ist jedoch stets die Höhe der Versicherungspolice in Bezug auf das mögliche Schadensausmaß und die Eintrittswahrscheinlichkeit abzuwägen. So haben es Sportveranstaltungen häufig mit einer Menge von Risiken zu tun, deren Eintrittswahrscheinlichkeit relativ gering ist, deren Ausmaß bei Eintritt jedoch immens ist. Letztendlich wird es sich hierbei immer um eine Fall-zu-Fall-Entscheidung handeln.

Insbesondere folgende Versicherungen bieten sich für Veranstalter von Sportevents an:[63]
- Generell Haftungsfälle
- Versicherung der Volunteers und Angestellten
- Eventunterbrechung
- Eventabbruch
- Eventabsage
- Wetter

3.3.3.4.2 Verzichtserklärungen

Um den Teilnehmern eine gewisse Eigenverantwortung zu geben und um sich als Veranstalter absichern zu können, sind Verzichtserklärungen, welche für die Teilnehmer oder Zuschauer zur Unterschrift bereitliegen, eine weitere Möglichkeit, Risiken zu übertragen. So unterschreiben beispielsweise die Teilnehmer bei Stadtläufen und ähnlichen semiprofessionellen Sportveranstaltungen meist mit der Bestätigung der Teilnahme auch, dass sie für eventuelle Verletzungen o.ä. selbst verantwortlich sind.

Jedoch ist eine Verzichtserklärung nie eine absolut sichere Methode um Risiken zu transferieren. Der Veranstalter wird bei einem Vorfall trotzdem nicht die Garantie haben, durch eine Verzichtserklärung zu 100% frei von Schadensersatzansprüchen zu sein.

3.3.3.4.3 Verträge

Durch Vertragsabschlüsse mit externen Unternehmen, können Risiken auf Dritte übertragen werden. Solche Partner können bei Sportveranstaltungen häufig auch die Stadt oder der Staat sein (Garantie der Kostenübernahme bei Verlust, Bereit-

---

[63] Vgl. O'Connor u. a. 1997, 28f.

stellung von Sicherheitskräften durch die Polizei…).⁶⁴ Jedoch muss auch hier bedacht werden, dass zwar das Ausmaß des Risikos von einem Vertragspartner übernommen wird aber der Veranstalter damit rechnen muss, dass die Veranstaltung unter einem Imageverlust zu leiden hat.

Ein Risikotransfer auf andere Organisationen und Einrichtungen ist daher immer gut und vorausschauend zu organisieren. Gerade beim Risikotransfer durch externe Partner muss eine enge Zusammenarbeit zwischen den Vertragspartnern herrschen und eine gute Vertrauensbasis geschaffen werden.

3.3.3.5 Risikoakzeptanz

Eine weitere Methode des Risikomanagements kann auch sein, Risiken zu akzeptieren.⁶⁵ Dies ist auch bei Sportveranstaltungen eine gute Möglichkeit, mit Risiken umzugehen. Selbstverständlich ist es die Aufgabe eines jeden Risikomanagers, Risiken zu vermeiden und Risiken so klein wie möglich zu halten. Jedoch sollte man auf das Eintreten von Risiken gefasst sein. Hier ist das Bilden von Rücklagen eine gute Möglichkeit, um auf Risiken, die man identifiziert, bewertet und bewusst akzeptiert hat, bei Eintreten vorbereitet zu sein.

Das Akzeptieren von Risiken ist jedoch nur eine sinnvolle Strategie, wenn andere Maßnahmen zuviel Geld oder Aufwand bedeuten würden und gleichzeitig, trotz des hohen Aufwands, keine signifikante Verringerung des Risikos mit sich bringen würden. Risiken, die eine geringe Wahrscheinlichkeit des Eintretens und ein geringes Ausmaß mit sich tragen, können akzeptiert werden. Eine weitere Möglichkeit, sich für diese Methode zu entscheiden, ist es, wenn man bewusst Risiken akzeptiert, um eine Chance zu nutzen.⁶⁶

3.3.3.6 Ex ante- und ex post- Strategien zur Risikokontrolle

Die zuvor genannten Maßnahmen zur Kontrolle von Risiken werden in der einschlägigen Literatur diskutiert. Des Weiteren wird bei der Kontrolle von Risiken zwischen ex ante- und ex post- Strategien unterschieden.⁶⁷

Maßnahmen wie Versicherungen oder das Erstellen von Notfallplänen sowie das Berechnen von finanziellen Grenzen können im Voraus ergriffen werden (ex ante) und stellen eine gute Vorbereitung auf Risiken bzw. im Falle von Notfallplänen eine Verringerung eines noch nicht aufgetretenen Risikos dar. Sobald ein internes Risikokontrollsystem feststellt, dass eine gesetzte Grenze der Toleranz überschritten ist, greifen diese vorbereiteten Maßnahmen und können

---

[64] Vgl. O'Connor, A. u. a. 1997, 34.
[65] Vgl. Diederichs 2004, 194.
[66] Vgl. Diederichs 2004, 194.
[67] Vgl. Culp 2002, 204.

sofort eingesetzt werden. Eine andere Möglichkeit ist es, auf ein Risiko zu reagieren (ex post), beispielsweise dadurch, dass man für eventuelle Risiken Rücklagen gebildet hat.

Um ein nützliches und zuverlässiges Risikokontrollsystem bei einer Sportveranstaltung einzurichten, müssen die identifizierten Risiken einzeln bewertet und charakterisiert werden. Man kann jedoch davon ausgehen, dass die Risiken bei Sportgroßveranstaltungen ähnlich derer in der Dienstleistungsindustrie sind.

Viele dieser Risiken müssen bei Sportgroßveranstaltungen jedoch zusätzlich unter dem Aspekt der beteiligten Masse der Personen betrachtet werden. Das Ausmaß vieler, in der Kategorie „Event Risiken" identifizierten Risiken, ist extrem abhängig von der Zahl der beteiligten / geschädigten Personen.

Bei einer Sportveranstaltung trägt der Veranstalter nicht nur die Verantwortung für finanzielle Angelegenheiten und für das Umsetzen der Wünsche der beteiligten Personen / Interessengemeinschaften, sondern hat …"gleichsam die moralische und rechtliche Pflicht der Fürsorge bezüglich der Teilnehmer, Akteure, Zuschauer und Mitarbeiter".[68] Welche Maßnahmen auch immer zur Kontrolle von Risiken eingesetzt werden, so ist dies immer zu beachten. Es ist nicht alleine der Geldfluss oder die Befriedigung der Wünsche von unterschiedlichen Interessensgemeinschaften, sondern zusätzlich zu den kommerziellen Aspekten die Verantwortung, die der Veranstalter für das Leben anderer Menschen trägt.

3.3.4 Umsetzung und Anwendung der Maßnahmen und Strategien im Risikomanagement

Es wurden längst nicht alle Maßnahmen zur Kontrolle von Risiken genannt – des Weiteren gibt es keine Vorlagen oder Vorschriften, mit welcher Methode man ein bestimmtes Risiko angehen muss, um sein Ausmaß und Schaden zu verringern. Maßnahmen können auch kombiniert werden, um eine optimale Kontrolle über Risiken zu haben. Häufig hängen die eingesetzten Methoden jedoch auch von den finanziellen Mitteln und der Teamstärke ab. Dennoch gibt es einige allgemeine Aspekte, die für eine erfolgreiche Kontrolle der Risiken einer Sportgroßveranstaltung zu beachten sind:[69]

- Verantwortungs- und Aufgabenbereiche müssen klar abgesprochen werden und gerade im Bezug auf den Risikomanagementablauf muss festgelegt werden, wer für die Verringerung der einzelnen Risiken verantwortlich ist.

---

[68] Aus dem Englischen: "the moral and legal duty of care towards participants, performers, spectators and staff [alike]." Frosdick 1997, 273.
[69] Vgl. Diederichs 2004, 194.

- Kommunikation ist für ein gut funktionierendes Risikomanagement-System essentiell. Exzellentes Teamwork und exzellente Kommunikationsfähigkeiten sind gerade bei der Organisation von Sportgroßveranstaltungen immens wichtig. Identifizierte Risiken und Schwachstellen müssen gut dokumentiert und weitergegeben werden. Die Identifizierung der Risiken und die Dokumentation von ergriffenen Maßnahmen ist ein wichtiger Teil einer erfolgreichen Kommunikation im Team. Auch bei der Einstellung neuen Personals oder bei personeller Umstrukturierung müssen die neuen Mitarbeiter schnell an fundierte und übersichtlich strukturierte Informationen herankommen, um sich auch ein Bild über die mit ihrem Arbeitsbereich verknüpften Risiken machen zu können.
- Es sollte ein Berichtssystem etabliert werden, so dass, falls ein Risiko auftritt, geklärt ist, wie das Risiko angegangen und dokumentiert wurde. Dies ist gerade im Falle von späteren Schadensersatzklagen ein wichtiger Aspekt. Kann man im Nachhinein dokumentieren, dass man verantwortungsvoll mit einem eingetretenen Risiko / Zwischenfall umgegangen ist, so spart dies viel Ärger und Kosten.
- Des Weiteren ist das klassische Kontrollieren und Dokumentieren der finanziellen Kennzahlen der unterschiedlichen Bereiche eine wichtige Maßnahme um Risiken zu erkennen und zu kontrollieren.

3.3.5 Krisenmanagement

Wie bereits erwähnt ist es nicht möglich, jedes Risiko, welches eventuell auftreten könnte, zu identifizieren, bewerten und kontrollieren. Auch wenn alles erdenklich Mögliche getan wurde, um ein Risiko zu verringern, so könnte doch etwas Unvorhergesehenes passieren, und eine Krise auslösen. Vor solchen Krisen kann sich ein Eventveranstalter nicht zu 100% schützen. Er kann sich aber darauf vorbereiten, um in der Krise Fehler zu vermeiden, welche die Situation verschlimmern würden.[70]

Entsprechende Ausführungen finden sich in den anderen Beiträgen dieses Bandes und direkt oder sinngemäß auf Eventorganisationen übertragen werden.

3.3.6 Abschließende Aspekte der Risikokontrolle

Der Kontrollbereich des in diesem Kapitel vorgestellten Risikomanagement-Systems beinhaltet, wie schon zu vor erwähnt, diverse Kontrollmöglichkeiten, welche in Abhängigkeit von den äußeren Umständen und von den berechneten Gefahren gesehen werden müssen.

---

[70] Vgl.. Tarlow 2002, 23.

Für eine erfolgreiche Kontrolle muss jedes identifizierte Risiko separat aufgezeichnet werden und die Zuständigkeiten zugeteilt werden. Es muss deutlich gemacht werden, wer für die Kontrolle dieses Risikos verantwortlich ist.

Dies bringt den Vorteil mit sich, dass die Personen oder Bereiche, die sich am besten auskennen auch die Möglichkeit haben, das Risiko zu kontrollieren (vorausgesetzt, ihnen wird die Primärverantwortung zugeteilt). So wird das Know-how fokussiert eingesetzt und es ist nicht nötig, dass eine höhere Managementinstanz, welche mit eigenen Arbeitsbereichen und den dort angesiedelten Risiken beschäftigt ist, eine zusätzliche Arbeitsbelastung erfährt. Das hier vorgestellte Modell legt daher viel Wert auf einen mündigen und kompetenten Mitarbeiter / Angestellten, der gewillt ist, Verantwortung zu übernehmen.

3.4 Monitoring
3.4.1 Die Bedeutung von Monitoring

Bezogen auf Risikomanagement bedeutet Monitoring, dass jedes Risiko und seine Rahmenbedingungen kontinuierlich überwacht werden muss, da bestehende Risiken sich verändern und neue Risiken entstehen können.[71] Monitoring stellt sicher, dass Risikomanagement und „seine Techniken die angestrebten Ergebnisse erzielen und dass Veränderungen im Risikoprofil einer Sportorganisation reflektiert werden."[72]

Monitoring ist ein fortlaufender Prozess, der den Risikomanagement-Prozess kontinuierlich unterstützt und dabei interne und externe Veränderungen erfasst. Es werden sowohl Veränderungen in der strategischen und operativen Eventplanung als auch die Situation um die Eventorganisation beobachtet. Informationen zu Veränderungen in der politischen Situation, Berichte und Erfahrungen von anderen Events unterstützen dabei den Monitoring-Prozess.

Monitoring trägt so dazu bei, dass Veränderungen im Risikoprofil erkannt werden:
- Neue Risiken werden identifiziert.
- Eine Verringerung oder Verstärkung eines Risikos wird erkannt.
- Veränderungen bei Stakeholdern, Personal, Situation und Rahmenbedingungen werden dokumentiert.

Manche Experten fügen dem Monitoring-Prozess noch einen weiteren Bericht hinzu. Dieser beschreibt, welche Risikomanagement-Aktivitäten implementiert wurden und kommentiert den Erfolg derselben.[73] Das hier vorgestellte Risiko-

---

[71] Vgl. Betschart u. a. 1996.
[72] Aus dem Englischen: "and the techniques it identifies for managing risks, are achieving the desired results, and that changes to the sport organisation's risk profile are reflected." Vicsport, www.vicsport.asn.au, 2004.
[73] Vgl. Vicsport, www.vicsport.asn.au, 2004.

management-Modell behandelt diese Informationen jedoch eigenständig im Kontrollprozess. Maßnahmen zur Risikoreduzierung und deren Ergebnisse werden dort im jeweiligen Risikodokument festgehalten.[74]

Monitoring legt den Schwerpunkt auf eine unabhängige Untersuchung des aktuellen Risikoprofils und liefert zusätzliche Informationen als Hilfe für die Einschätzung eines jeden Risikos. Das Monitoring begleitet den gesamten Risikomanagement-Prozess und garantiert eine kontinuierliche Kontrolle darüber, ob die eingeführten Maßnahmen zur Risikokontrolle nach wie vor wirksam sind (insbesondere unter Berücksichtigung sich ändernder Rahmenbedingungen und Konditionen). Das Monitoring soll die Eventorganisation in die Lage versetzen, rechtzeitig die Risikokontrollmaßnahmen an neue oder veränderte Bedingungen anzupassen.

Monitoring gibt damit auch Hinweise, sobald eine Neubewertung eines oder mehrerer Faktoren eines Risikos erforderlich wird. Zugleich wird der Entscheidungsprozess bezüglich passender Risikokontrollmaßnahmen unterstützt.

3.4.2 Die Funktionsweise von Monitoring

Monitoring fordert zu regelmäßiger Kommunikation mit allen, an einem Risiko Beteiligten, auf. Da für jeden Bereichsmanager eine eigene Liste mit Risiken, für die er Primär- oder Sekundärverantwortung hat, erstellt wird, ist zugleich ersichtlich, wer für das Monitoring eines Risikos verantwortlich ist. Veränderungen in der Verantwortlichkeitszuordnung müssen daher direkt an alle Beteiligten kommuniziert werden.

Berichte und Statements sind bewährte und gewöhnliche Instrumente beim Risikomonitoring in großen Unternehmen.[75] Bei einem Sportevent beinhaltet Monitoring eine regelmäßige Berichterstattung an die Führungsebene (z. B. Generalsekretär) und die Überprüfung ob Milestones und Deadlines eingehalten werden. Als weiteren wichtigen Aspekt muss Monitoring auch die politischen und ökonomischen Bedingungen sowohl innerhalb als auch außerhalb der Organisation berücksichtigen. Verläuft der Monitoring-Prozess erfolgreich, können auch die Risiken effektiv bearbeitet werden. Um die Risiken richtig einschätzen zu können, sollte die Eventorganisation zusätzlich Benchmark-Informationen einholen.[76]

Das ständige Monitoring von Risiken ist ein unverzichtbarer Bestandteil eines umfassenden Risikomanagement-Prozesses und sollte jede Stufe des Pro-

---

[74] Siehe auch Anhang 2.
[75] Vgl. Culp 2002, 204.
[76] Vgl. Vicsport, www.vicsport.asn.au, 2004.

zesses begleiten.[77] Ein permanentes Monitoring, welches jede Risikomanagement-Stufe begleitet, trägt zur Fehlervermeidung bei. Werden Veränderungen nicht sofort wahrgenommen, besteht die Gefahr, dass Risiken vergessen / übersehen werden und / oder dass die Identifikation und Bewertung unvollständig oder falsch durchgeführt werden. Falsche Maßnahmen könnten getroffen und finanzielle, personelle oder zeitliche Ressourcen verschwendet werden. Darüber hinaus ermöglicht das Monitoring, Entscheidungen der Vergangenheit zur Risikokontrolle zu dokumentieren und an eine neue oder veränderte Situation anzupassen.[78]

Es ist schwieriger, Monitoring bei einem Sportevent einzuführen als bei einem herkömmlichen Unternehmen, da Zahlen und langfristige Informationen nur begrenzt vorliegen. Zudem können Veränderungen von Rahmenbedingungen oft nur schwer wahrgenommen werden. Eine genaue Beobachtung der gesamten Eventsituation ist daher eine wichtige Aufgabe für jeden, der in das Risikomanagement eingebunden ist. Nicht nur die Veränderungen in der Situation jedes einzelnen Risikos können entdeckt werden, zudem werden neue Erfahrungen gesammelt und dokumentiert, was sich auch auf die künftige Risikokontrolle positiv auswirkt.

Monitoring ist "der operative Prozess, mit dem das Unternehmen sicherstellt, dass es in Übereinstimmung mit den festgelegten Risikostrategien und – prozeduren handelt."[79]
Es ist nötig, dass alle Informationen zentral vorliegen, analysiert werden und als Input an die betroffenen Bereiche weitergeleitet werden.[80] Beim Risikomonitoring müssen alle Managementbereiche der Eventorganisation berücksichtigt werden, da Veränderungen nicht nur die Risiken eines Bereichs betreffen müssen. So kann ein gestiegenes Risiko in einem Bereich auch zu einem höheren Risiko in einem anderen Bereich führen bzw. Dominoeffekte auslösen.

Die Schaffung von Transparenz und fortwährenden Kommunikationsmaßnahmen ist daher eine essentielle Aufgabe von Monitoring. Das Monitoring ist somit auch ein Kommunikationsinstrument, welches durch Meetings, Protokolle und Reports wertvolle Informationen weitergibt. Die Führungsebene hat den Überblick über die gesamte Eventorganisation und den Kontakt zu externen Partnern. Sie ist daher in der Lage, die Bereichsmanager mit den jeweils wichti-

---

[77] Vgl. Vicsport, www.vicsport.asn.au, 2004.
[78] Vgl. Vicsport, www.vicsport.asn.au, 2004.
[79] Aus dem Englischen; "the operational process whereby the firm ensures that it is operating within its defined risk policies and procedures." SBC Warburg Dillon Read 1998, 42.
[80] Vgl. Betschart u. a. 1996.

gen Informationen zu versorgen. Dies beeinflusst direkt die Einschätzung von Risiken.

Sowohl das kontinuierliche Monitoring als auch die Dokumentation beim Kontrollprozess sorgen dafür, dass zum Einen jeder über die Risiken informiert und zum Anderen in der Lage ist, den gesamten Prozess mit seinen Entwicklungen zu verfolgen.

Innerhalb der Dokumentation eines jeden Risikos in einem Risikodokument[81] empfiehlt es sich, hier auch wichtige Informationen aus dem Monitoring die das jeweilige Risiko betreffen mit aufzunehmen. Veränderungen und deren Effekte auf ein Risiko werden so direkt bei der Neubewertung eines Risikos berücksichtigt. Die Informationen des Monitorings sollten daher in der Rubrik „Kommentare" festgehalten werden. Die Integration des Monitorings in das Risikodokument hat den Vorteil, dass alle wichtigen Informationen zu einem Risiko gesammelt in einem Dokument vorliegen.

Schlussbetrachtung

Die olympische Bewegung formuliert die Zielsetzung des IOC wie folgt: Sport soll „... zur Bildung einer friedlichen und besseren Welt durch die Erziehung der Jugend mit Sport, der ohne jede Diskriminierung in einer Atmosphäre der Freundschaft, Solidarität und Fairplay praktiziert wird, bei[zu]tragen."[82]

Um diese Ziele zu erreichen, müssen der Sport und die Eventindustrie an den steigenden Professionalismus und die Kommerzialisierung angepasst werden. Große Sportevents wecken großes öffentliches Interesse und sind eine großartige Gelegenheit, nicht nur den Sport sondern auch die oben erwähnten Aspekte zu thematisieren.

Leider gelingt dies nicht bei allen Sportevents – in Erinnerung bleiben beispielsweise die XX. Olympischen Sommerspiele in München 1972, die zum Ziel terroristischer Anschläge wurden.

Die Budgets der Events sind oft knapp kalkuliert und negative Vorfälle können schnell den Erfolg des Events gefährden oder zu Imageverlust, Verletzten und Toten führen. Zwischen Erfolg und Misserfolg eines Sportevents verläuft lediglich ein schmaler Grat.

---

[81] Siehe auch Anhang 2.
[82] Aus dem Englischen: "to promote ethical values in sport and fight against all forms of doping as well as racial, religious, political or other kind of discrimination in athletics." IOC, www.olympic.org, 2004.

Es sollte dabei nicht übersehen werden, dass auch noch so professionelles Eventmanagement ein Risikomanagement nicht überflüssig macht. Schließlich können Fehler immer, überall und auch einem erfahrenen und bestens ausgebildeten Manager passieren. Zudem liegt nicht alles in der Hand der Organisatoren, da eine Vielzahl externer Einflüsse die Planung beeinflussen kann. So konnten die Organisatoren der Olympischen Sommerspiele 2004 in Athen bei Ihrer Bewerbung nicht vorhersehen, dass die Kosten für die Sicherheit als Folge der Terroranschläge in New York explosionsartig in die Höhe schnellen würden. Letztendlich wurden ca. 1 Milliarde Euro mehr benötigt, um der veränderten Weltsicherheitslage mit angemessenen Konzepten begegnen zu können.[83]

Sportevents werden zunehmend größer, komplexer und öffentlicher. Politische Konflikte oder Terroranschläge können die Umsetzung der Eventziele gefährden. Auch die unterschiedlichen Ziele der diversen Interessengruppen wie Sponsoren, Verbände, Organisatoren, Athleten, Zuschauer und des Organisationskomitees sind eine große Herausforderung für jeden Eventveranstalter.

Jedoch bietet eine Großveranstaltung neben einem möglichen Imagegewinn ein großes Potential an wirtschaftlichen Möglichkeiten für die ausrichtende Stadt, das Land, die Sportart und die Eventorganisation. Effektives Risikomanagement, als Teil eines professionellen Eventmanagements, optimiert die Erfüllung der Zielsetzungen von Sportevents.

Das in diesem Buch vorgestellte Risikomanagement-Modell ermöglicht eine effektive Arbeit, ist dabei leicht verständlich und auf die wichtigsten Aufgaben fokussiert. Es führt dabei zu nutzbaren und hilfreichen Ergebnissen. Auch wenn die Einführung eines solchen Modells zunächst zusätzliche zeitliche und personelle Ressourcen benötigt, so wird dafür im späteren Verlauf durch das zuverlässige und standardisierte Dokumentationssystem Zeit eingespart.
Zudem ist ein zusätzlicher Aufwand von Eventorganisationen auch dadurch vertretbar bzw. einforderbar, dass sie in der Pflicht stehen, allen Beteiligten bestmögliche Sicherheit zu bieten.

Psychologisch gesehen soll Risikomanagement weder Eventveranstalter aus Angst vor den vielen Gefahren lähmen noch Pessimismus verbreiten. Ganz im Gegenteil es soll allen Beteiligten Sicherheit geben und zu einem reibungslosen Ablauf des Events beitragen. Letztendlich ist Risikomanagement ein unverzichtbarer Bestandteil auf dem Weg zur Erfüllung der Eventziele und zu einem unvergesslichen, erfolgreichen Ereignis.

---

[83] Vgl. ARD, http://olympia.ard.de, 11.08.2004.

Anhang 1: Rankingtabellen

Tabelle 1: Dokumentation der Ergebnisse der Risikoidentifikation (Teil A)

E											
A											
O											
W											
S											
GS											
TVM											
PRO											
MAR											
LOG											
ANL											
WET											
ZER											
ADM											
Indikatoren											
Risiko	Unerwartete Kostensteigerung für Sicherheit	Veränderte Sicherheitsstufen (Terrorwarnsystem)	Streik ÖPNV	Wetter	Schlechte Wirtschaftslage	Imageverlust der Sportart	Erhöhter Personalbedarf	Falscher Einsatzplan v. Mitarbeitern	Keine Generalprobe	Generalprobe unrealistisch	Massenpanik	Überfüllte ÖPNV	Fehler bei Dopingkontrollen
Risikogruppe	Rahmenbed.	Rahmenbed.	Katastrophe	Katastrophe	Einnahmen	Einnahmen	Organisation	Organisation	Event-Prod.	Event-Prod.	Sicherheit	Sicherheit	Sport-Prod.
Risikokategorie	Externe Risiken	Externe Risiken	Externe Risiken	Externe Risiken	Dir. finanz. Risiken	Dir. finanz. Risiken	Untern.-führung	Untern.-führung	Eventrisiken	Eventrisiken	Eventrisiken	Eventrisiken	Eventrisiken
Nr.													

Tabelle 1: Dokumentation der Ergebnisse der Risikoidentifikation (Teil B)

Nr.	Risikokategorie	Risikogruppe	Risiko	E				
				A				
				O				
				W				
				S				
				GS				
				TVM				
				PRO				
				MAR				
				LOG				
				ANL				
				WET				
				ZER				
				ADM				
				Indikatoren				
	Eventrisiken	Sport-Prod.	Sicherheitslücken bei Transport v. Dopingproben					
	Externe Risiken	Vorschriften/ Vorgaben	Änderung Wettkampfordnung					
	Ext. Risiken	Haftung	Ruhestörung					
	Untern.-führung	Kommunikation	Schlechter int. Kommunikationsfluss					
	Untern.-führung	Führung	Verteilung von Aufgaben unklar					

Bearbeitungsschritte:

- Schritt 1: Eintragen der identifizierten Risiken in die Spalte „Risiko"
- Schritt 2: Zuordnung von Risikokategorien und –gruppen zu allen Risiken
- Schritt 3: Sortierung nach Risikokategorien und –gruppen

Tabelle 2: Eliminierung doppelter und Zusammenfassung von Risiken (Teil A)

E							
A							
O							
W							
S							
GS							
TVM	O	O			O	O	
PRO	O	O	X		O	O	
MAR	O	O			O	O	
LOG	O	O			O	O	
ANL	X	O			O O	X	O
WET	O	O	X		O X	X	X
ZER	O	O					X
ADM	O O			X	O X X		X
Indikatoren	Veränderte Sicherheitsstufen (Terrorwarnsystem)	- Streik ÖPNV - Wetter	- Schlechte Wirtschaftslage - Imageverlust der Sportart	- Erhöhter Personalbedarf - Falsche Einsatzzeiträume	- Keine Generalprobe - Generalprobe unrealistisch	- Massenpanik - Überfüllter ÖPNV	- Fehler bei Dopingkontrollen - Sicherheitslücken beim Transport
Risiko	Unerwartete Kostensteigerung für Sicherheit	Unterbrechung des Events	Ticketverkauf bleibt hinter Planung zurück	Misskalkulation bezüglich Personalbedarf	Mangelnde / keine Erkenntnisse durch Generalprobe	Mangelhafte Kontrolle der Menschenmengen	Probleme bei Dopingkontrollen
Risikogruppe	Rahmenbed.	Katastrophen	Einnahmen	Organisation	Event-Prod.	Sicherheit	Sport Prod.
Risikokategorie	Externe Risiken	Externe Risiken	Dir. finanz. Risiken	Untern.-führung	Eventrisiken	Eventrisiken	Eventrisiken
Nr.							

Tabelle 2: Eliminierung doppelter und Zusammenfassung von Risiken (Teil B)

Nr.	Risikokategorie	Risikogruppe	Risiko	Indikatoren	E	A	O	W	S	GS	TVM	PRO	MAR	LOG	ANL	WET	ZER	ADM
	Externe Risiken	Vorschriften/ Vorgaben	Änderung Wettkampfordnung								o	o	o	o	o	x	o	o
	Externe Risiken	Haftung	Haftungsansprüche Dritter	Ruhestörung							o	o	o	o	o	o	o	x
	Untern.-führung	Kommunikation	Schlechter interner Informationsfluss							x	o	x	o	o	o	o	o	o
	Eventrisiken	Führung	Verteilung von Aufgaben unklar							x	o	o	o	o	o	o	o	o

Bearbeitungsschritte:

- Schritt 1: Doppelt genannte Risiken nur noch einmal aufführen
- Schritt 2: Zusammenfassung von Risiken (auch mit Hilfe der Spalte „Indikatoren") → Umbenennung des Risikos evtl. notwendig
- Schritt 3: Zuteilung von Verantwortlichkeiten zu den Managementbereichen

Tabelle 3: Risikobewertung und Ranking (Teil A)

Nr.	Risikokategorie	Risikogruppe	Risiko	Indikatoren	ADM	ZER	WET	ANL	LOG	MAR	PRO	TVM	GS	S	W	O	A	E
1	Externe Risiken	Rahmenbed.	Unerwartete Kostensteigerung für Sicherheit	Veränderte Sicherheitsstufen (Terrorwarnsystem)	O	O	O	X	O	O	O	O		10	8	8	10	91
2	Externe Risiken	Katastrophen.	Unterbrechung des Events	- Streik ÖPNV - Wetter	O	O	O	O	O	O		O		10	3	10	10	79
3	Untern.-führung	Kommunikation	Schlechter interner Informationsfluss		O	O	X	O	O	O	x	O	X	8	7	10	0	76
4	Dir. finanz. Risiken	Einnahmen	Ticketverkauf bleibt hinter Planung zurück	- Schlechte Wirtschaftslage - Imageverlust der Sportart							X			10	3	7	8	74
5	Eventrisiken	Führung	Verteilung von Aufgaben unklar		O	O	O	O	O	O	O	O		6	6	10	0	63
6	Untern.-führung	Organisation	Misskalkulation bezüglich Personalbedarf	- Erhöhter Personalbedarf - Falsche Einsatzzeiträume	X	O	O	O	O	O	O	O	x	7	5	8	1	63
7	Eventrisiken	Sicherheit	Mangelhafte Kontrolle der Menschenmengen	- Massenpanik - Überfüllter ÖPNV				X						9	3	4	4	62

Tabelle 2: Risikobewertung und Ranking (Teil B)

	Nr. 8	Nr. 9	Nr. 10	Nr. 11
E	62	60	59	57
A	3	10	3	5
O	7	7	4	5
W	5	8	2	4
S	7	4	9	7
GS				
TVM	O	O		O
PRO	O	O		O
MAR	O			O
LOG	O	O	O	O
ANL	O	O		O
WET	X X	x	X	O
ZER	X	O O		O
ADM	O			x
Indikatoren	- Keine Generalprobe - Generalprobe unrealistisch		- Fehler bei Dopingkontrollen - Sicherheitslücken beim Transport	Ruhestörung
Risiko	Mangelnde / keine Erkenntnisse durch Generalprobe	Änderung Wettkampfordnung	Probleme bei Dopingkontrollen	Haftungsansprüche Dritter
Risikogruppe	Event-Prod.	Vorschriften/ Vorgaben	Sport Prod.	Haftung
Risikokategorie	Eventrisiken	Externe Risiken	Eventrisiken	Externe Risiken

Bearbeitungsschritte:

- Schritt 1: Bewertung der 4 Faktoren und Ergebnisermittlung
- Schritt 2: Ranking nach Endergebnis
- Schritt 3: Tabelle stets aktuell halten (insbes. in Abstimmung mit den jeweiligen Risikodokumenten, s. Anhang 2): Neue Risiken oder Indikatoren eintragen, regelmäßig Neubewertungen durchführen und anschließend Ranking aktualisieren)

Anhang 2: Risikodokumente (Teil A)

01.08.04-30.09.04												
S	W	O	A	E	Maßnahmen der Risikoreduzierung	Milestone	Erledigt	Kommentar	S	W	O	A	Neues E
10	3	6	8	72	> berechnet, wie viele Tickets reduziert abgegeben werden können (20% Nachlass)	31.07.04	X	> 25% der Tickets könnten zu geringerem Preis verkauft werden	10	2	6	8	69
					> Ticketing Promotion während anderen Veranstaltungen, Gewinnspielaktionen, Sonderangebots Aktionen	08.08.04	X	> registrierter Zugriff auf die Website zw. 10.08. u. 20.08.: 5 000 > wie viele Tickets wurden über Sonderpreisaktion verkauft? Stand 15.09.: 250 > 30.09.04: 2850 verkaufte Tickets					

Anhang 2: Risikodokumente (Teil B)

01.10.04-31.12.04												
S	W	O	A	E	Maßnahmen der Risikoreduzierung	Milestone	Erledigt	Kommentar	S	W	O	A	Neues E
10	2	6	8	69	> Werbekampagnen in den Printmedien > Werbekampagnen im Fernsehen	31.10.04 08.11.04	X X	> 25% der Tickets könnten zu geringerem Preis verkauft werden > registrierter Zugriff auf die Website zw. 10.08. u. 20.08.: 5 000 > wie viele Tickets wurden über Sonderpreisaktion verkauft? Stand 15.09.: 250 > 30.09.04: 2850 verkaufte Tickets	10	2	6	8	69

Weitere Berechnungen...

Literatur- und Quellenverzeichnis

In dem folgenden Literatur- und Quellenverzeichnis sind Beiträge aus Tageszeitungen nur aufgeführt, wenn sie mit einem Autorennamen versehen waren. Andere Verweise auf Tageszeitungen sind den entsprechenden Fußnoten zu entnehmen.

Adolphsen, Jens (**2005**): Lizenz und Insolvenz von Sportvereinen. in: Heermann. Peter (Hrsg.): Lizenzentzug und Haftungsfragen im Sport, Stuttgart 2005, 65

Altmeppen, Holger (**1999**): Die Auswirkungen des KonTraG auf die GmbH. In: ZGR 1999, 291

Anders, Georg (**2005**): Soziologische Sportorganisationsforschung in der Bundesrepublik Deutschland. In: Alkemeyer, Thomas/Rigauer, Bero/Sobiech, Gabriele (Hrsg.): Organisationsentwicklungen und De-Institutionalisierungsprozesse im Sport, Schorndorf: 2005, 99-122

Appenzeller, Herb /**Seidler**, Todd L. (**1998**): Emergency Action Plan: Expecting the Unexpected, in: Appenzeller, Herb (Hrsg.) Risk Management in Sport, Durham 1998, 297 – 310

Argyris, Chris/ **Schön**, Donald A. (**1999**): Die lernende Organisation, Stuttgart

Balkhoff, Achim (**2005**): Die Show muss weitergehen. In: *Hannoversche Allgemeine Zeitung* 05.12.2005, 12

Balkhoff, Achim (**2005b**): „Der Fan sieht 96, und 96 hat versagt". In: *Hannoversche Allgemeine Zeitung* 09.08.2005, 21

Baroncelli, Alessandro/ **Lago**, Umberto (**2006**): Italian Football. In: Journal of Sport Economics 1/2006, 13-28

Bea, Franz Xaver/**Göbel**, Elisabeth (**2002**): Organisation, Theorie und Gestaltung, 2. Auflage, Stuttgart

Bea, Franz Xaver/ **Haas**, Jürgen (**1994**): Möglichkeiten und Grenzen der Früherkennung von Unternehmenskrisen. In: WiSt 10/1994, 486-491

Bea, Franz Xaver / **Kötzle**, Alfred (**1983**): Ursachen von Unternehmenskrisen und Maßnahmen zur Krisenvermeidung. In: DB 1983, 565

Benner, Gerd (**1992**): Risk Management im professionellen Sport: auf der Grundlage von Ansätzen einer Sportbetriebslehre, Bergisch-Gladbach

Bernstein, Peter L. (**2004**): Wider die Götter, Hamburg

Betschart, Roland/ Kuss, Matthias/ Schönbächler, Oscar (**Betschart u. a.; 1996**): Risk Management ist Chefsache. In: Handelszeitung Sonderdruck aus Nr. 43/96 (hier: www.zurichbusiness.ch/pdf/rms_002.riskmanagement_g.pdf; 04.05.2004)

Bickhoff, Nils/ Blatz, Michael/ Eilenberger, Guido/ Haghani, Sascha/ Kraus, Karl-J. (**Bickhoff u. a.;** Hrsg.; **2004**): Die Unternehmenskrise als Chance, Berlin / Heidelberg

Biermann, Thomas (**1998**): Dienstleistungs-Management, München/Wien

Bleicher, Knut (**1979**): Unternehmensentwicklung und organisatorische Gestaltung, Stuttgart/ New York 1979

Born, Jürgen L./ Mohr, Stefan/ Bohl, Markus (**Born u. a.**, **2004**): Financing The Game - Erfolgsfaktoren, Strategien und Instrumente zur Finanzierung eines Profifußballklubs. dargestellt am Beispiel von Werder Bremen. In: Zieschang, Klaus/Klimmer, Christian (Hrsg.): Unternehmensführung im Profifußball, Berlin 2004, 199-212

Breuer, Christoph u. a. (**2005**): Sportentwicklungsbericht 2005/2006 – Analyse zur Situation des Sports in Deutschland, Sportvereine in Niedersachsen, Köln

Buth, Andrea K. / **Hermanns**, Michael (Hrsg.; **2004**): Restrukturierung, Sanierung, Insolvenz, München

Cezanne, Marc (**1999**): Krisenmanagement und Komplexität, Wiesbaden

Cherkeh, Rainer (**2000**): Betrug (§ 263 StGB), verübt durch Doping im Sport, Frankfurt a. M.

Clark, Charles (**1972**): Brainstorming, Methoden der Zusammenarbeit und Ideenfindung, München

Cohen, Michael D./ March, James G./ Olsen, Johan P. (**Cohen u. a.**, **1972**): A garbage can model of organizational choice, Administrative Science Quarterly 17, 1-25

Comelli, Gerhard/**von Rosenstiel**, Lutz (**2003**): Führung durch Motivation, 3. Auflage, München

Culp, Christopher L. (**2002**): The ART of Risk management, Alternative Risk Transfer, Capital Structure, and the Convergence of Insurance and Capital Markets, New York

Deutscher Sportbund (**DSB**; Hrsg.; **o. J.**): Leitbild des deutschen Sports, Frankfurt a. M. [2001]

Deutscher Sportstudio Verband (**dssv**; Hrsg.; **2005**): dssv – Eckdaten 2004, Branchendaten der Fitness-/Wellness-/Racket-Anlagen in Deutschland, Hamburg

Diederichs, Marc (**2004**): Risikomanagement und Risikocontrolling, München

Dodgson, Mark (**1993**): Organizational Learning: A Review of Some Literatures. In: Organizational Studies 1993, 375-294

Dörnemann, Jörg (**2002**): Controlling im Profi-Sport: Ausgangssituation, Bedarf und konzeptioneller Überblick. In: Galli, Albert/Gömmel, Rainer/Holzhäuser, Wolfgang/ Straub, Wilfried (Hrsg.): Sportmanagement, München 2002, 129-165

Dörner, Dietrich/ **Rek**, Ute (**2005**): Denken und Handeln in Krisensituationen. In: Burmann, Christoph/ Freiling, Jörg/ Hülsmann, Michael (Hrsg.): Management von Ad-hoc-Krisen, Wiesbaden 2005, 423-442

Drygala, Tim /**Drygala**, Anja (**2000**): Wer braucht ein Frühwarnsystem?. In: ZIP 2000, 297

dssv (2005) – Siehe Deutscher Sportstudio Verband

Emerson, Tony, (**2004**): Will Athens shine? In: Newsweek Vol. CXLIV, No.7, 16.08.2004, 36-38

Emrich, Eike (**1996**): Zur Soziologie der Olympiastützpunkte, Niedernhausen/Ts.

Emrich, Eike/ Papthanassiou, Vasilios/ Pitsch, Werner (**Emrich u. a.**; **1996**): Klettertechniken für Aufsteiger, Seilschaften als soziales Phänomen. In: Kölner Zeitschrift für Soziologie und Sozialpsychologie 1/1996, 141-155

Emrich, Eike/ **Wadsack**, Ronald (**2005**): Zur Evaluation der Olympiastützpunkte, Köln

Englisch, Jörg (**2003**): Die Insolvenzklausel des DFB und die bisherigen Insolvenzfälle im Fußball. In: Württembergischer Fußballverband (Hrsg.): Wirtschaftliche Kontrollmaßnahmen und verbandsrechtliche Sanktionen zur Sicherung des sportlichen Wettbewerbs, Stuttgart 2003
Essing, Norbert (**1993**): Kommunikation in der Krise – Chance und Herausforderung. In: *Blick durch die Wirtschaft* 25.06.1993, 7
Fiedler, Stefan (**1994**): Kommunikation zur Krisenvermeidung und –vorsorge. In: Gareis, Roland (Hrsg.): Erfolgsfaktor Krise, Wien 1994, 211-235
Fink, Steven (**1986**): Crisis Management, Planning for the Inevitable, New York
Franck, Jochen (**2005**): Arenen, Stadthallen und Veranstaltungszentren – Wie viele braucht das Land?, Präsentation auf der difu/DST/EVVC – Tagung „Arenen, Stadthallen und Veranstaltungshallen – einfach unbezahlbar?", Berlin 17./18.02.2005
Frick, Bernd/ **Prinz**, Joachim (**2006**): Crisis? What Crisis? In: Journal of Sport Economics 1/2006, 60-75
Fröhlich, Thomas (**1995**): Ziel: In zwei Jahren in die Bundesliga. In: *Braunschweiger Zeitung* 22.09.1985
Fröhlich, Thomas (**1996**): Tamila Olexiouk bleibt. In: *Braunschweiger Zeitung* 30.05.1996
Fröhlich, Thomas (**1998**): Mit Leistung zum Optimalen. In: *Braunschweiger Zeitung* 02.05.1998
Fröhlich, Thomas (**1999**): Der Post SV befindet sich in prekärer Lage. In: *Braunschweiger Zeitung* 24.02.1999
Fröhlich, Thomas (**2001**): SSB-Präsident Matthies: Katastrophe. In: *Braunschweiger Zeitung* 07.09.2001
Fröhlich, Thomas (**2001b**): In Hängern gammeln die Flugzeuge. In: *Braunschweiger Zeitung* 06.12.2001
Fröhlich, Thomas (**2005**): Eintracht: Deutliches Plus. In: *Braunschweiger Zeitung/Salzgitter Zeitung* 04.12.2005, 12
Frosdick, Steve (**1997**): Managing risk in public assembly facilities, in: Frosdick, Steve/ Walley, Lynne (Ed.): Sport & Safety Management, Oxford: 1997, 273 – 282
Geißler, Hartmut (**1986**): Fehlentscheidungen, Eine empirisch-explorative Ursachenanalyse, Frankfurt a. M.
Gieseler, Jens (**2002**): Das Paladion ist einmalig. In: Deutsches Turnen 4/2002, 24-25
Gleißner, Werner / **Füser**, Karsten (**2000**): Moderne Frühwarn- und Prognosesysteme für Unternehmensplanung und Risikomanagement. In: DB 2000, 933
Goette, Wulf (**2000**): Leitung, Aufsicht, Haftung – zur Rolle der Rechtsprechung bei der Sicherung einer modernen Unternehmensführung, in: Festschrift aus Anlaß des 50jährigen Bestehens von Bundesgerichtshof, Bundesanwaltschaft und Rechtsanwaltschaft beim Bundesgerichtshof, 2000, 123
Goetze, Sophie (**2005**): Köpenick bereichert die Volleyball-Liga. In: *Der Tagesspiegel*, 19.07.2005
Gottwald, Peter (Hrsg.; **2001**): Insolvenzrechtshandbuch, 2. Auflage, München
Guttmann, Allen (**2004**): Sports, The First Five Millenia, Amherst/Boston

Haas, Ulrich (**1999**): Fragen zur Insolvenzverschleppungshaftung des GmbH-Geschäftsführers. In: NZG 1999, 373

Haas, Ulrich (**2001**): Der Normzweck des Eigenkapitalersatzrechts. In: NZI 2001, 1

Haas, Ulrich (**1999**): Die Haftung des Vereinsvorstands bei Insolvenzverschleppung. In: SpuRt 1999, 1

Haghani, Sascha (**2004**): Strategische Krisen von Unternehmen und praxisorientierte Möglichkeiten ihrer Früherkennung. In: Bickhoff, Nils u. a. (Hrsg.): Die Unternehmenskrise als Chance, Berlin/Heidelberg 2004, 41-65

Hauschildt, Jürgen (**1993**): Aus Schaden klug. In: Manager Magazin 10/1993, 142-152

Hedberg, Bo (**1981**): How organizations learn and unlearn. In: Nystrom, Paul C. u. a. (Ed.): Handbook of organizational design, Oxford u. a. 1981, 3-27

Heidelberger Kommentar (**2003**): Insolvenzordnung, 3. Auflage, Heidelberg, zit.: Verf. in Heidelberger Kommentar

Heike, Frank (**2006**) Handballspieler am Limit: Notfalls soll Liga verkleinert werden. In: *Frankfurter Allgemeine Zeitung* 11.02.2006, 35

Heinemann, Klaus (**1995**): Einführung in die Ökonomie des Sportes – Ein Handbuch, Schorndorf

Heintzen, Markus / Kruschwitz, Lutz (**2004**): Unternehmen in der Krise, Berlin

Henkel, Martin/ **Lotter**, Markus (**2005**): Sturmlauf auf allen Geschäftsfeldern. In: *Welt am Sonntag* 10.04.2005, 24

Hernández, Rubén Acosta (**2002**): Managing Sports Organizations, Champaign/Ill.

Herrmann, Dirk (**2005**): Isernhagens Fußballer vor dem Aus. In: *Nordhannoversche Zeitung* 05.11.2005, 1

Herrmann, Dirk (**2005b**): TSV Isernhagen vor ungewisser Zukunft. In: *Hannoversche Allgemeine Zeitung* 05.11.2005, 29

Hilse, Markus/ **Kutzscher**, Matthias (**1998**): Krisenprävention als Pflichtprogramm. In: Gablers Magazin 1/1998, 20-23

Hoffmeister, Kurt/**Eveling**, Ulrich (**1995**): Vom Trümmerfeld zur Tartanbahn, Die Braunschweiger Sportgeschichte nach dem Zweiten Weltkrieg, Braunschweig 1995

Holzer, Johannes (**2005**): Krisenerkennung bei insolvenzgefährdeten Unternehmen aus Sicht der gerichtlichen Praxis. In: NZI 2005, 308

Horch, Heinz-Dieter (**1995**): Selbstzerstörungsprozeße freiwilliger Vereinigungen. In: Rauschenbach, Thomas/ Sachße, Christoph/ Olk, Thomas (Hrsg.): Von der Wertgemeinschaft zum Dienstleistungsunternehmen, Frankfurt a. M. 1995, 280-296

Horch, Heinz-Dieter/ Niessen, Christoph/ Schütte, Norbert (**Horch u. a., 2003**): Sportmanager in Vereinen und Verbänden, Köln

Horeni, Michael (**2005**): Der verkaufte Fußball. In: *Frankfurter Allgemeine Zeitung* 31.01.2005, 1

Hovemann, Gregor (**2005**): Das Problem der Rechtsformwahl im Sport. In: Breuer, Christian/ Thiel, Ansgar (Hrsg.): Handbuch Sportmanagement, Schorndorf 2005, 228-237

Hübl, Lothar/ **Swieter**, Detlef (**2002**): Fußball-Bundesliga: Märkte und Produktbesonderheiten. In: Hübl, Lothar/ Peters, Hans-Heinrich/ Swieter, Detlef (Hrsg.): Ligasport aus ökonomischer Sicht, Aachen 2002, 13-71

Hüffer, Uwe (**2006**): Kommentar zum Aktiengesetz, 7. Auflage, München

Hülsmann, Michael (**2005**): Dilemmata im Krisenmanagement. In: Burmann, Christoph/ Freiling, Jörg/ Hülsmann, Michael (Hrsg.): Management von Ad-hoc-Krisen, Wiesbaden 2005, 401-422

International Health, Racket & Sportsclub Association (**IHRS**, Ed.; **2005**): The IHRS European Market-Report: The size and scope of the health club industry, Boston/Mass. 2005

Jäger, Axel (**1999**): Wege aus der Krise einer Aktiengesellschaft. In: NZG 1999, 238

Järviö, Timo (**2006**): Keiner weiß, was uns der Skandal gekostet hat. In: *Frankfurter Allgemeine Zeitung* 03.02.2006, 32

Jungermann, Helmut/ **Slovic**, Paul (**1992**): Charakteristika individueller Risikowahrnehmung. In: Bayerische Rückversicherungs AG (Hrsg.): Risiko ist ein Konstrukt: Wahrnehmungen zur Risikowahrnehmung, München 1992, 89-107

Kappler, Ekkehard (**1983**): Planung ohne Prognose. In: Kappler, Ekkehard/ Seibel, Johannes J./ Sterner, Siegfried (Hrsg.): Entscheidungen für die Zukunft, Instrumente und Methoden der Unternehmensplanung, Frankfurt a. M. 1983, 9-19

Kappler, Ekkehard/ **Wadsack**, Ronald (**1997**): Organisationsentwicklung für Olympiastützpunkte, Projektbericht. Schorndorf

Kazda, Leonhard (**2005**): Drei Bundesligaklubs ohne Lizenz, Wallau und Essen wollen sich wehren. In: *Frankfurter Allgemeine Zeitung* 27.05.2005

Keller, Doris (**2003**): Das Produkt, Ein Roman über die sieben Todsünden des Marketing -. Und wie es besser geht, München/Wien

Kern, Markus/Haas, Oliver/Dworak, Alexander (**Kern u. a.**, **2002**): Finanzierungsmöglichkeiten für die Fußball-Bundesliga und andere Profisportligen. In: Galli, Albert/ Gömmel, Rainer/ Holzhäuser, Wolfgang/ Straub, Wilfried (Hrsg.): Sportmanagement, München 2002,

Kieser, Alfred/ Hegele, Cornelia/ Klimmer, Matthias (**Kieser u. a.**, **1998**): Kommunikation im organisatorischen Wandel, Stuttgart

Klimmer, Christian (**2004**): Prüfung der wirtschaftlichen Leistungsfähigkeit im deutschen Lizenzfußball – eine betriebswirtschaftlich fundierte Analyse? In: Hamann, Peter/ Schmidt, Lars/ Welling, Michael (Hrsg.): Ökonomie des Fußballs, Wiesbaden 2004, 133-161

Klir, George J. (Hrsg.; **1991**): Facets of Systems Science, New York

Kraemer, Joachim (Hrsg.; **2005**): Handbuch zur Insolvenz, Loseblatt-Ausgabe, Bonn, Stand: Lieferung 27.09.2005

Kreißig, Wolfgang (**2004**): Der Sportverein in Krise und Insolvenz, Frankfurt a. M.

Krummenacher, Alfred (**1981**): Krisenmanagement, Zürich

Krystek, Ulrich (**1987**): Unternehmenskrisen, Wiesbaden

Krystek, Ulrich (**2005**): Analyse von „Weak Signals" für die Vermeidung von Ad-hoc-Krisen. In: Burmann, Christoph/ Freiling, Jörg/ Hülsmann, Michael (Hrsg.): Management von Ad-hoc-Krisen, Wiesbaden 2005, 169-184

Kühl, Stephan (**2000**): Das Regenmacher-Phänomen, Widersprüche und Aberglaube im Konzept der lernenden Organisation, Frankfurt a. M./New York
Le Coutre, Walter (**1926**): Krisenlehren für die Unternehmensführung. In: Das Geschäft 4/1926, 63-65
Leki, Oliver (**2004**): Alternative Formen der Finanzierung. In: Zieschang, Klaus/ Klimmer, Christian (Hrsg.): Unternehmensführung im Profifußball, Berlin 2004, 167-176
Linde, Frank (**1994**): Krisenmanagement in der Unternehmung, Eine Auseinandersetzung mit betriebswirtschaftlichen Gestaltungsaussagen zum Krisenmanagement, Berlin
Lindgren, Mats/ **Bandhold**, Hans (**2003**): Scenario Planning, The link between future and strategy, Hampshire
Loosen, Wiebke (**2001**): „Das wird alles von den Medien hochsterilisiert", Themenkarrieren und Konjunkturkurven der Sportberichterstattung. In: Roters, Gunnar/ Klingler, Walter/ Gerhards, Maria (Hrsg.): Sport und Sportrezeption, Baden-Baden 2001, 133-147
Lutter, Marcus (**1988**): Zur Rechnungslegung und Publizität gemeinnütziger Spenden-Vereine. In: BB 1988, 490
Lutter, Marcus / **Hommelhoff**, Peter (Hrsg.; **2000**): GmbHG, Kommentar, 15. Auflage, Köln
Mayer, Horst O. (**2002**): Interview und schriftliche Befragung, München
Menzer, Jörg K. (**2000**): Umweltrisiken und Managerhaftung in der GmbH – beispielhafte Betrachtung nach dem BImSchG. In: GmbHR 2000, 506
Meyer, Ralph-Herbert (**2006**): Stadt investiert 10 Millionen Euro in das Stadion. In: *Braunschweiger Zeitung/Salzgitter Zeitung* 18.03.2006, 30
Meyke, Rolf (**2004**): Die Haftung des GmbH-Geschäftsführers, 4. Auflage, Köln
Mintzberg, Henry (**1983**): Structure in Fives: Designing effective organizations, Englewoof Cliffs/N. J.
Neuhoff, Klaus (**2003**): Tatsachenforschung zu Nonprofit-Insolvenzen. In: Zeitschrift für öffentliche und gemeinwirtschaftliche Unternehmen 26/2003, 419-427
Nonaka, Ikujiro/ **Takeuchi**, Hirotaka (**1997**): Die Organisation des Wissens, Wie japanische Unternehmen eine brachliegende Ressource nutzbar machen, Frankfurt a. M./New York
O'Connor, Angela/ Goldberg, James / White, Leslie (**O'Connor u. a., 1997**): Managing Special Event Risks, 10 Steps to Safety, Washington DC 1997
Oppenländer, Frank / **Trölitzsch**, Thomas (Hrsg.; **2004**): Praxishandbuch der GmbH-Geschäftsführung, München
Ott, Klaus (**2006**): Die Goldgrube wird zur Schuldenfalle. In: *Süddeutsche Zeitung* 03.02.2006, 21
Otto, Christian (**2004**): Der Überlebenskampf geht weiter. In: *Hannoversche Allgemeine Zeitung* 12.10.2004, 22
Passarge, Malte (**2005**): Haftung des Vereinsvorstandes für in der Krise geleistete Zahlungen gem. §§ 92 Abs. 3, 93 Abs. 3 Nr. 6 AktG analog. In: ZInsO 2005, 176
Perridon, Louis/ **Steiner**, Manfred (**2004**): Finanzwirtschaft der Unternehmen, 13. Auflage, München

Picot, Arnold/ Reichwald, Ralf/ Wigand, Rolf T. (**Picot u. a., 2001**): Die grenzenlose Unternehmung, 4. Auflage, Wiesbaden

Preußner, Joachim / **Becker**, Florian (**2002**): Ausgestaltung von Risikomanagementsystemen durch die Geschäftsleitungen. In: NZG 2002, 846

Probst, Gilbert J. B./ **Büchel**, Bettina S. T. (**1994**): Organisationales Lernen, Wiesbaden

Rader, Benjamin G. (**1983**): American Sports. From the Age of Folk Games to the Age of Spectators, Englewood Cliffs

Reichert, Bernhard (**2005**): Handbuch des Vereins- und Verbandsrechts, 10. Aufl., Neuwied 2005

Reinbold, Jens (**2005**): Hoher Preis für „Königsklasse". In: *Hannoversche Allgemeine Zeitung* 28.12.2005, 25

Reineke, Wolfgang (**1997**): Krisenmanagement, Essen: Stamm

Reiss, Claire Lee (**2001**): Risk Identification and Analysis, A Guide for Small Public Entities, Fairfax

Reuter, Alexander (**2003**): „Krisenrecht" im Vorfeld der Insolvenz – das Beispiel der börsennotierten AG. In: BB 2003, 1797

Rieckmann, Heijo (**2005**): Managen und Führen am Rande des 3. Jahrtausends. Frankfurt a. M.

Rieseberg, Frank (**1998**): Finanz-Kollaps droht beim BTSC. In: *Braunschweiger Zeitung* 23.12.1998

Rieseberg, Frank (**1999**): Leistungszentrum gefährdet. In: *Braunschweiger Zeitung* 22.02.1999

Rieseberg, Frank (**1999b**): BTSC reduzierte die große Schuldenlast erheblich. In: *Braunschweiger Zeitung* 25.06.1999

Rieseberg, Frank (**1999c**): Die Lions verlassen den Post SV. In: *Braunschweiger Zeitung* 05.11.1999

Rieseberg, Frank (**2000**): BTSC 2000: Wieder schuldenfrei, aber führungslos. In: *Braunschweiger Zeitung* 01.04.2000

Rieseberg, Frank (**2000b**): Gemeinsam auf Gesundheitskurs. In: *Braunschweiger Zeitung* 25.10.2000

Rieseberg, Frank (**2001**): Im neuen BTSC liegt die Zukunft. In: *Braunschweiger Zeitung* 22.09.2001

Rieseberg, Frank (**2004**): Stadt ersteigert die Rote Wiese. In: *Braunschweiger Zeitung* 05.03.2004

Rothschild, Kurt (**1989**): Krisenbegriff und Krisenbewältigung aus der Sicht de Wirtschaftswissenschaften. In: Neuhold, Hanspeter/ Heinemann, Hans-Joachim (Hrsg.): Krise und Krisenmanagement in den internationalen Beziehungen, Stuttgart 1989, 77-88

Rowedder, Heinz / **Schmidt-Leithoff**, Christian (Hrsg.; **2002**): GmbHG-Kommentar, 4. Auflage, München

Salm, Matthias (**2005**): Krisenmanagement, Frankfurt a. M.

Sandner, Karl (**1994**): Die Definition von Krise – ein machtpolitischer Aushandlungsprozess. In: Gareis, Roland (Hrsg.): Erfolgsfaktor Krise, Wien 1994, 34-48

Sattelberger, Thomas (**1996**): Die lernende Organisation im Spannungsfeld von Strategie, Struktur und Kultur. In: Sattelberger, Thomas (Hrsg.): Die lernende Organisation, 3. Auflage, Wiesbaden 1996, 11-55

SBC Warburg Dillon Read (Hrsg.; 1998): The Practice of Risk Management, Implementing processes for managing firmwide market risk, London

Scharenberg, Swantje/ **Krüger**, Arnd (**2004**): Die Sportmedien und ihr Einfluss auf den Sport. In: Krüger, Arnd/ Dreyer, Axel (Hrsg.): Sportmanagement, Eine themenbezogene

Scharpf, Paul (**1997**): Die Sorgfaltspflichten des Geschäftsführers einer GmbH. In: DB 1997, 737

Schellhaaß, Horst M./ **Hafkemeyer**, Lutz (**2002**): Wie kommt der Sport ins Fernsehen? Köln

Schlammerl, Elisabeth (**2006**): Baxern-Geld rettet „Löwen" – vorerst. In: *Frankfurter Allgemeine Zeitung* 28.04.2006

Schlebusch, Detlev W./ Volz, Norbert/ Hucke, Peggy (**Schlebusch u. a., 2004**): Unternehmenskrisen im Mittelstand – Entwicklung, www.krisenkommunikation.de/ akfo22-d.html (Download: 01.06.2004)

Schmeh, Klaus (**2005**): Titel, Tore, Transaktionen, Heidelberg

Schmidt, Karsten / **Uhlenbruck**, Wilhelm (Hrsg.; **2003**): Die GmbH in Krise, Sanierung und Insolvenz, 3. Auflage, Köln

Schmidt, Reinhart (**1994**): Frühwarnsysteme für das Krisenmanagement. In: Berndt, Ralph (Hrsg.): Management-Qualität contra Rezession und Krise, Berlin u. a. 1994, 73-85

Schneider, Dieter (**1985**): Eine Warnung vor Frühwarnsystemen. In: Der Betrieb 29/1985, 1489-1494

Schöffler, Herbert (**1935**): England das Land des Sports, Leipzig

Schollmeier, Peter (**2001**): Bewerbungen um Olympische Spiele, von Athen 1896 bis Athen 2004, o. O.

Schreyögg, Georg (**1998**): Organisation: Grundlagen moderner Organisationsgestaltung, Wiesbaden

Schulten, Marc F. (**1995**): Krisenmanagement, Berlin: Verlag für Wissenschaft und Forschung

Schulz, Arnold/ **Holzmüller**, Hartmut K. (**1994**): Krisenmanagement im Skandalfall. In: Gareis, Roland (Hrsg.): Erfolgsfaktor Krise, Wien 1994, 246-261

Seidel, Uwe M. (**2002**): Risikomanagement, Kissing

Senge, Peter M. (**1992**): The Fifth Discipline, Chatham

Senge, Peter M. (**1998**): Die fünfte Disziplin, 6. Auflage, Stuttgart

Senge, Peter M. (**1999**): Die fünfte Disziplin – die lernfähige Organisation. In: Fatzer, Gerhard (Hrsg.): Organisationsentwicklung für die Zukunft: ein Handbuch, 2. Auflage, Köln 1999, 145-178

Siegert, Gabriele/ **Lobigs**, Frank (**2004**): Powerplay – Sport aus der Perspektive des strategischen TV-Managements. In: Schauerte, Thorsten/ Schwier, Jürgen (Hrsg.): Die Ökonomie des Sports in den Medien, Köln 2004, 168-196

Smith, David John (**2004**): Arbeitspapier Meeting "Risk Management", Oslo: MPI Norway, 31.03.2004

Sprenger, Reinhard K. (**1995**): Das Prinzip Selbstverantwortung, Frankfurt a. M./New York

Steiner, Manfred (**1994**): Unternehmensfinanzierung in Krisensituationen. In: Berndt, Ralph (Hrsg.): Management-Qualität contra Rezession und Krise, Berlin u. a. 1994, 223-240

Stöber, Kurt (**2004**): Handbuch zum Vereinsrecht, 9. Auflage, Köln

Stoldt, G: Clayton/ Miller, Lori K./ Ayres, Ted D./ Comfort, P. G. (**Stoldt u. a.**; **2000**): Crisis Management Planning: A Necessity for Sport Managers. In: International Journal of Sport Management 1/2000, 253-266

Straub, Wilfried (**2003**): Das Lizenzierungsverfahren der DFL und der Stand der Überlegungen zu einem supranationalen Lizenzierungsverfahren, in: Württembergischer Fußballverband (Hrsg.): Wirtschaftliche Kontrollmaßnahmen und verbandsrechtliche Sanktionen zur Sicherung des sportlichen Wettbewerbs im Fußball, Schriftenreihe Nr. 45, Stuttgart 2003, 65

Tarlow, Peter E. (**2002**): Event Risk Management and Safety, New York

Thümmel, Roderich C. (**2002**): Aufgaben und Haftungsrisiken des Managements in der Krise des Unternehmens. In: BB 2002, 1105

Trosien, Gerhard (**2002**): Systematisierung und Quantifizierung von ehrenamtlichen Leistungen bei Sportgroßveranstaltungen. In: Büch, Martin-Peter/ Maennig, Wolfgang/ Schulke, Hans-Jürgen (Hrsg.): Regional- und sportökonomische Aspekte von Sportgroßveranstaltungen, Köln 2002, 139-153

Vornholz, Günter (**2005**): Finanzierung von Sport- und Freizeitanlagen, Schorndorf

Wadsack, Ronald (**1992**): Attraktives Ehrenamt, Witten

Wadsack, Ronald (**1994**): Vögel über dem Kopf, oder: Angst und ehrenamtliche Mitarbeit. In: Olympische Jugend 10/1994

Wadsack, Ronald (**1997**): Evaluation der Organisationsleiter-Ausbildung, unveröffentlichter Projektbericht, Witten/Ruhr

Wadsack, Ronald (**2000**): Finanzierung von Vereinen und Verbänden, 2. Auflage, Berlin/Köln

Wadsack, Ronald (**2003**): Ehrenamtliche Arbeit attraktiv gestalten, Planegg

Wadsack, Ronald (**2003b**): Finanzierung von Spitzensport – Wege aus der Falle, unveröffentlichtes Manuskript, Salzgitter 2003

Wadsack, Ronald (**2004**): Management in Profiligen – Situation und Perspektive in Deutschland. In: Krüger, Arnd/ Dreyer, Axel (Hrsg.): Sportmanagement, Eine themenbezogene Einführung, München 2004, 289-299

Wadsack, Ronald (**2004b**): Sponsoring. In: Deutsches Turnen 10/2004, 14f.

Wadsack, Ronald (**2004c**): Zukunftsorientierte Vereinsführung, Vortragsmanuskript 16. Sporttag Stadtsportbund Wolfsburg e. V., Salzgitter

Wadsack, Ronald (**2006**): Generationenübergreifende Freiwilligendienste (GÜF) – Anmerkungen zu einem nutzbringenden Einsatz im Bereich der Deutschen Sportjugend, Teilnehmer-Handout, dsj-Trägerversammlung/ Frankfurt 1.02.2006, Salzgitter 2006

Wadsack, Ronald (**2006**): Krisenmanagement für Sportbetriebe – eine Einführung. In: Wadsack, Ronald/ Cherkeh, Rainer (Hrsg.): Krisenmanagement für Sportbetriebe, Frankfurt a. M.
Wadsack, Ronald (**2007 i. V.**): Sportmanagement im Zuschauer- und Teilnehmersport – Eine betriebswirtschaftliche Einführung, Frankfurt a. M. (in Vorbereitung)
Wadsack, Ronald/ **Cherkeh**, Rainer (**2005**): Krisenmanagement im Verein – die Insolvenz vermeiden. In: Geckle, Gerhard (Hrsg.): Der Verein, Loseblatt-Sammlung, Planegg 2005, Lieferung 6/2005, Gruppe 6.1.1, 13-24
Walker, Wolf-Dietrich (**2003**): Die Anwendung der Insolvenzordnung im Fall der Insolvenz von Sportvereinen. In: Württembergischer Fußballverband (Hrsg.): Wirtschaftliche Kontrollmaßnahmen und verbandsrechtliche Sanktionen zur Sicherung des sportlichen Wettbewerbs im Fußball, Schriftenreihe Nr. 45, Stuttgart 2003, 45
Walther, Christoph (**2003**): Krisenkommunikation. In: Kuhn, Michael/ Kalt, Gero/ Kinter, Achim (Hrsg.): Chefsache Issues Management, Frankfurt a. M. 2003, 140-153
Weick, Karl E. (**1985**): Der Prozeß des Organisierens, Frankfurt a. M.
Weick, Karl E./ **Sutcliff**, Kathleen M. (**2003**): Das unerwartete Managen, Stuttgart
Wellensiek, Jobst (**2003**): Der Sportverein in der Insolvenz – praktische Erfahrungen eines Insolvenzverwalters. In: In: Württembergischer Fußballverband (Hrsg.): Wirtschaftliche Kontrollmaßnahmen und verbandsrechtliche Sanktionen zur Sicherung des sportlichen Wettbewerbs, Stuttgart 2003, 18-24
Wicher, Hans (**2003**): Grundbegriffe und Grundstrukturen von Projekten (inkl. DIN Normen), in: Bernecker, Michael / Eckrich, Klaus (Hrsg.): Handbuch Projektmanagement, München: 2003, 70-83
Wischemeyer, Markus (**2005**): Die Vorstandshaftung wegen Insolvenzverschleppung in der Insolvenz des Vereins. In: DZWIR 2005, 230
Wüpper, Thomas (**2004**): Statt Formel 1 lockt nun der „Red-Porsche-Killer". In: *Hannoversche Allgemeine Zeitung* 27.08.2004, 11
Zelewski, Stephen (**1995**): Krisenmanagement. In: Corsten, Hans/ Reiß, Michael (Hrsg.): Handbuch Unternehmensführung, Konzepte – Instrumente – Schnittstellen, Wiesbaden 1995, 897-911
Zell, Helmut (**2003**): Grundbegriffe und Grundstrukturen von Projekten (inkl. DIN Normen), in: Bernecker, Michael/ Eckrich, Klaus (Hrsg.): Handbuch Projektmanagement, München: 2003, 53-65
Zieschang, Klaus (**2004**): Fachleute für das Sportmanagement. In: Trosien, Gerhard/ Dinkel, Michael (Hrsg.): Personalentwicklung im Sportmanagement, Butzbach-Griedel: 2004, 25-47

Blickpunkt Sportmanagement

Herausgegeben von Ronald Wadsack

Band 1   Ronald Wadsack / Rainer Cherkeh / Carolin von Büdingen / Rüdiger Hamel: Krisenmanagement in Sportbetrieben. 2006.

www.peterlang.de

Matthias Holla

Der Einsatz von Schiedsgerichten im organisierten Sport

Frankfurt am Main, Berlin, Bern, Bruxelles, New York, Oxford, Wien, 2006.
XX, 454 S.
Schriften zum Verfahrensrecht.
Herausgegeben von Peter Gottwald und Ulrich Haas. Bd. 11
ISBN 3-631-54428-6 · br. € 74.50*

Von Seiten des organisierten Sports wird zunehmend der Wunsch nach Einführung einer Sportschiedsgerichtsbarkeit geäußert und in der Praxis auch umgesetzt. Auf internationaler Ebene zeigt sich dieser Trend am Beispiel des Tribunal Arbitral du Sport bzw. Court of Arbitration for Sport (TAS/CAS). Die Bedeutung dieses Sportschiedsgerichts wird in Zukunft noch wachsen, da der Antidoping Code der Welt-Antidoping-Agentur (WADA) den TAS/CAS für alle dopingrelevanten Streitigkeiten abschließend als höchste Entscheidungsinstanz vorsieht. In Umsetzung des Antidoping Code wird auch auf nationaler Ebene über die Gründung eines nationalen Sportschiedsgerichts nachgedacht. Ob nun die Schiedsgerichtsbarkeit eine bessere Alternative zur Beilegung von Sportstreitigkeiten sein kann, hängt von der konkreten Ausgestaltung des Schiedsverfahrens ab. Die Untersuchung arbeitet den rechtlichen Rahmen einer Sportschiedsgerichtsbarkeit heraus und zeigt Lösungsmöglichkeiten für die praktische Umsetzung auf.

Aus dem Inhalt: Normative Rahmenbedingungen der Schiedsgerichtsbarkeit · Begründung der schiedsrichterlichen Zuständigkeit · Das Schiedsgericht · Das Schiedsverfahren · Mehrparteienschiedsverfahren · Der Schiedsspruch

Frankfurt am Main · Berlin · Bern · Bruxelles · New York · Oxford · Wien
Auslieferung: Verlag Peter Lang AG
Moosstr. 1, CH-2542 Pieterlen
Telefax 0041 (0)32/376 17 27

*inklusive der in Deutschland gültigen Mehrwertsteuer
Preisänderungen vorbehalten
Homepage http://www.peterlang.de